JASMIN EL-SONBATI

MOSCHEEN OHNE MINARETT

JASMIN EL-SONBATI

Moscheen *ohne* Minarett

EINE MUSLIMIN IN DER SCHWEIZ

ZYTGLOGGE

Lektorat: Hugo Ramseyer
Korrektorat: Monika Künzi, Jakob Salzmann
Umschlagfoto: Helen Aecherli
Gestaltung/Satz: Franziska Muster, Zytglogge Verlag
Druck: fgb · freiburger graphische betriebe
ISBN 978-3-7296-0816-0

Zytglogge Verlag · Schoren 7 · CH-3653 Oberhofen am Thunersee
info@zytglogge.ch · www.zytglogge.ch

Inhalt

Prolog

Kairo, Sonntagabend, 18 Uhr. Zuversichtlich und guter Dinge lasse ich den Tag in Gedanken vorüberziehen.

Heute ist Idu l-adha, das islamische Opferfest. Wer sichs leisten kann, fährt an diesem Tag aufs Land oder in die Ferienwohnung an der Nordküste. Man schlachtet ein Schaf und verteilt das Fleisch an die Armen. Ungeniert werden die Opferschafe zwischen hupenden Bussen und Autos zur Schlachtbank getrieben. Die Kinder kriegen neue Kleider, die Angestellten eine Festgabe, der Hausmeister sein Bakschisch. Es ist kühl an diesem 29. Novemberabend 2009. Die Stadt ist leer gefegt, endlich ein wenig Ruhe. Ich bin zu Hause geblieben und wünsche mir Idu l-adha für immer.

Vom Minarett einer naheliegenden Moschee höre ich das Abendgebet ausrufen, per Mikrofon natürlich, raufsteigen tut niemand mehr. Und wie ich so die Abendbrise aufnehme, leuchtet eine SMS auf meinem Handy, zwei Worte piepsen mir entgegen: ‹Minarettverbotsinitiative angenommen›. Draussen ist es rabenschwarz. Die Nacht bricht ein.

Stunden danach. Die Neinsager, zu denen ich gehörte, mussten akzeptieren, was schwerfällt. So funktionieren Demokratien, die wir hoch schätzen und die es hierzulande, im Ägypten des Husni Mubarak, nicht gibt.

Langsam komme ich zu mir und entwickle frenetische Aktivität. Internetportale durchforsten, Al Jazeera und CNN, dann die arabischen und europäischen Tageszeitungen. Schweizer Expats rufen an: «Hast du schon gehört? Wer hätte das gedacht?» Eine Freundin aus Zürich smst verzweifelt: «Sag den Ägyptern, dass nicht alle Schweizer so denken!»

Tja, was sag ich den Ägyptern, morgen, am Tag danach? Ich, die säkulare Muslimin, die gegen religiöse Symbole und Fanatismus ist und die sehr wohl mit einer Moschee ohne Minarett leben kann?

57 % der Schweizer Bevölkerung haben die Volksinitiative gegen den Bau von Minaretten angenommen. Und ich befand mich hier in Kairo, weil ich mich entschieden hatte, den regulierten Alltag, den Arbeitsplatz, die Freunde in der Schweiz, all dies ein Jahr hinter mir zu lassen und nach Ägypten zu ziehen. Ich wollte eintauchen in eine Gesellschaft, die ich als Jugendliche verlassen hatte, anknüpfen an Altes, Orte der Kindheit wieder entdecken, zu diesem Land einen neuen, eigenen Zugang finden, im Hier und Jetzt, sehen, wie es sich anfühlt, mit all den Widersprüchen zu leben.

Für mich war diese Reise eine Spurensuche. Ich habe Ägypten als Elfjährige verlassen und kehre als Endvierzigerin zurück, um länger zu bleiben als die üblichen zwei Wochen. Dies also meine persönliche Verortung zum Zeitpunkt der Minarettverbotsinitiative.

Vor meinem temporären Exodus aus der Schweiz, im Juli 2009, war diese Vorlage bereits ein Thema öffentlichen Interesses. Die Ägypter waren erstaunt darüber, warum die liberale Schweiz, Vorbild für Demokratie und Menschenrechte, überhaupt dazu kommt, Minarette zu verbieten. Interessanterweise waren koptische Ägypter, mit denen ich sprach, nicht mit ihren muslimischen Landsleuten einig. Fast mit ein wenig Genugtuung und Schadenfreude nahmen sie zur Kenntnis, dass ein europäisches Land den Islam, von dem sie sich in Ägypten zurückgedrängt fühlten, in seine Schranken wies.

Ich persönlich war davon überzeugt, dass die Initiative zwar knapp, aber mit Sicherheit abgelehnt würde. Ich konnte mir nicht vorstellen, dass der demagogisch geführte Wahlkampf, in dem alle negativen Islamvorstellungen bemüht wurden, sich durchsetzen würde.

«Der Bau von Minaretten ist in der Schweiz untersagt» soll in der Schweizer Bundesverfassung stehen? Klar – in der Schweiz bestehen Vorbehalte gegenüber dem Islam und den Muslimen. Religiöser Fundamentalismus, Stellung der Frau, Intoleranz lösen Verunsicherung und

Ablehnung aus. Und das Unterwandern der Schweizer Rechtssprechung durch Shariagesetze herrscht wie ein Gespenst aus dem fernen Arabien in den Köpfen vieler. Dennoch, an jenem Abend des 29. Novembers 2009 war ich schockiert und enttäuscht, trotz meinem bedingungslosen Bekenntnis zur demokratischen Ordnung der Schweiz. Im Lichte dieser Debatte begann auch ich einen intensiven inneren Dialog zu führen. Es entstand in mir das Bedürfnis, meine eigenen Positionen einer Generalrevision zu unterziehen und auf mein Leben als Muslimin in der Schweiz zurückzublicken. Welchen Weg bin ich gegangen, und wie stehe ich heute in diesen sich zusehends auszuschliessen scheinenden Welten? Hier das Islamische, in das ich hineingeboren wurde, das ich praktizierte, zu dem ich mich immer noch bekenne, aber zu dem ich mittlerweile eine kritische Distanz gewonnen habe. Und dort das Westliche, mit dem ich durch die Migration in die Schweiz und durch meine österreichische Mutter ebenso vertraut war. Wo stand ich in all dem, nach einem halben Jahrhundert Lebenszeit? Nach der Initiative regte sich in mir ein gewisses Unbehagen. Ich gehe nicht so weit zu behaupten, ich fühlte mich in der Schweiz ‹unerwünscht›, aber der Moment des Einhaltens brachte dieses Buchprojekt zutage.

Punkto Beschaffenheit meines bikulturellen ägyptisch-österreichischen und muslimisch-katholischen Hintergrundes bin ich eine Wandlerin zwischen den Welten. Ich pendelte in meiner Kindheit und Jugend und auch noch als Erwachsene zwischen entgegengesetzten Ufern hin und her. Und dabei sehe ich eine verschüttete Brücke. Und ich sehe, dass es wichtig wäre, die verschüttete Brücke wieder aufzubauen, zwischen Hier und Dort, zwischen der islamischen und der nichtislamischen Welt, zwischen konträren Wertsystemen und Vorstellungen.

‹Moscheen ohne Minarett› ist demnach ein Brückenprojekt, ein Dialog. Mein Ziel ist es, als eine unter 400 000 Musliminnen und Muslimen hervorzutreten und darüber zu berichten, wie es war und ist, als Schweizer Muslimin zu leben. Ich kehre dabei bewusst die Metapher der minarettlosen Moschee ins Positive, im Gegensatz zum Intitiativeninhalt. Ich möchte Musliminnen und Muslime in der Schweiz dazu einladen, über unseren Glauben und über die religiösen Symbole kontrovers nachzudenken. Ich mache hiermit den ersten Schritt, indem ich aufzeige, welchen inneren Weg ich beschritten habe, welche Konflikte und Widerstände ich überwinden musste, von muslimischer und nichtmuslimischer Seite. Ich berichte über meine Migrationserfahrung und wie ich mich von der Schweiz aufgenommen gefühlt habe.

Mein Leben als Muslimin in der Schweiz ist keine traumatische Schicksalsgeschichte, in der jemand in die Fänge islamischer Fundamentalisten gerät, hinter Haremsgittern verschwindet, zur Ehe gezwungen oder unter den Tschador verbannt wird. Keine Sensationen also, gänzlich unspektakulär.

Wer bin ich? Ganz einfach: in Wien geboren, in Kairo aufgewachsen und in der Schweiz erwachsen geworden. Eine Schweizer Muslimin. Ich bin eine ‹Seconda›, eine Zweitgenerationsausländerin, eine Zweitgenerationsmuslimin. Als ich geboren wurde, war ich bereits zwei. Durch meinen muslimisch-ägyptischen Vater und meine österreichisch-katholische Mutter bin ich in zwei kontrastierende Welten hineingeboren worden.

An meinem Leben lässt sich keine Typologie ableiten; es verläuft so, wie Leben eben ist, manchmal linear langweilig eintönig, manchmal herausragend fulminant. Und doch vertrete ich eine Religionsgemeinschaft, die in den letzten Jahren immer mehr in den Blickpunkt der Öffentlichkeit geraten ist. Nicht immer positiv, nicht immer friedvoll. Umgeben von einem Hauch von Exotik, Schleier, Harem auf der einen Seite und von Ablehnung auf der anderen – Unterdrückung, Zwang, Unfreiheit, Terrorismus, Osama Ben Laden. In der Schweiz lebten Muslime längst vor dem 11. September 2001, wie unsere Familie. Als wir zu Beginn der Siebzigerjahre in die Schweiz kamen, waren Muslime unbekannte Grössen. Man lebte seinen Glauben im Privaten und vertrat in erster Linie einen Staat, eine Heimat. Wir waren Ägypter und Muslime. Heute wären wir wahrscheinlich Muslime und Ägypter. Muslime sind durch die Migrationsbewegungen in Zürich, Genf und Basel, in Wangen an der Aare und im Appenzell, im Wallis und im Baselbiet gelandet, mit dem Anspruch, den Glauben je nach persönlicher Ausrichtung zu leben.

Und die Sichtbarkeit und die damit verbundenen Forderungen reiben sich manchmal an bestehendem Recht oder an den hiesigen Kulturtechniken und Gepflogenheiten.

Muslime der zweiten Generation tragen die besten Voraussetzungen dafür, als Übermittler und Brückenbauer aufzutreten; sie stehen in der Mitte, zwischen der Kultur und dem Glauben der Eltern und demjenigen ihrer Umwelt. Ihren Islam, ihr Verhältnis zum Glauben überhaupt, mussten sie in einer nichtmuslimischen Gesellschaft neu definieren. Denn die Übernahme elterlicher Konzepte genügt den Ansprüchen in der Schweiz normalerweise selten. Sie sind es, die sich aufreiben an Althergebrachtem und den Herausforderungen der westlichen Gesellschaft. Dabei sind sie oft einem doppelten Druck ausgesetzt: Die Familie fordert die Aufrechterhaltung der Traditionen, die Aufnahmegesellschaft bedingungslose Anpassung.

Die persönlichen Erfahrungen transparent machen bedeutet auch, Stellung zu beziehen und eigene Haltungen kritisch zu überdenken, um daraus eigenständige Entwürfe zu entwickeln. Den Muslim, die Muslimin gibt es nicht. Muslime vertreten eine Vielfalt von Strömungen, von streng praktizierend über säkular-liberal bis atheistisch.

Mein islamischer Referenzrahmen ist der Islam in Ägypten. Er hat mich geprägt; er ist mir vertraut; ich kann ihn anhand der eigenen Biografie und Familiengeschichte aufzeigen. Die ägyptische Zeitgeschichte der zweiten Hälfte des 20. Jahrhunderts, die Absetzung König Faruks und die Umwandlung in eine Republik sozialistischer Prägung durch Gamal Abdel Nasser im Jahre 1954 habe ich seit meiner Geburt miterlebt und aus der Migration weiterverfolgt. Meine Perspektive als Auslandsägypterin kommt dazu. Profunde Lektüre und persönliche Begegnungen mit ägyptischen Persönlichkeiten haben meinen Horizont und mein Wissen über Ägypten erweitert. Ihr Geist ist in diesem Buch präsent. Ich bin ihnen zu tiefem Dank verpflichtet. Nawal Saadawi, Ärztin, Autorin, Regimekritikerin, Kämpferin für Frauenrechte; Elham Manea, Politologin, Autorin, Islamreformerin; Gamal al Banna, Islamreformer, Universalgelehrter; Nasr Hamid Abu Zaid, Literaturwissenschafter, der für eine wissenschaftliche Koranexegese plädiert; Ala' al Aaswani, Zahnarzt, Buchautor, politischer Beobachter, Regimekritiker; Salama Ahmed Salama, Journalist staatsunabhängiger ägyptischer Zeitungen; Mustafa Fathi, Radiojournalist, Buchautor, der als Erster einen Roman über einen homosexuellen Ägypter schreibt.

Ich möchte Sie, liebe Leserin, lieber Leser mit meiner Vision in die Lektüre des vorliegenden Buches entlassen:

Wir haben eine neue Moschee gebaut, mit einem Lustgarten und einem prachtvollen Tor. In der Moschee beten Männer und Frauen gemeinsam, die Imamin zelebriert das Freitagsgebet. Und soeben hat eine Muslimin ihre Ehe mit einem Christen segnen lassen. Auch die homosexuellen Musliminnen und Muslime sind willkommen, samt Liebespartner. In der Bibliothek lesen Jugendliche die Schriften von Ibn Sina, Mohammed Abduh und Mohammed Arkoun. Unsere Moschee hat kein Minarett, denn unser Allah braucht keine Steine. Kürzlich hat eine Studentin ein Türmchen gezeichnet, die Namen Allahs in prachtvoller arabischer Kalligrafie als Zierde tragend. Wir sind von ihrer Arbeit begeistert. Und wenn die Baubehörde zustimmt und unsere Nachbarn einverstanden sind, werden wir das Türmchen bauen. Mit Allah hat das gar nichts zu tun, denn, wie gesagt, unser Gott braucht keine Steine.

I

Lern dieses Volk der Hirten kennen …

Es ist kalt in Helvetien

Die Zugstrecke von Wien bis Zürich dauert 10 Stunden. Wien hinter sich lassend tuckert der Transalpin quer durch die österreichische Landschaft, vom flachen Niederösterreich in die Hügel des Salzburgerlandes, um sich schliesslich durch die imposante Bergwelt Tirols und Vorarlbergs seinen Weg in die Schweiz hineinzugraben.

Im Hauptbahnhof Zürich, am Abend eines kalten Novembertags des Jahres 1971, wurden wir abgesetzt. Eine Winterreise wars. Von Kairo aus hatten wir in Wien in der Ein-Zimmer-Küche-Kabinett-Wohnung, Erstwohnung meiner Eltern als junges Paar Ende Fünfzigerjahre, Zwischenstation gemacht. Diese Bleibe ist bis heute unser ‹pied à terre› in Wien. Mein Vater war bereits in die vorläufige ‹Wahlheimat› vorausgereist, um alles Nötige vorzubereiten: eine Wohnung in der Zürcher Agglomeration – Brüttisellen, heute ein Autobahnknotenpunkt – in einem kleinen schmucken Mehrfamilienhaus, wo Kinder zwar auf dem grünen Umschwung spielen konnten, jedoch leise, gesittet und lärmlos.

«Nur für ein paar Jahre, bis …», liess meine Mutter zu Beginn unseres Aufenthalts in der Schweiz verlauten, und es scheint mir rückblickend, als habe sie auf diese Weise versucht, den erlittenen Kulturschock zu überwinden. Es war kalt in Helvetien, und ein weiter Weg aus der ägyptischen Hauptstadt lag hinter uns. Ich war gerade elf Jahre alt und wusste eigenartigerweise bereits, dass die Schweiz ein mit Schokolade übergossenes Paradies war. Ein Abschnitt lag hinter uns und ein neuer sollte gerade erst beginnen.

Es darf ruhig vorweggenommen werden, dass aus den geplanten und von meinen Eltern noch Jahre später mit Hartnäckigkeit postulierten ‹paar Jahren› ein ganzes Leben wurde. Ein permanentes Provisorium.

Jeder von uns hatte ein Stück eigenes Leben hinter sich gelassen, mein Vater, meine Mutter, mein kleiner Bruder und ich.

Da war zunächst einmal unser bisheriges Heim in New Maadi, ein an das Old Maadi, den grünen Vorort im Süden Kairos, angrenzendes Quartier. Ein Haus mit drei Stockwerken à zwei Wohnungen. Wir, die Hausbesitzer, bewohnten eine geräumige, 120 m^2 grosse Wohnung im Halbparterre. Von der Küche aus führte eine Treppe in einen kleinen Garten, der in der Megacity Kairo ein unheimlicher Luxus war. Früher, in den Sechzigerjahren, als das Haus von meinem Grossvater und seinem Bruder sozusagen als Familienprojekt erbaut wurde, lag es einsam, aber auch ein wenig prominent, inmitten der unbebauten Wüstenlandschaft. Heute ist es von gigantischen und imposanten Türmen umgeben. Die von meiner Mutter noch liebevoll ans Eingangstor in grüner Farbe lackierte Hausnummer ist längst abgebröckelt: Es ist unscheinbar geworden, das Haus Nummer 19 an der 257. Strasse.

Wie so vieles in Ägypten.

Doch weitaus gewichtiger als der Abschied von materiellen Dingen wie Haus und Herd und Garten wog der Abschied von den Menschen und von der gewohnten täglichen Umgebung. Mein Vater verliess seine Familie, seine Jugendfreunde und Arbeitskollegen; meine Mutter ihre österreichischen, deutschen, amerikanischen und englischen Freundinnen, allesamt mit Ägyptern verheiratet; ich die Deutsche Schule der Borromäerinnen, meine Lehrerinnen und die gleichaltrigen ‹Mischlingskinder›, wie ich eines bin; selbst mein Bruder, gerade erst vier Jahre alt geworden, hatte bereits einen festen Spielkameraden, den Sohn unserer Nachbarn. Wobei ihm wahrscheinlich die Trennung von seinem Dreirad, aus Österreich von meiner anreisenden Tante mitgebracht, am schwersten gefallen sein mag. Er besuchte den deutschen Kindergarten der Borromäerinnen in Maadi.

Meine Eltern waren zum Zeitpunkt unserer Abreise beide berufstätig: mein Vater Apotheker in einem verstaatlichten Pharmabetrieb, meine Mutter Englischlehrerin im Victoria College, einer Art ägyptisches Eton College, zu Beginn des 20. Jahrhunderts als Eliteschmiede Ägyptens gegründet.

So. Und nun waren wir in der Schweiz.

Gemäss der heute üblichen Bezeichnung wären wir ‹Migranten›, mittlerweile sind wir ‹Schweizer mit Migrationshintergrund›, damals waren wir schlicht und einfach Ausländer. Ägyptische Staatsbürger, ausser meiner Mutter, sie war Österreicherin, deren Pass jährlich bei der Fremdenpolizei mit dem Vermerk ‹Aufenthaltsbewilligung B› gestempelt wurde.

Die österreichische Familie meiner Mutter begrüsste unsere örtliche Veränderung sehr. Schliesslich war die Distanz auf die eingangs erwähnte zehnstündige Zugfahrt geschrumpft. Zwar fuhren wir auch nur einmal im Jahr nach Alt Aussee, aber irgendwie waren wir näher gerückt und vor allem in Sicherheit vor weiteren kriegerischen Auseinandersetzungen, die ‹dort unten›, wie meine Grossmutter Ägypten bezeichnete, immer auszubrechen drohten. Der Sechstagekrieg von 1967 lag noch nicht so lange hinter uns.

Dass der Kriegsschrecken meinen Grosseltern in den Knochen lag, war verständlich, hatten sie doch am eigenen Leib zwei Weltkriege erlebt. In der Fantasie meiner Grossmutter Resi steckte in allem Ägyptischen eine permanente potenzielle Gefahr; darin drückte sich nach all den Jahren immer noch die Zurückhaltung aus, die sie meinem Vater gegenüber hegte, der ihr doch ihr unschuldiges Mäderl einfach entrissen hatte. Mich haben die fremdenfeindlichen Äusserungen meiner Oma, sosehr ich sie mochte, traurig gestimmt. Es kam darin ein tiefes Misstrauen allem Fremden gegenüber zum Ausdruck, das ich gerade zu Beginn unseres Aufenthalts in der Schweiz sehr stark empfunden habe. Für mich indes war meine ägyptische Heimat sonnig, hell, schattenlos, ein Land, wo ich mich aufgehoben fühlte. Sicherlich hatte mich die nationale Gesinnung von der erhabenen ägyptischen Nation fest im Griff, aber ich war glücklich. Ich war Kind und wuchs in einer heilen Welt auf, aufgehoben zwischen meinen zahlreichen Tanten und Onkeln, Cousins und Cousinen, Freundinnen und Spielgefährten. Sogar die Ordensschwestern der Deutschen Schule der Borromäerinnen, oft Ursache lebenslanger Neurosen, liebte ich heiss. Und nun waren wir also in der Schweiz, wo alles ganz anders war. Sauber, geordnet, still. Im Grunde genommen perfekt; wenn man jedoch von Kairo kommt, dann können zu viel Sauberkeit, Ordnung und Stille schwer lasten.

Am Zürcher Bahnhof wurden wir von vertrauten Gesichtern empfangen, Freunde meiner Eltern, gleiche Konstellation: sie Österreicherin, er Ägypter und Apotheker. Sie waren schon länger in der Schweiz wohnhaft und hatten meinem Vater seine erste Stelle als Apotheker besorgt. Ich bin ihnen noch heute dankbar, dass sie uns damals abgeholt haben; durch ihre Anwesenheit an jenem kalten Novembertag in dieser unheimlichen Bahnhofshalle waren wir sofort irgendwie vernetzt. Als wir dann einige Zeit später in der Küche unserer neuen Vierzimmerwohnung sassen, stellte sich eine Vertrautheit ein. Wir waren angekommen. Doch sie gingen wieder fort an jenem Abend. Wir waren uns selber überlassen. Und es galt, sich gleich anderntags in der neuen Umgebung zurechtzufinden. Im wahrsten Sinne des Wortes. Gerade erst hatten wir eine Reise hinter uns gebracht, und schon sollte die nächste beginnen.

Wie viel Schule braucht der Mensch?

Ich war elf Jahre alt, als wir in die Schweiz übersiedelten; was meine ‹Schulbiografie› anbelangt, hatte ich immerhin schon einiges hinter mir. Und zwar seit dem Kindergartenalter. Den ersten Kindergarten besuchte ich in Wien, im Alter von vier Jahren. Da ich durch die ständige erwachsene Umgebung Gefahr lief, nicht wirklich Kind zu sein – ich hatte offenbar schon altkluge Allüren entwickelt –, wurde ich in einen Kindergarten gesteckt, dem zwei ältere ‹Kindergartentanten›, wie es in Österreich hiess, vorstanden. Ich kann mich nur noch an ihre, selbst für die damalige Zeit, unmodisch langen Kleider erinnern.

Lange sollte ich dort nicht bleiben, denn bald verliessen wir Wien – mein Vater hatte sein Pharmaziestudium abgeschlossen – in Richtung Kairo. Dort wurde ich im Alter von sechs Jahren in der 1. Klasse des Victoria College in Maadi, die Schule, in der meine Mutter später unterrichten sollte, eingeschult. Ich blieb ganze sechs Monate in diesem College, bis meine Mutter mit Entsetzen feststellte, dass meine Deutschkenntnisse im Begriffe waren, von der Sprache Shakespeares gänzlich verdrängt zu werden. Dies konnte sie natürlich nicht mit ansehen. Sofort nahm sie mich von der Schule, und von einem Tag auf den anderen holte mich nicht der Bus der englischen, sondern derjenige der deutschen Schule der Borromäerinnen ab, wo ich das restliche Jahr noch im obligatorischen Kindergarten absitzen musste. Der Begriff ‹Kindergarten› war total falsch besetzt. Denn anstatt, wie heutzutage üblich, die Umwelt spielerisch zu entdecken, büffelten wir schon fleissig das Abc und übten uns in Rechnungsaufgaben. Während den Stunden sassen wir gehorsam rund um einen Tisch, den Anweisungen einer der ‹lieben Schwestern›, der unterrichtenden Nonne, folgend.

Mit einem ordentlich bepackten Rucksack an Disziplin und in der Entgegennahme von Anweisungen beflissen kam ich dann endlich in die erste Klasse der gleichnamigen Schule.

Nach vier Jahren erfolgte der nächste, diesmal interkontinentale Schulwechsel, und zwar in die Dorfschule nach Alt Aussee, in der nicht nur meine mütterliche Familie, sondern Generationen von Alt Ausseern die Volksschule absolviert hatten. Als sich nämlich der Ortswechsel in die Schweiz abzeichnete, verbrachten wir zunächst, wie jedes Jahr, unsere Sommerferien in Alt Aussee. Und im September, als meine Spielkameraden wieder in die Schule mussten, wir harrten immer noch in Aussee aus, schickte man mich für ein paar Wochen in die Dorfschule, ‹damit es mir nicht langweilig› wurde. Kaum hatte ich mich in die dörflichen Schulgepflogenheiten eingelebt, ging es ins ‹pied à terre› nach Wien, und selbst am Gymnasium in der Laudongasse im 8. Bezirk fand sich noch eine freie Schulbank für mich. Ich war mittlerweile zur echten Schulglobetrotterin mutiert. Bis zum Zeitpunkt meiner Ankunft in der Schweiz hatte ich also bereits ein bewegtes Schulleben hinter mir. Nunmehr in Brüttisellen, nahm mich meine Mutter kurz nach unserer Ankunft bei der Hand und begleitete mich in die örtliche Primarschule, wie die Grundschule in der Schweiz heisst. Wir platzten mitten in den Unterricht rein, meine Ankunft muss für die Lehrerin völlig unerwartet erfolgt sein, wahrscheinlich hatte es meine Mutter versäumt, mich ordnungsgemäss bei der Behörde anzumelden, und so stand ich also in meinem ersten Schweizer Klassenzimmer. Noch frisch aus der Fremde kommend, trug ich, wie in Österreich üblich, einen Kinderhut. Dieses Kleidungsstück wurde mir zum Verhängnis, denn niemand von uns wusste, dass in der Schweiz nicht Hut getragen wurde. Es trugen ihn nicht einmal die Erwachsenen, geschweige denn Kinder. Die Sensation konnte perfekter nicht sein, die Kinder hatten ihr Gaudi, und ich schämte mich masslos, weil ich auf diese unangenehme Weise aufgefallen war und eine gewisse Zeit mit dem ‹Hutstigma› leben musste. Aber sonst verlief alles reibungslos, ich wurde vom Fleck weg in der 5. Klasse der Primarschule eingeschult. Dass ich noch kein Schwyzerdütsch, wohl aber Hochdeutsch sprach, erschwerte mir ein wenig den ersten Kontakt mit den Mitschülerinnen und Mitschülern, nicht aber den thematischen Einstieg in die Fächer. Im Gegenteil. In Kairo waren wir fachlich viel weiter, ausserdem hatte ich bereits Unterricht in drei Sprachen, Deutsch, Arabisch und Englisch.

Überhaupt war die Schule eine erweiterte Wohnstube. Am Morgen begann der Unterricht um halb neun, meistens wurde er mit einem gemeinsamen Lied eröffnet. Es gab wohl Stühle und Bänke, aber die Atmosphäre war irgendwie wie zuhause: Zeichnungen und Landkarten an den Wänden, Topfpflanzen, sogar ein Aquarium mit echten Zierfischen und eine Truhe mit Spielsachen gabs. Diese Idylle und Häuslichkeit wurde durch das obligatorische Tragen der ‹Finken› unterstrichen. Wir hatten ausser in Handarbeit immer die gleiche Lehrerin. Betrat sie das Zimmer, dann blieben wir sitzen, sie grüsste, und wir antworteten. So einfach. Zur Mittagszeit, also um zwölf, wurden wir nach Hause entlassen, und nach einer zweistündigen Pause kamen wir ausgeruht und von unseren Müttern, wie es in den Siebzigerjahren noch üblich war, wohlgenährt, wieder in die Schule. Sogar die wenigen Hausaufgaben konnten oft schon in der Schule erledigt werden. Für mich war dies der Inbegriff von ‹Laisser-faire›, was mir natürlich ausserordentlich gefiel.

Wie anders war doch meine vorherige Schule gewesen! Ein Ort der Gelehrsamkeit, des Drills und der Ordnung. Schon in der Früh mit dem Fahnenappell – den es in den ägyptischen Schulen übrigens heute noch gibt – standen wir in akkuraten Zweierreihen Spalier, sangen die Nationalhymne und marschierten dann in unsere Klassenzimmer ab. Eine der älteren Schülerinnen assistierte der Direktorin, einer Ordensschwester, beim Hochziehen der Fahne – dies war übrigens eine Ehre –, und wir alle träumten davon, einmal da ‹oben› zu stehen. Die Schule umfasste die erste bis zur zwölften Klasse, wir waren zirka 300 Schülerinnen. Wenn der Lehrer oder die Lehrerin ins Schulzimmer trat, standen wir auf und warteten auf das Sitzsignal. Unsere Unterrichtsräume waren zwar gross, aber kahl und schmucklos. Dadurch, dass wir alle Uniformen trugen, weisse Blusen und blaue Faltenröcke, kam auch eine Anonymität auf, die sich wiederum in der Beziehung mit den Lehrern niederschlug. Ausserdem hatten wir wechselnde Lehrer, nicht nur in jedem Fach, sondern auch von einem Schuljahr zum anderen. Kein Wunder also, dass ich mich in der hiesigen, lockeren Atmosphäre sehr wohl fühlte.

Da ich weder fachlich noch sprachlich Probleme hatte – ausser in Mathematik, das blieb leider bis zur Matura so –, konnte meine schulische ‹Integration› als äusserst gelungen bezeichnet werden. Hätte ich kein Deutsch gekonnt, weiss ich gar nicht, ob ich in eine Fremdsprachenklasse gekommen wäre, ich glaube, so etwas gab es damals nicht. So weit, so gut. Und dennoch hatte der Schuleinstieg für mich einige völlig unerwartete Neuerungen parat, mit denen ich nicht so ohne Weiteres zurecht kam: So war ich das erste Mal in einer koeduzierten Schule; Mädchen und Jungen sassen tatsächlich im selben Schulzimmer, gingen zur gleichen Zeit in die Pause, spielten und sprachen miteinander und hatten womöglich noch den gleichen Schulweg. Nicht, dass es in Ägypten keine koeduzierten Schulen gab, ganz im Gegenteil, nur war ich eben in einer von Ordensschwestern geführten Mädchenschule. Und obwohl ich den Umgang mit Buben kannte – sowohl in meiner ägyptischen Familie als auch im Freundeskreis meiner Eltern, welcher übrigens ausschliesslich bikulturell war –, hatte ich nun Berührungsängste. Jetzt, im Alltag, mit ihnen konfrontiert zu sein, war zu viel. Die Schule war ja immerhin ein offizieller Aufenthaltsort, ein Arbeitsplatz, und da war mir die Unbefangenheit im Umgang mit gleichaltrigen Jungen unmöglich. Es dauerte lange, bis ich diese Scheu überwunden hatte und auf Knaben zuging bzw. ‹von selbst› mit einem Jungen aus der Klasse sprach. Auch noch als Teenager und junge Erwachsene legte ich diese Befangenheit nie ganz ab, wobei sie in dieser Zeit von der Angst meiner Eltern, namentlich meines Vaters, vor ‹zu viel› Kontakt mit dem männlichen Geschlecht geschürt wurde.

Als ich dann zu einem einigermassen unbefangeneren Verhältnis fand, verliebte ich mich auch prompt. Von einem Extrem ins andere, als ob sich die Beziehung zwischen Männern und Frauen nur durch Ausschliesslichkeit definieren würde. Dieses ‹Alles-oder-nichts-Prinzip› in Bezug auf das Verhältnis der Geschlechter hatte ich damals schon sehr verinnerlicht, ich schreibe es dem ägyptisch-islamischen Kulturgut zu, das ich in mir trage.

Mein ‹Auserwählter›, ein wunderschöner Knabe, war blond und hiess Hans. Natürlich wusste er nichts von meiner Schwärmerei, und obschon ersten Annäherunge zwischen Mädchen und Buben üblich waren, was sich in Pausenneckereien äusserte, blieb ich anderen Knaben gegenüber stoisch ungerührt.

Der bezaubernde Hans, der übrigens sinnigerweise eine österreichische Mutter hatte, war also meine erste grosse Liebe. Und wie es sich für eine erste grosse Liebe gehört, war sie unglücklich und unerwidert: Der holde Jüngling würdigte mich keines Blickes. Stattdessen hatte er es auf die Klassenbeauty abgesehen, eine von allen angeschwärmte, zarte, ebenso blonde und langhaarige Elfe, deren Familie – pikantes Detail am Rande – mit eigenem Geschäft und Eigenheim zur ‹Haute Volée› des Ortes zählte. Ich hatte keine Chance. In meiner Fantasie verdrängte ich jedoch meine Konkurrentin schamlos, in meinen Scheinwelten gab es nur Hans und mich. Schliesslich entwickelte sich dank schmachtender Liebeslieder, denen man in Ägypten selbst als Kind unweigerlich ausgesetzt ist, in meinem Unterbewusstsein eine Affinität zu Liebesschmerz. Es sollte nicht der letzte sein.

Ja, und das wohl augenscheinlichste Merkmal in der Schule war die freie Kleiderwahl; ich durfte tragen, was ich wollte. Dieses urplötzlich gewonnene Privileg war für mich so etwas wie die erste bewusste Berührung mit dem Begriff ‹Freiheit› überhaupt. Wenngleich ich das Tragen der Schuluniform nie als belastend empfunden habe, genoss ich es, jetzt selber zu entscheiden. Ich schied somit endgültig aus dem erlauchten Kreis der blauweissen Borromäer-Schülerinnen aus. Und da ich ohnehin die Schule als eine Art erweitertes Wohnzimmer empfand, fühlte ich mich nun durch die Kleidersache wie in der ‹Freizeit›, es war alles so formlos, so unkompliziert, so unbeschwert. Zumindest oberflächlich gesehen.

Tja, und die dritte und letzte von mir als bedeutend eingestufte Veränderung war die Tatsache, dass ich nun einen Schulweg zurückzulegen hatte. Nie zuvor war ich je zur Schule ‹gegangen›, immer nur ‹gefahren› bzw. gefahren worden, mit dem Schulbus, der uns abholte, oder mit dem roten – noch aus Österreich im Jahre 1965 importierten – Mercedes meines Vaters. Mit fast zwölf Jahren hatte ich das erste Mal einen ‹Schulweg›, den ich an drei Wochentagen viermal, an zwei Wochentagen zweimal täglich abschritt. Auch das ‹Sich-auf-den-Schulweg-Machen› bedeutete für mich – wie das Fehlen der Uniform – einen Hauch von Freiheit. Bis anhin hatte ich das Haus nie alleine verlassen, immer war ich in Begleitung einer erwachsenen Person. Lediglich in Alt Aussee, dem Heimatort meiner Mutter, durfte ich allein im Dorfkonsum einkaufen, wohl eher aus Verlegenheit; meine Grossmutter hatte die Angewohnheit, bei ihren Einkäufen jedes Mal etwas zu vergessen, so dass ihr nichts übrig blieb, als mich zu schicken: «Geh, Jasmin, geh ma schnell in Verein, i ho an Butan vergessen.» In Kairo wäre dies unvorstellbar gewesen, erstens weil es sich nicht gehörte, einfach so ‹auf die Strasse zu gehen›, und ausserdem weil man in Ägypten davon ausging, es könnte jederzeit etwas Furchtbares passieren. Einkäufe besorgte bei uns der Hausbesorger, ab und zu gingen wir mit unserer Mutter in die Lebensmittelgeschäfte. Ganz allgemein verliess man das Haus nur mit einem bestimmten Ziel, nicht einfach so. Grundsätzlich galt es, ‹die Strasse› zu meiden, den unsicheren, unstabilen Raum, in dem Unerwartetes, Unvorhergesehenes lauerte. Dass solche Betrachtungen im Grossstadtdschungel Kairo ihre Berechtigung haben, mag verständlich sein. Damals in den Sechzigerjahren war Kairo zwar noch relativ beschaulich und Maadi, unser Wohnort, ein ruhiges grünes Aussenquartier. Nichtsdestotrotz, die ‹Strasse› war negativ besetzt.

In der ägyptisch-arabischen Redewendung ist eine Person ‹von der Strasse› jemand, der beispielsweise unehrlich ist, einen unlauteren Lebenswandel oder ganz einfach schlechte Manieren hat. Natürlich bleiben so die Kinder unter ständiger Kontrolle der Erwachsenen und werden nicht angehalten, sich selbständig zu bewegen und eigene Schritte zu tun. Und dies soll nicht nur wörtlich verstanden werden. Selbständigkeit und Eigenverantwortung zählten nicht zu den obersten Prioritäten der Erziehungsvorstellungen meiner Eltern, zumindest wenn es um Aussenkontakte ging. Auch dort wollten sie die Oberhand behalten. Wie ich später erfahren sollte, erging es anderen Gleichaltrigen aus ägyptisch-europäischen Familien ähnlich, unentwegt wurde erwartet, vor allem von Mädchen, den Aufenthaltsort bekannt zu geben. Ausserdem hatte meine Mutter immer panische Angst, es könnte uns, wiederum mir, etwas passieren. Ich hatte nun also einen Schulweg, den ich ganz alleine zurücklegen durfte. Es war wunderbar, ich fühlte mich unheimlich erwachsen dabei, obwohl der Weg an und für sich nichts wirklich Spannendes zu bieten hatte. Unser Wohnhaus lag direkt an einer Hauptstrasse, und der Autobahnknotenpunkt, zu dem Brüttisellen später werden sollte, war irgendwie schon angelegt. Insgesamt ging ich, nein, schlenderte ich förmlich zirka zwanzig Minuten, entlang der adretten, ordentlichen Häuser, mit sauber aufgeräumten Vorgärten. Ich liebte diesen täglichen Gang zur Schule, eben weil er mich zum ersten Mal in meinem Leben frei machte. Zumindest schnupperte ich am Prinzip Freiheit.

Was den Schulweg ausserdem besonders anregend machte, war die Tatsache, dass ich ab und zu von einem sizilianischen Mädchen abgeholt wurde, das mit mir in die gleiche Klasse ging. Mit der dunkelhaarigen, grossgewachsenen Sizilianerin hatte ich einiges gemeinsam: Auch sie war wie ich keine Einheimische, schlimmer noch, sie war ein ‹Tschinggenkind›, wie Italiener damals genannt wurden. Der lässige Begriff ‹Secondo› kam erst später auf.

Ich vermute, dass ihr an dieser kleinen Freiheit ebenso viel gelegen war wie mir, denn dadurch, dass sie mich von zu Hause abholte, zog sie ihren Schulweg unnötig in die Länge. Während dieses ‹Schulspazierganges› tauchten wir in eine eigene Welt ein, die sich verpulverisierte, sobald wir in der Schule angekommen waren.

Da Annalisa um einiges reifer war als ich, insbesondere in Bezug auf Männer, deren Präsenz sie viel bewusster bemerkte als ich, kam ihr in gewisser Hinsicht die unfreiwillige Aufgabe zu, mich in Geheimnisse der Erwachsenen einzuführen. Es waren Dinge, von denen ich nie im Leben mit meiner Mutter, geschweige denn mit meinem Vater, zu sprechen gewagt hätte. Instinktiv verstand ich, dass es sich dabei um ‹Unanständiges› handelte, was das Ganze umso pikanter machte. So gesehen haftete dem Weg zur Schule auch etwas Klandestines an, das mich unheimlich faszinierte.

So erklärte sie mir eines Tages ziemlich unverblümt und ohne Vorwarnung, aber hinter vorgehaltener Hand, wie es sich so verhält mit der Fortpflanzung. Ich traute meinen Ohren nicht. Was ich da zu hören bekam, überstieg meine kühnsten Fantasien und versetzte mich in einen Angstzustand. Das Zusammensein von Mann und Frau beschrieb Annalisa als karnivore Verzückungen. Aus ihrer blumigen, kein Detail auslassende Schilderung entnahm ich eine Botschaft ganz klar, nämlich, dass ‹es› der Frau unheimlich wehtat.

Ein Psychologe würde aus dieser Aufklärungsstunde mit Sicherheit ein lebenslanges Trauma diagnostizieren. Ich muss jedoch gestehen, dass ich nicht mehr genau weiss, ob ich diese Erläuterungen von ihr erbeten hatte. Möglich ists, weil die ausweichende Antwort meiner Mutter auf die von mir zaghaft gestellte Frage, wie ein Kind auf die Welt käme, mich nicht befriedigt hatte. Als sie nicht mehr weiterwusste und sie mein Bohren sichtlich in Verlegenheit brachte, meinte sie in dem ihr so eigenen Ton: «Das sage ich dir, wenn du grösser bist.» Dass meine Neugierde auf solch traumatische Art befriedigt wurde, damit hatte ich nicht gerechnet. Hätte meine Mutter damals versucht, mir ein wenig entgegenzukommen, wäre mir einiges Unangenehme erspart geblieben. All dies geschah also während unseres täglichen Stelldicheins in Richtung Schule.

Eine andere Begebenheit, bei der ebenfalls Annalisas weibliche Instinkte stimuliert wurden, vollzog sich vor einem mehrstöckigen, für Schweizer Verhältnisse ziemlich heruntergekommenen Gebäude. Dieses wurde ausschliesslich von italienischen Gastarbeitern bewohnt, die allesamt wie auf Kommando, in Unterhemd oder gar mit nacktem Oberkörper, den Balkon stürmten, wenn es ruchbar wurde, dass Annalisa vorbeistolzierte. Und es wurde unweigerlich ruchbar, sei es frühmorgens, zu Mittag oder nachmittags. Von dieser interitalienischen Kommunikation war ich selbstredend ausgenommen, ja, ich empfand die Situation geradezu als peinlich. Denn die jungen Männer riefen Annalisa gewisse Wörter zu, die ich nicht verstand und die sie wiederum mit abweisendem Schulterzucken quittierte. Ehrlich gesagt glaubte ich ihr trotz meiner Unreife nicht; ich merkte, dass sie die Avancen genoss, und ihre vermeintliche Kälte animierte die Herren umso mehr.

Mir brachte dieses Balkongeplänkel den ersten Kontakt mit der Sprache Dantes. Ob damals der Grundstein zu meinem späteren Italienischstudium gelegt wurde? Mag sein. Jedenfalls begegnete ich dabei einem genuinen Stück Italianità.

Soviel also zum Schulweg.

In der Schule habe ich recht schnell Anschluss gefunden. Fachlich gesehen und auch unter den Kindern. Da ich ja Deutsch beherrschte, stand ich um einiges besser da als z. B. meine italienischen Klassenkameradinnen und -kameraden. Natürlich musste auch ich in den Schweizer Schulkanon hineinsozialisiert werden, was aus rein historischer Perspektive eine gewisse Verschiebung der Dimensionen beinhaltete: Noch hatte ich in Kairo gelernt, wie die alten Ägypter vor 6000 Jahren die Pyramiden erbaut hatten, und jetzt, hier in der Schweiz, stand die Gründung der Stadt Zürich mit der Regula-Legende auf dem Schulprogramm. In zeitlicher und inhaltlicher Hinsicht wurde das grandios daherkommende Ägyptische durch das bescheiden Helvetische abgelöst.

Ich besuchte alle Fächer, ausser Religion. Das verstand sich von selbst: Muslimischer Religionsunterricht war genauso eine Unbekannte wie die Muslime. Damals notabene. Meine Eltern waren jedoch durch das plötzlich entstandene Vakuum an Religionswissen nicht sonderlich besorgt. Ich hatte ja in Ägypten an der deutschen Schule der Borromäerinnen im islamischen Religionsunterricht – dieser wurde nach Konfession getrennt durchgeführt – das Elementarste mitbekommen: Ich kannte die fünf Grundsäulen des Islam, konnte die Gebete durchführen und einige kleine Suren des Korans auswendig. In Kairo hatte ich im Ramadan bereits gefastet, das führte ich auch in der Schweiz durch. Des Weiteren wusste ich Bescheid über die Entstehung des Islam, über den Propheten Mohammed, sein Leben und Wirken. Kurz, ich war im Grunde genommen für ein gottgefälliges Leben ausgestattet. Dazu muss ich bemerken, dass meine Eltern, weder meine katholisch erzogene Mutter noch mein muslimischer Vater, je mit sonderlicher Akribie irgendeine der vorgeschriebenen religiösen Pflichten ausführten. Zwar feierten wir Weihnachten und Ostern, das Ende des Fastenmonats Ramadan und das Opferfest Idu l-Adha, aber nicht aus besonderem religiösem Eifer; es handelte sich um Rituale, die sich ganz einfach aus unserer bikonfessionellen Familienstruktur ergaben, mit denen wir vertraut waren und diese mit Freude durchführten.

Jedoch immer klar war das unmissverständliche Bekenntnis zu Gott bzw. zum ‹lieben Gott›, wie er bei uns hiess. Er existierte in unserer Familie, und sein Vorhandensein stand nie zur Diskussion. Sogar mein Vater benützte selten den arabischen Begriff ‹Allah›, nein, auch er sprach vom ‹lieben Gott›, wenn – was selten genug vorkam – Gott zum Thema wurde. Wir redeten überhaupt fast nie über Glauben oder Religion. Wir als Menschen sollten ein anständiges Leben führen, das bestand darin, gut zu sein und Gutes zu tun. Damit war die Sache erledigt. Von einer detaillierten Ausführung oder Praxis von Geboten waren wir total entfernt. Eine anfängliche Nonchalance gegenüber den Dingen des Glaubens, die sich im Laufe der Zeit verändern sollte.

Dieser Prozess lässt sich aufs Erste folgendermassen zusammenfassen: Zu Beginn waren wir Ägypter, allmählich wurden wir zu Muslimen. Ich nehme dies ganz bewusst vorweg, da sich auch in unserer kleinen Familienwelt, zumal nicht im Geringsten religiös konnotiert, die Hinwendung zum Religiösen – in bescheidenem Masse zwar, aber immerhin – aufzeigen lässt.

Nicht nur bei Schweizer Muslimen, auch bei den Muslimen in den Kernländern überlagert die religiöse schrittweise die nationale Identität. Eine aus ihrem Schattendasein herausgetretene Religion hat sich in den Alltag katapultiert, was wiederum zu einem Aufleben oder zur allgemeinen Rückbesinnung, gemeinhin unter dem Begriff ‹Islamisierung› oder ‹Reislamisierung› subsumiert, geführt hat.

Selbst in der Diaspora war dies nun der Fall.

Bedingt durch einen Stellenwechsel meines Vaters, schnürten wir unser Bündel und zogen weiter westwärts. Mit den Schweizer Verhältnissen nun besser vertraut und dabei, uns den hiesigen gesellschaftlichen Gepflogenheiten stückchenweise anzupassen, siedelten wir ins vormals habsburgische Fricktal. Und alles wiederholte sich: Übersiedlung, Umschulung, neue Freunde finden, neuer Ort, neue Wohnung. Und in Helvetien wurde es allmählich wärmer …

Und in Helvetien wird es wärmer …

Unser Leben fügte sich langsam zusammen. Es hatte alles seine Ordnung. Wir waren angekommen: Der Vater arbeitete, die Mutter sorgte für die Familie, der Bruder und ich gingen in den Kindergarten bzw. in die Schule. Wir Kinder sprachen Schweizer Dialekt, unsere Eltern verstanden ihn. Zu Hause herrschten im Sprachgebrauch feste Regeln: Arabisch mit dem Vater; Hochdeutsch, in der österreichischen Färbung, mit der Mutter. Unsere sprachliche Integration in die Schweiz machte uns nie Schwierigkeiten. Uns Kindern gelang es sehr schnell, Mundart zu lernen, schliesslich beherrschten wir ja die Standardsprache. Ich hielt keine Sekunde am Hochdeutschen fest, ich wollte so schnell wie möglich Schwyzerdütsch lernen. Meine Eltern hingegen behielten Hochdeutsch bei. Meine Mutter machte sich oft lustig über einzelne Wörter, oder sie imitierte die berüchtigten ‹ch-Laute›, was mich sehr amüsierte. Für meine Mutter wäre es eine sprachliche Verwirrung gewesen, sich den Dialekt anzueignen. Zudem war sie stolz auf ihr Salonwienerisch – der Alt-Ausseer-Dialekt in einer recht veredelten Version war nur der Sommerfrische vorbehalten. Mein Vater war ebenso wenig begierig darauf, Schweizerisch zu lernen, sein Hochdeutsch war verständlich genug, er hatte ja an der Wiener Universität studiert. Nur ‹Grüezi› und ‹Adieu› sprach er mit einer gewissen Inbrunst aus.

Die Schweizer Eigenheiten und das Schweizer Umfeld taten sich uns nach und nach kund. Meine Eltern waren ja mit österreichischem Landes-Know-how vertraut; aber die Schweiz war gradliniger, exakter. Beispiel Steuererklärung: einmal im Jahr und dazu rückwirkend. Eine schwarze Wolke zog über den Familienhimmel, wenn das dicke A4-Couvert mit der Aufschrift ‹Steuerverwaltung Rheinfelden› seinen Weg in unseren Postkasten fand. «Jetzt kommt die Steuer, oje!» Meine Mutter, die aktive und praktische Frau, die mit beiden Händen anpackte und sich für keine Arbeit zu schade war, verfiel in einen Zustand der Lähmung. Nach anfänglichen Versuchen, sich in bürgerlicher Eigenverantwortung durch die Formulare durchzuarbeiten, gab sie sich geschlagen. Die Deklaration des jährlichen Familieneinkommens wurde ‹ausgelagert›. Und die sonst so sparsame Mutter investierte zwecks Erhaltung ihres Seelenfriedens in einen Steuerberater. Der Vater hatte mit Briefverkehr und Familienadministration nie etwas zu tun, das waren weibliche Ressorts.

Dann der Sonntag, der kein Waschtag sein durfte. In den Siebzigerjahren in der Zürcher Agglomeration, unserem ersten Domizil, schlug sich die Sonntagsruhe im ungeschriebenen Gesetz der Nichtverwendung der Waschküche nieder. Als meine Mutter, in völliger Unkenntnis dieser lokalen Gepflogenheit, an einem warmen Sommersonntag im Vorgarten des Mehrfamilienhauses unsere Wochenwäsche auf einem ‹Stewi› zum Trocknen aufhängte, entsandte ihr der Hausbesitzer auf einem ‹Fresszettel› eine etwas hölzern formulierte Depesche mit der unmissverständlichen Aufforderung: «Sonntags nie!» Nie Wäsche aufhängen. Diese Episode passte perfekt in die Anekdotensammlung, die meine Mutter immer zum Besten gab, um sich über die Kleinlichkeit der Schweizer zu erheitern.

«Dass du ja niemanden in der Schule fragst, was der Vater verdient!», war eine weitere ‹Todsünde›. Lohnfrage wie das Wäscheaufhängen am Sonntag, tabu! Ich weiss nicht, wie meine Mutter dies in Erfahrung brachte, vielleicht war sie selber einmal in ein Fettnäpfchen getreten und gab es in mütterlicher Sorge um meine Integrationskompetenz weiter. In Ägypten waren Geldfragen kein Geheimnis, im Gegenteil. Man brüstete sich damit und wurde bewundert, wenn man viel davon hatte. War man wenig oder gar nicht begütert, was im Ägypten unter Gamal Abdel Nasser eher der Fall war, wurde man bemitleidet. Aber Schweigen über Geld? Niemals. Auch in Österreich sah man das, wie so vieles im Vergleich zur Schweiz, lockerer.

In Sachen Sauberkeit aber waren wir absolut schweizkompatibel.

In der Pünktlichkeit weniger. Die akademische Viertelstunde gehörte zum guten Ton, aber nur im Privaten – nie bei offiziellen Verabredungen. Meine Eltern waren sehr verlässlich, auch ohne Schweizer Gene. Vielleicht ein wenig nachlässiger hie und da, aber das mit sehr viel Charme.

Obwohl wir eigentlich recht gut sozialisiert waren, lebten wir trotzdem nicht ganz hier. Ich weiss, dies ist für Aussenstehende schwierig nachzuvollziehen, aber genau so verhielt es sich. Die Schweizer und das Leben in der Schweiz, die hiesigen Sitten und Gebräuche, wurden von unseren Eltern immer irgendwie aus unserem Leben verdrängt, so als hätte das alles mit uns nicht wirklich etwas zu tun. Wir lebten wie Zuschauer einer Fernsehshow, welche ab und zu, nämlich dann, wenn ihnen der Moderator das Mikrofon reicht, Gelegenheit erhalten, sich mit einer kurzen Phrase zu dem gerade behandelten Thema zu äussern.

Die Schweizer waren grundsätzlich mit Glacéhandschuhen anzufassen, da man nie recht wusste, wie man ihnen begegnen sollte. Bei uns zu Hause kursierte das hartnäckige Gerücht vom ‹vorsichtigen und undurchsichtigen Schweizer›, wobei es nicht darum ging, ‹ihm› unlautere Absichten zu unterstellen, ganz im Gegenteil. «Die Schweizer sind korrekt», bemühte sich mein Vater bei jeder Gelegenheit zu betonen, also hatten wir nicht zu befürchten, von ihnen über den Tisch gezogen zu werden, aber im gleichen Atemzug kam auch die eher bewundernde, fast schon ein wenig kleingläubige Äusserung daher: «Die Schweizer sagen nie, was sie denken.» Und deswegen galt es im Umgang mit ihnen, stets auf der Hut zu sein. Die Schweizer Seele wurde von meinen Eltern so gezeichnet, als kenne sie keine Höhen und Tiefen, korrekt eben, neutral, undefinierbar, rätselhaft. Diese vermeintliche Zurückhaltung wiederum verlangte dem Nichtschweizer, eben unsereins, ungeheure empathische und intellektuelle Kapazitäten ab, musste er doch die wahre Schweizer Botschaft erkennen und diese dann zu einem sinnvollen Ganzen zusammenfügen.

Ich empfand dieses Bild als sehr konstruiert, schon damals, und es stimmte überhaupt nicht mit meinen Erfahrungen überein. In der

Schule waren die Kinder ganz unterschiedlich, es gab temperamentvolle, scheue, zurückhaltende, vorlaute, und je älter ich wurde und je mehr Kontakte ich mit Erwachsenen pflegte, umso mehr bestätigte sich diese Wahrnehmung. Die ganze Koloratur menschlicher Charaktere tat sich mir auf. Die Eltern hingegen lehrten mich stets, achtsam zu sein. Selbst wenn ein Schweizer so tue, als sei er verständnisvoll, dann sei das nur eine Tarnung. Wenn ich versucht war, meine Sicht der Dinge einzubringen, dann winkten beide Elternteile mit einem lakonischen «Das verstehst du nicht, dazu bist du noch zu jung» ab. Dieser Vorbehalt, dieser elterliche Argwohn zog eine Art Mauer zwischen mir und meiner Umwelt. Andererseits kann ich sie, wiederum aus heutiger Sicht, verstehen.

Das mag ein kleiner Exkurs in das Lebensgefühl der Siebzigerjahre aus der Perspektive eines zugereisten Ausländers veranschaulichen. In der Schweiz lebte es sich damals noch beschaulich, die gesellschaftlichen Verhältnisse waren einfach und überblickbar. Man wohnte in der Stadt, auf dem Land oder in stadtnahen Gebieten. Männer gingen einer geregelten Arbeit nach, die Mehrheit der Frauen kümmerte sich um die Familie. Die Bevölkerung war homogen, hier die Inländer, dort die Ausländer, bestehend aus Italienern, Spaniern und Portugiesen, deren Aufenthaltsstatus klar geregelt war: zuerst Saisonnier – einige Monate Aufenthalt, obligatorische Ausreise –, nach einigen Jahren Übergang vom Saisonnier zum Jahresaufenthalter, nach zehn Jahren unbefristete Niederlassungsbewilligung. Berührungspunkte unter den verschiedenen Kulturen und ‹Ethnien› – wie es heutzutage heisst – gab es kaum. Die Ausländer erledigten die unqualifizierten, einfachen Arbeiten auf dem Bau oder in der Industrie, die Inländer die qualifizierteren und anspruchsvollen. Kinder von Ausländern wiederum, also die kleinen Italiener, Spanier und Portugiesen, gingen in die Regelklassen, waren aber klar in der Minderheit. Ihr Schulerfolg war aufgrund ungenügender Sprachkenntnisse, von wenigen Ausnahmen abgesehen, mässig. Sprachförderung oder Fremdsprachenklassen gab es nicht. Von den fünf italienischen Mitschülerinnen und Mitschülern meiner sechsten Zürcher Primarschulklasse landeten fünf ganz selbstverständlich in der Oberschule, damals die unterste Stufe des dreigliedrigen Sekundarschulsystems. Bei den Ausländern waren die Mütter meistens berufstätig, vorwiegend als Putzfrauen oder Schneiderinnen oder Fabrikarbeiterinnen. Die Familien wohnten in den weniger ‹guten› Quartieren der Städte oder in kleineren Orten. Das Klima war trotz abebbender Achtundsechziger-Bewegung kleinbürgerlich, sogar ein wenig spiessig. Auch in der Tagespolitik widerspiegelte sich diese Tendenz: Die Schwarzenbach-Initiative, deren Ziel es war, Ausländer per Volksentscheid des Landes zu verweisen, trug zu einer tendenziell ausländerfeindlichen Stimmung bei. Und obwohl die Initiative verworfen wurde, galt es nicht als besonders ‹schick›, ausländische Wurzeln oder ausländische Freunde zu haben. Italiener wurden ‹Tschinggen› und Spanier ‹Spaniokel› gerufen.

In den vergangenen dreissig Jahren hat sich das Blatt zum Besseren gewendet, trotz der immer wiederkehrenden massiven Vorstösse von rechts aussen in Richtung einer Ausländerbeschränkung.

Und wo standen wir, mein ägyptisch-muslimischer Vater, meine österreichisch-katholische Mutter, mein Bruder und ich in diesem Gefüge? Bei uns war alles immer ein wenig anders, wir gehörten zu einer Art ‹Vorzeigeausländer›. Erstens war mein Vater durch seinen Beruf als Apotheker ein ‹Studierter›, zweitens genoss meine Mutter den Walzer-Sissi-Mehlspeisen-Bonus. Drittens waren wir der Landessprache kundig. Viertens fielen wir nicht unangenehm auf. Und dennoch, einfach war es für die Eltern nicht, in diesem Lande trotz bester Voraussetzungen zwischenmenschlich Fuss zu fassen.

Mit Schweizerinnen und Schweizern in Kontakt zu treten, war diffizil. Ich muss meinen kommunikativ begabten Eltern zugutehalten, dass sie nichts unversucht liessen, um Freundschaften zu schliessen, aber es blieb meistens bei einem ein-, höchstens zweimaligen Zusammentreffen. Als Hemmnis galt zum Beispiel der unterschiedliche Lebensrhythmus. «Nach acht darf man nicht mehr anrufen, dann stört man.» Unsere Einladungen waren hingegen opulente Diners, bei denen meine Mutter ihre besten österreichisch-ägyptischen Kochkünste entfaltete; diese Tafelfreuden starteten meistens erst gegen neun Uhr abends. Zeitgefässe, die nicht den schweizerischen Essensgewohnheiten entsprachen. Und schon waren dem geselligen Beisammensein mit Schweizern Riegel vorgeschoben.

Ein anderes typisch schweizerisches Feld, das Vereinswesen, das Kontakte ermöglicht hätte, blieb meinen Eltern versperrt: Weder meine Mutter, obwohl aus einer Berggegend stammend, noch mein Vater waren sportlichen Aktivitäten zugetan, will heissen, derartige Vereine kamen nicht in Frage. Überhaupt konnten sich beide für das organisierte Zusammensein nicht erwärmen. Dazu kommt, dass meine Eltern zum Zeitpunkt der Migration in die Schweiz in einem Alter waren, in dem in der Regel die bedeutenden Freundschaften schon geschlossen worden sind und es nicht mehr so einfach ist, welche anzubahnen Und dann gab es viel zu regeln, eine Migrationserfahrung ist ein komplexer Prozess, ganze Lebenssysteme müssen überdacht und unter Umständen revidiert werden: Arbeitsplatz, Usanzen, Familien, Ausbildung der Kinder, Verhältnis zur Heimat – in unserem Fall zwei; kurz: Man muss sich selbst in Bezug zu einer Umwelt stellen, die je nach Herkunft und vorheriger Situation dem Altgewohnten diametral gegenübersteht. Die Forderung nach Integration der Zuwanderer ist berechtigt, nur, so leicht umzusetzen ist sie nicht. Die Überfremdungsinitiative hatte meine Eltern eingeschüchtert, sie fühlten sich den fremdenfeindlichen Strömungen ausgeliefert. Und ich glaube, diese Tatsache und all das, was ich schilderte, hat sie in eine eigene Welt versetzt: Wir lebten hier, partizipierten, ‹ohne sichtbar aufzufallen› – in den Siebzigerjahren ein Gradmesser gelungener Integrationsleistung –, aber wir hatten unsere eigenen Regeln und Lebensgewohnheiten. Der bedeutungsschwere Begriff ‹Parallelwelt› wäre sicherlich übertrieben, trifft jedoch in etwa die Situation.

Auch ich hatte in meinen ersten Jahren in der Schweiz sehr schnell unliebsame Bekanntschaft mit der Schweizer Gastfreundschaft gemacht. Ich war es gewohnt, Kinder zu mir nach Hause einzuladen und umgekehrt. Unser Kairoer Haushalt – und nicht nur der unsrige – war immer voller Menschen. Entweder Familienangehörige, Nachbarn, Freunde,

Verwandte auf der Durchreise, die Bedienerin, der Bügelmann, der Hausbesorger. Wir waren nie eine Klein- oder Kernfamilie. In der Schweiz war das ganz anders.

Ich hatte einen ersten Kulturschock, als mich eine Klassenkameradin zu sich nach Hause mitnahm und tatsächlich von ihrer Mutter Erlaubnis erbat, ob es auch recht sei, wenn ich mit in die gute Stube käme. Ich hatte so lange vor der Türe auszuharren, bis die Dame des Hauses ihr Placet gab. Ich traute meinen damals dreizehnjährigen Ohren nicht; ich fühlte mich ungeheuer gekränkt und erniedrigt.

Ebenso unwegsam wie der Zugang zu mittelständischen Schweizer Vierzimmerwohnungen gestaltete sich die Teilnahme bzw. die Nichtteilnahme an den Mahlzeiten. Punkt zwölf, es sollte selten genug vorkommen, dass ich mich zu dieser heiligen Stunde bei einer Freundin aufhielt, wurde ich ohne Wenn und Aber hinauskomplimentiert: «Du muesch jetzt heigah, mir ässe.» Ich war entsetzt, nie und nimmer wäre eine solche Situation bei uns zu Hause denkbar gewesen. Allerdings muss ich sofort relativieren, dass dies die einzigen wirklich unschönen Momente in dieser Hinsicht blieben, sie wiederholten sich nie mehr auf solch ungastliche Weise. Aber so richtig vorbehaltlos und selbstverständlich offene Türen habe ich in meinen Schweizer Kinder- und späteren Jugendjahren nie erlebt. Wie gesagt, Multikulturalität war Mitte Siebziger noch nicht angesagt.

Kehren wir zurück zur Kleinstadt im aargauischen Fricktal, unserer zweiten Station in der Schweiz. Es war dann doch alles dort netter und sympathischer als in Brüttisellen. Wahrscheinlich, weil wir nun einige Kenntnisse über Land und Leute hatten. Meine Mutter spielte darin eine wesentliche Rolle. Sie fühlte sich sofort zu Hause und verglich unseren Wohnort mit ihrer Ausseer Heimat: «Rheinfelden ist wie Bad Aussee» – der nächstgrössere Ort ausserhalb von Alt Aussee, im steirischen Salzkammergut, wo sie in die Hauptschule ging. Diese Grundhaltung verliess sie nie mehr, und ich vermute, dass Rheinfelden nach ihrem geliebten Wien – das übrigens Alt Aussee immer den Rang ablief – ihr tatsächlich zur Heimat wurde.

In dieser neuen Umgebung kam zum ersten Mal ein wenig Ruhe in unser Leben, so etwas wie Stabilität. Plötzlich waren wir auf uns selbst zurückgeworfen: die Kernfamilie, Vater, Mutter, zwei Kinder. Und erst hier begriffen wohl alle, ob bewusst oder unbewusst, dass sich alles verändert hatte. Keine Grossfamilie und viel weniger Menschen, die mit uns den Alltag teilten.

Einige ehemalige Studienkollegen meines Vaters lebten bereits in der Schweiz. In den Siebzigerjahren herrschte hier ein Apothekermangel, so dass viele nach ihrem Studium in Wien der Aussicht auf materiellen Wohlstand im reichen, feinen Nachbarland nicht widerstehen konnten. Und so die Rückkehr in ihre ägyptische Heimat gar nicht erst antraten, sondern gleich zu Zeiten des Wirtschaftsbooms ins Land, wo Milch und Honig flossen, weiterzogen. Die in den Fünfziger- und frühen Sechzigerjahren in Wien studierenden Ägypter stammten in der Mehrzahl aus den Dörfern des Nildeltas, eine Minderheit aus Kairo, Alexandrien, Port Said. Ihre Familien ermöglichten es ihnen, an der damals berühmten Wiener Universität ihr Studium anzutreten. Besonders die medizinische und die pharmazeutische Fakultät genossen hohen akademischen Ruhm. Dass die jungen Männer nicht nur dem Studium nachgingen, sondern auch bei der Damenwelt hohen Anklang fanden, zeigt sich darin, dass die meisten später dann Österreicherinnen heirateten, welche aus ganz Österreich stammten. Diese Frauen hatten konservative Werthaltungen und ein solides Lebensziel, nämlich zu heiraten und eine Familie zu gründen. Einige Frauen waren durch ihre Elternhäuser und die Kriegszeit mit der Naziideologie verbunden, welche sie nie ganz ablegen konnten, auch in späteren Jahren nicht, Frauen, die in den Dreissigerjahren geboren und im trostlosen Nachkriegs-Wien dem Charme der ‹feschen› Orientalen erlagen. Die Ironie ist bewusst gewählt, denn meine Mutter betonte oft, wie die Ägypter den österreichischen Mädchen auflauerten und ihnen stante pede den Kopf verdrehten.

Auch die Verbindung meiner Eltern war eine für diese Zeit typische Verbindung. Meine Mutter kam von einem mehrjährigen Aufenthalt aus London zurück und wollte mit ihrer Schwester mit dem eisern

Ersparten in Alt Aussee eine Fremdenpension eröffnen. Aus diesen Plänen wurde nichts, mein Vater eroberte das Herz meiner Mutter im Sturm, und dies, wie es sich gehörte, in einem Wiener Kaffeehaus. Somit wurde die Idee der Frühstückspension und die Aussicht auf Rückkehr ins heimatliche Alt Aussee ad acta gelegt.

Ägyptisch-österreichische Lebenswelten in der Schweiz

Einreise in die Schweiz, erste Niederlassung in der Zürcher Agglo, Fortsetzung der Migration in Rheinfelden. Wir lebten im Grunde genommen recht ‹normal›, nur dass zu den beiden kulturellen Hemisphären, die uns geprägt hatten, nunmehr eine dritte dazukam, die schweizerische. Richtig eingedrungen in sie sind wir allerdings nie, zumindest solange wir als Familie zusammenblieben. Wir waren Ägypter in der Schweiz, wo wir vorläufig lebten, mit der Betonung auf vorläufig. Der Aufenthalt in der Schweiz sollte dazu dienen, sich etwas zu ersparen, um in der Heimat eine selbständige Existenz aufzubauen. «Noch zwei bis drei Jahre», hiess es seitens der Eltern, stets mit der klaren Absicht, demnächst wieder nach Ägypten zurückzukehren. Die Rückkehr wurde zeitlich zwar immer wieder in die Zukunft verlagert, sie schwebte jedoch als Vision über allen unseren Häuptern. Unser ganzes Streben war auf ein Ziel hin ausgerichtet: eines Tages wieder in unsere Wohnung in Maadi, in der 257sten Strasse, einzuziehen. Ich möchte gleich vorausschicken, dass dies nie stattgefunden hat.

Mein Vater verkehrte ausschliesslich mit seinen ägyptischen Freunden, die nach den Wiener Studienjahren in die Schweiz gekommen waren, und auch meine Mutter schaffte es nicht, den ‹Draht› zu den Menschen hier so richtig zu finden.

Warum es nicht wirklich gelungen ist, Schweizer Freunde zu finden? Dies machten die eigenen Pläne, nämlich die Rückkehr nach Ägypten, auch nicht wirklich nötig. Es bestand kein Bedarf, um es auf einen kurzen Nenner zu bringen. Die Mutter betonte aber auch immer, wie anders die Österreicher seien, viel lockerer eben und viel unkomplizierter. Der Teenager in mir übernahm zwar die Ansichten der Eltern nicht kritiklos.

Trotzdem resultierte daraus eine mit nationalistischen Stereotypen gespickte Polarisierung: gemütliche, humorvolle Österreicher, grosszügige, gastfreundliche Orientalen, ‹fade›, engstirnige, spröde Schweizer.

Rückblickend muss ich gestehen, dass sich meine Eltern Mentalitätsurteile zurechtlegten, die zu kurz griffen. Ihre ‹Ausgrenzung› war selbst gewählt. Im Grunde übertünchten sie so ihr Unvermögen, mit hiesigen durchaus positiven Gepflogenheiten, die ihnen fremd waren, umzugehen: z. B. liberale Ansichten bezüglich Erziehung und Weltanschauung, das Recht des Individuums auf freie Entfaltung, Freiheit im Grossen wie im Kleinen oder kritische Haltungen gegenüber Gott und der Religion. Werte, die sowohl meinem Vater wie meiner europäischen Mutter fremd waren. Denn sowohl er als auch sie entstammten einem konservativen, patriarchalen, in sich geschlossenen, jegliche Neuerung ablehnenden Umfeld. Zwischen dem Gefüge des ägyptischen Dorfes im Nildelta, mit seiner auf Autorität und Religion aufbauenden Gesellschaftsordnung, und dem österreichischen Ausseerland der Zwischenkriegszeit, des Nationalsozialismus und schliesslich des Zweiten Weltkrieges, orteten sich ideologische Parallelen. Die Verbindung meiner Eltern gründete auf ihnen.

Eine weiterer Stolperstein auf dem Weg zur Integration war die Behauptung meiner mit Umgangsformen à l'autrichienne bestens bewanderten Mutter, den Schweizern mangle es an ‹Etikette›. Sie, die in elmayerscher Formvollendung geübt war – Elmayer, Gründer der berühmten Tanzschule in Wien und Herausgeber mehrerer Knigge-Anleitungen –, monierte das Fehlen von Savoir-faire, wo sie nur konnte. «Herr Soundso hat mich auf der Strasse nicht gegrüsst» – davon ausgehend, dass der Herr die Dame zuerst zu grüssen habe. Im Vergleich zu Österreich, wo Wert auf Konduite gelegt wird, mag in der Schweiz tatsächlich ein weniger formeller Umgang herrschen. Auch dieses Urteil, welches ich als äussert selektiv bezeichnen würde, nährte letztlich in unserer Familie eine subtile Resistenz allem Schweizerischen gegenüber.

Wie stand es zu diesem Zeitpunkt mit der Religion? War dies in irgendeiner Form ein Hemmschuh Mitte der Siebzigerjahre? Keineswegs. Wir waren in erster Linie Ägypter, Muslime zwar, aber das lief eher nebenher. Wir hatten auch nicht das Bedürfnis, dies irgendwie unserer Umwelt kundzutun. Als einige der wenigen Muslime in unserem Wohnort lebten wir unsichtbar, unauffällig, ohne anzustossen, und deswegen auch gesellschaftskonform. Auch in der Schule beunruhigte meine Religionszugehörigkeit niemanden, ich ging nicht in den Religionsunterricht, fastete zwar, aber das haben die anderen Kinder nicht wirklich mitbekommen. Den Schwimm- und Sportunterricht besuchte ich ohne Probleme.

Eine Episode, die den Übergang von der nationalen zur religiösen Selbstdefinition meiner Person markiert, möchte ich hier erwähnen.

Wir hatten an der Bezirkschule Rheinfelden einen Geschichtslehrer, der in den Siebzigerjahren das Thema ‹Mohammed und der Koran› behandelte. Natürlich brillierte ich, und es entfachte sich sogar ein Streitgespräch zwischen dem Lehrer und mir, in dem ich mich bemüssigt fühlte, seine Behauptungen zu widerlegen, und zwar den Umstand, dass Frauen im Islam keine Rechte hätten. Das konnte ich, die damals vierzehnjährige Muslimin, so nicht im Raum stehen lassen. Ich stimmte zur Verteidigung ‹meiner Religion› an. Frauen stünden den Männern in nichts nach, behauptete ich. Wir stritten uns, über die Köpfe der Klasse hinweg, sehr vehement. Meine Mitschülerinnen störten sich sehr an der Debatte. Sie begriffen nicht, wie ich mich erdreisten konnte, dem Lehrer so direkt zu widersprechen. Die Jungs nahmen es eher locker, hörten zu und staunten. Ich empfand es jedoch als meine Pflicht, Dinge zurechtzurücken und liess nicht locker, bis mein Lehrer seine ‹Vorbehalte› nolens volens zurücknahm, schliesslich ging es um Allah, den Koran, um Inhalte also, die mir als sakrosankt galten. Nichtmuslime, so dachte ich damals, verstünden dies einfach falsch und es würde mir obliegen, dies richtig zu stellen. Für mich gab es kein Hinterfragen, keine kritische Gegenmeinung, keine Reflextion. Ich verhielt mich wie eine muslimische ‹Fundamentalistin›. Ich gab wieder, was ich in Ägypten und im Elternhaus gelernt hatte.

In der Retrospektive erstaunt es mich allerdings, dass ich, im Lichte einer moderaten und nicht im Geringsten ‹fanatischen› Religionspraxis, wie ich sie von meinen Eltern, insbesondere von meinem Vater mitbekommen hatte, diesen Drang verspürte, den Islam zu verteidigen. Und gerade in der Frauenfrage, die für mich später zum Kernpunkt massivster Identitätsreibung mit der eigenen Religion werden sollte. Dieses Erlebnis ist für mich der erste wirklich greifbare Moment, in dem ich mich als Muslimin ‹outete› und das Gefühl hatte, meine Religion gegen Angriffe schützen zu müssen. Ich definierte mich weniger über meine Nationalität als vielmehr über meine Religionszugehörigkeit. Ein Vorgang, der sich in der Folge immer mehr verstärken würde.

II

Gespaltene Jugend

Westöstlicher Diwan

Wir lebten also in der Schweiz, aber nicht wirklich. Ebenso wenig lebten wir in Ägypten, aber gedanklich ein wenig mehr. Österreich war der Tupfer Schlagobers. Wir lagen immer irgendwie dazwischen. Das heisst, ich lag immer dazwischen. Denn mein Vater war immer Ägypter, meine Mutter Österreicherin. Schweizer waren wir in keinem Fall. Wir suchten nicht extra Kontakte zu Muslimen, meine Eltern hatten ihren kleinen Freundeskreis, und diesen zu erweitern war nicht nötig, wir ‹genügten› uns selbst. Meine Eltern waren mit der Bewältigung des Alltags, mit unserer – oder besser mit meiner – Erziehung und mit den in die Zukunft gerichteten Plänen, der ‹Heimkehr› nach Ägypten, vollauf beschäftigt. Ich als heranwachsende Tochter hingegen gelangte zwischen die Welten und damit in einen inneren Konflikt. Wo gehörte ich hin, wo kam ich her? Was war wichtig? Was war unwichtig? Und eine der wesentlichsten Fragen kam auf: Was war erlaubt, was unerlaubt?

Religion war bei uns kein Erziehungsinstrument, ich habe ja den familiär ziemlich ‹lockeren› Umgang mit Religion geschildert. Nicht so locker hingegen handhabten die Eltern gewisse Moralgebote, an die vor allem ich mich als Mädchen und Tochter zu halten hatte. Und jetzt, wo ich langsam ‹zur Frau› wurde, umso mehr. Es zog sich zunehmend ein Ring von Vorschriften um mich zusammen. Sorgsam und still, was ich gelassen und selbstverständlich hinnahm. Mir wurde eingeredet, ich sei anders als die Jugendlichen um mich, was wiederum mit absoluter Selbstverständlichkeit von Vater und Mutter mit Nachdruck wiederholt wurde: «Du bist eine ägyptische Tochter.» Und damit war alles gesagt, das wenige Erlaubte und das viele Verbotene.

Ich kann ohne Umschweife sagen, dass der Kontakt zum männlichen Geschlecht bald zum alles beherrschenden Thema wurde. Ich war mittlerweile ein Teenager, und wie bei meinen Schweizer Mitschülerinnen entwickelte sich auch bei mir das Interesse und das Bedürfnis, sich mit Jungs einzulassen. Es war zweifellos, dass dies nicht stattzufinden hatte. Wieso ich dies verstand? Das frage ich mich heute auch. Aber ich verstand es. In Familien werden gewisse Vorgaben einfach tradiert und nicht hinterfragt. Sozusagen von Anfang an betrat ich deshalb, wenn ich es trotzdem betrat, ein ‹verbotenes› Terrain.

Wir befanden uns in den Siebzigern, die zeittypische Lässigkeit hatte auch die Jugend in der Kleinstadt Rheinfelden erfasst: im Gras sitzen, Jeans tragen, Musik hören, rumhängen, Gitarre zupfen. Die Jungs hatten lange Haare, die Mädchen trugen weite batikgefärbte Jupes. Alkohol oder Drogen waren nicht im Spiel – soweit ich das natürlich aus meinem sehr naiven Blickwinkel beurteilen konnte. Es waren harmlose ‹Get Together› in den Jugendzentren oder im privaten Rahmen. Ab und zu eine Party am Nachmittag, an der auf dem mitgebrachten Plattenspieler Suzi Quatro, Sweet und Slade aufgelegt wurden. Dazwischen ein paar Italoschnulzen, um sich körperlich sachte aneinander heranzutasten. Wenns hoch kam, ein Tanzabend im Pfarreizentrum, Schluss um 22 Uhr. Nachher noch ein wenig ‹cool rumstehen›, und dann ging man nach Hause. Alles furchtbar harmlos.

Nicht für meine Eltern. Hinter jeder Veranstaltung fürchteten sie den Abgrund, das Verderben. In einen Sog von Sex und Drogen würde es mich hinabwirbeln, in unbekannte Tiefen. Ich wäre für immer verloren, und dann wäre es endgültig aus mit mir.

Wohl erhielt ich ab und zu die Erlaubnis, an einigen dieser Afternoon Partys teilzunehmen, jedoch höchstens bis 18 Uhr.

Die Vorverhandlungen zur Teilnahme durchliefen mehrere Stadien, sie waren zermürbend. Obwohl beide Elternteile sich in ihren Ansichten einig waren, versuchte die Mutter immerhin, mir beim Entrée in die Welt jugendlicher Vergnügungen ein wenig behilflich zu sein. Und dies, wie ich viel später von ihr erfuhr, auf die Gefahr hin, sich in der Beziehung mit meinem Vater auf Konflikte einzulassen. Dass mein Vater zu gewissen Konzessionen bereit war, habe ich also ihr zu verdanken. Immerhin ‹durfte› ich nach längerem Hin und Her, mehreren Eklats zwischen mir und dem Vater, zwischen dem Vater und der Mutter, ab und zu einer begehrten Chips- und Nüsschenparty beiwohnen, vorausgesetzt, ich wurde überhaupt eingeladen.

Ich schloss in dieser Phase – wie bereits in der Primarschule – interessanterweise Freundschaft mit einem gleichaltrigen italienischen Mädchen meiner Klasse, namens Caterina. Diese Beziehung gab mir sehr viel. Erstens fühlte ich mich wohl im grosszügigen Ambiente ihrer Familie: Ich war immer willkommen, gehörte einfach dazu, ass mit, ging in den Schrebergarten, bekam sogar Gemüse als Mitbringsel für Zuhause. Es war wie in Ägypten. Nie spürte ich eine Ausgrenzung oder das Gefühl, deplatziert zu sein. Ausserdem lernte ich in der Zwischenzeit bereits in der Schule Italienisch: Der Kontakt erlaubte es mir, die ersten Lezioni direkt umzusetzen. Uns Mädchen verband die gleiche Geschichte von Verboten, und so war geteiltes ‹Leid› leichter zu ertragen. Dennoch, selbst meine sizilianische Freundin genoss mehr Bewegungsfreiheit, als ich sie hatte. Sie konnte bei den Geschwistern ‹untertauchen›, die Konzentration der Eltern war nicht ausschliesslich auf sie gerichtet. Zweitens verfügten die meisten Schweizer Gemeinden in den späten Siebzigerjahren bereits über aktive italienische Gemeinschaften. Es gab Festabende, Spaghettiessen, an denen getanzt und gesungen wurde. Diese fröhlichen Zusammenkünfte standen allen Familienmitgliedern offen. Es wurde getrunken und gelacht, und die strengen, hart arbeitenden sizilianischen und neapolitanischen Familienväter konnten so ihrem Arbeitsalltag ein wenig entfliehen.

Ich stellte fest, dass dieser Raum der Geselligkeit auch für Italo-Mädchen gewisse Freiräume schaffen konnte. Natürlich durften sie weder mit einem Schweizer Jungen ausgehen oder gar ‹gehen›, Rendez-vous verliefen ebenso heimlich und hinter dem Rücken der Eltern bzw. des Vaters, die Mütter waren meistens im Bilde.

Mein familiäres Umfeld war viel enger, sogar noch ‹lustfeindlicher›, das gesellige Leben meiner Eltern beschränkte sich ja ausschliesslich auf Kontakte mit Paaren ägyptisch-österreichischer Provenienz. Sich Vergnügungen wie Tanzen, Kino oder einfach Ausgehen hingeben, das taten meine Eltern nie. Warum? Im Nachhinein kann ich darüber nur spekulieren. Vielleicht wäre das bereits ein Schritt mehr in Richtung ‹Integration› gewesen, die sie ja im Innersten für sich ablehnten.

In den italienischen Familien hingegen fand ich Wärme und eben eine gewisse Leichtigkeit und auch Lebenslust, die ich in meiner eigenen Familie vermisste.

Meine Eltern lockerten ihren strengen Code, auch sich selber gegenüber, wenn wir in den Sommerferien nach Ägypten reisten. Im Soge der Familie und Freunde dort, in der Ferienatmosphäre, nahmen sie alles viel gelassener. Und zwar in jeder Hinsicht. Die Kontrollinstanzen, denen ich in der Schweiz unterlag, und der Verzicht an Vergnügungen, den sie sich selber auferlegten, fielen in sich zusammen. Ich durfte mit meinen in Ägypten verbliebenen Kindheitsfreunden abends ausgehen, sogar in eine richtige Disco, während meine Eltern mit ihren alten Freunden in Restaurants gingen, wo Bands aufspielten und orientalisch getanzt wurde. In Ägypten atmeten wir alle auf, wir liessen im wahrsten Sinne des Wortes die Last des Schweizer Alltags hinter uns. Vielleicht weil das Terrain bekannt war, meine Freunde, deren Eltern. Wir alle waren eine grosse Gemeinschaft, und in deren Schutze bewegten auch wir Jugendliche uns; es war uns fast alles erlaubt, zumal wir Mädchen in den Brüdern ‹männliche Begleitung› hatten, und zwar eine verlässliche, bekannte. So kam also kurioserweise den gleichaltrigen Jungs, die genauso pubertierten wie wir Mädchen und womöglich in vielem noch gar nicht ‹so› reif waren wie wir, die Aufgabe zu, uns zu beschützen. Und dieser Schutz gereichte uns sehr zum Vorteil, da wir dadurch ganz einfach Bewegungsfreiheit erhielten. Ich war in der ‹unglücklichen› Lage, einen sieben Jahre jüngeren, schutzuntauglichen Bruder zu haben. Trotzdem, da jeder jeden kannte – vor allem die Eltern sich gegenseitig, denn die Kinder gingen allesamt in die Deutsche Schule –, erhielt ich eine Art Generalamnestie in Sachen Ausgang. Niemals stellten meine Eltern auch nur die geringste Frage. Es war wunderbar. Ich mutierte in den Sommerwochen zu einer richtigen Teenagerin, ich blühte auf, steckte mit Freundinnen zusammen. Wir waren eine Armada, gerüstet für harmlose und unkörperliche Flirts, aber immerhin. Wir standen stundenlang vor dem Spiegel, schminkten uns und probierten gegenseitig unsere Kleider.

Ich habe mir oft die Frage gestellt, wie meine Erziehung verlaufen wäre, hätte ich die Jugendjahre in Kairo verbracht. In einem Punkt bin ich mir sicher, so widersprüchlich es scheinen mag: Ich hätte meine Adoleszenz sicherlich unproblematischer leben können. Zum Verständnis muss ich hier erwähnen, dass diese europäisch-ägyptische Gemeinschaft, in der wir lebten, für sich freiere Massstäbe etablierte als in rein ägyptischen Familien. In der ägyptischen Stammfamilie des Vaters waren Freiheiten für Mädchen ebenso tabu, wie sie es für mich in der Schweiz waren. Und genau diese setzten meine Eltern durch. In der Migration griff man viel schneller auf konservativere Werte zurück. In unserer Familie war es jedenfalls so. Mein weströstlicher Diwan teilte sich folglich in zwei Hälften, welche in den Ferien in den Inhalten eine wesentliche Umkehrung erfuhren. Ferienhalber fröhlich und farbenfreudig. Sonst streng, unnachgiebig hart die islamisch-ägyptische Hälfte. Die westlich-europäische Seite offen, tolerant, vielseitig. Im festen Rahmen des Elternhauses kleinlich, ungemütlich, eng. Der Westen war für mich eine Fata Morgana, unerreicht, weil frei, einladend, aber mir verschlossen. Ganz im Gegenteil zu den Orientreisenden des 19. Jahrhunderts; diese verherrlichten den Orient als Ort der Lust und der Freude.

Gemäss dieser bewusst gewählten, etwas vereinfachenden Schwarz-Weiss-Darstellung hätte ich mich ziemlich eindeutig dem Westen zugehörig fühlen müssen. Aber so einfach war es nicht. Ägypten wurde durch die Art und Weise, wie meine Eltern die Migrationssituation verarbeiteten und lebten, zum ‹gelobten Land›, in das wir alle eines Tages heimkehren würden. Und dieses Märchen nahm auch mich in seinen Bann; ich konnte mich ihm nicht entziehen. Noch nicht.

Um für mich die wesentlichen Fragen, wo ich hingehörte, wo ich herkam, wer ich war und was ich wollte, zu beantworten, hätte ich mich vom Diwan erheben müssen. Als Teenager war ich dazu noch nicht in der Lage. So rutschte ich hin und her, von der einen auf die andere Seite.

«Was war eigentlich mit deinem Bruder?»

Diese Frage wurde mir von nichtmuslimischen Frauen und Männern oft gestellt, implizit das Konzept von der totalen Unfreiheit der Tochter im Gegensatz zur totalen Freiheit des Sohnes transportierend. Einmal mehr drängt sich Differenzierung auf, Stereotypen müssen hinterfragt werden.

Wie sah es in unserer Familie aus? Wie wurde mein Bruder erzogen? Gab es Unterschiede zu mir? Und wenn, waren diese im Islam begründet? Ich blättere in unseren Erziehungsbiografien.

Auf den ersten ‹Rückblick› hin fällt mir die Antwort ziemlich leicht. Ich kann keine Unterschiede festmachen. Karim und ich sind nach den gleichen Prinzipien gross geworden. Ehrlichkeit, Respekt gegenüber erwachsenen und älteren Personen, Solidarität und Mitgefühl für Notleidende, Freundschaften pflegen, Höflichkeit und gutes Benehmen, Fleiss, Ehrgeiz, dies wurde uns vermittelt. «Aufpassen!», die Dauermahnung meiner Mutter begleitete uns beide, sobald wir die Türschwelle des Elternhauses überschritten, von klein an. Bei mir fügte Tante Pepi noch das geflügelte Wort «Nicht ansprechen lassen» hinzu.

Mit zunehmendem Alter verschob sich der Regelkanon jedoch. Während bei mir darauf geachtet wurde, den Kontakt mit jungen Männern und all seinen Begleiterscheinungen im Keime zu ersticken, lag bei meinem Bruder der schulische Erfolg im Vordergrund. Darauf konzentrierte meine Mutter all ihre Energien. Mädchen waren kein Thema, kein abendfüllendes, besorgniserregendes zumindest.

Als dann die Regungen des Teenageralters über meinen Bruder hereinbrachen und auch er in die Pfarreidisco oder zu Partys gehen wollte, musste er wohl beizeiten zu Hause sein, es gelang ihm aber bei jedem Ausgang, ein wenig mehr fürs nächste Mal herauszuschinden.

Mein Bruder war nicht so obrigkeitsgläubig wie ich: Er verhandelte, ich akzeptierte. Stundenlang bearbeitete er meine Mutter, damit sie ihm dieses oder jenes kaufen würde, meistens handelte es sich um Sportartikel der Marke Puma oder Adidas. Er liess nicht locker, bis er sich durchgesetzt hatte. Die Folgsamkeit, die auch ihm abverlangt wurde, umging er bestimmter als ich.

Ab sechzehn bis achtzehn verbrachte mein Bruder zwei Jahre in Kairo, mit dem Ziel, sich an die dortige Gesellschaft und das Schulsystem der Deutschen Evangelischen Oberschule zu gewöhnen. Es war dies ein erster Schritt in einem angedachten Rückkehrszenario meiner Eltern. Nach der erfolgreichen Integration meines Bruders in Kairo würde die endgültige Rückmigration stattfinden. Ich hatte Basel bereits verlassen und studierte in Wien.

Unsere Mutter verbrachte einen Teil der Zeit in Kairo, sonst lebte der Bruder alleine mit einer Tante und einem Cousin. Die frühe Loslösung vom Elternhaus hat ihn, wie ein Sesam-öffne-dich, in eine Freiheit entlassen, die in Ägypten heranwachsenden Männern ganz selbstverständlich gewährt wurde. Im Umfeld der Deutschen Schule mit ihren Mischlingskindern lebte er in einem ‹vogelfreien› Raum, Verbotenes gab es (fast) nicht. Einzig die seitenlangen Briefe der Mutter – war sie nicht gerade in Kairo – erinnerten ihn daran, ja die Schule nicht zu vernachlässigen.

Aus der Rückkehr der Familie wurde dann doch nichts. Mein Bruder kam wieder zurück und vervollständigte seine Berufsausbildung in Österreich.

Der in Ägypten angeeignete Freiraum fand seine nahtlose Fortsetzung in der Schweiz. Ausgehen, Reisen, Flirts und Freundschaften mit Mädchen, freie Partnerwahl, all das ‹Normale›, was mir versagt war, konnte er offener ausleben.

Unsere europäisch-arabische Familie orientierte sich an einem patriarchalen Wertesystem, darin lagen die Unterschiede in der Erziehung begründet. Die Oma aus Alt Aussee hatte noch eine andere Erklärung parat: «Da Bua had an Dickschädl.»

Das hat mit dem Islam nichts zu tun.

Muslimische Adoleszenz

Samstags. Ich bin 18, gehe ins Gymnasium. Die Schule dauert bis 12.05 Uhr, dann ab ins Wochenende. Im handylosen Zeitalter gilt das Wort. Die Mädchen meiner Klasse treffen Vereinbarungen: «Wir treffen uns um 9 im Tis» (Atlantis, Livemusiklokal in Basel), oder: «Mein Freund und ich gehen heute abend ins Hazyland» (ehemaliges Dancing in Basel), oder: «Ich bin an einem Fest eingeladen.»

Ich habe nie was vor. Höchstens am Nachmittag. Da schlendere ich mit einer Freundin durch die Altstadt von Rheinfelden, trinke einen Kaffee, und am Abend gehts heimwärts. Ich habe keinen Freund; ich gehe nicht in eine Disco; ich bin nicht zu einem Fest eingeladen. Mein Wochenende ist beschämend simpel, ich verbringe es zu Hause. Entweder schaue ich mit meinen Eltern fern oder ich lese, höre Musik.

Simon & Garfunkel, Beatles, Supertramp und ein paar italienische Liebeslieder, Romantik all'italiana. Die Welt wird rosarot, ‹Ti amo› singt der italienische Barde, und ich stimme ein. Zu Weihnachten habe ich einen Dual-Plattenspieler bekommen. Wenn wir Gäste empfangen, helfe ich meiner Mutter bei den Vorbereitungen. Sie kocht so gut, dass einem das Wasser im Mund zusammenläuft: ein Leg of Lamb (Lammkeule), ein Hendl mit Semmelbröselfüllung, ägyptischen Fûl (Bohnen, Grundnahrungsmittel in Ägypten). Mein Vater ist ein perfekter Gastgeber, und eh man sichs versieht, wirft er ein Stückcken Hühnerkeule auf den halb leeren Teller seines Freundes. Orientalische Gastfreundschaft, die Tafel muss sich biegen. Dem Gast wird jeder Wunsch von den Augen abgelesen, selbst wenn dieser nicht mehr kann. «Chalas, mush kader!» (Genug, ich kann nicht mehr). «Aber bitte, ihr habt gar nichts gegessen!» Nach dem Speisen gehts weiter, bis spät abends. Man diskutiert, jetzt wirds auch für mich spannend. Politik vor allem und ab und zu auch Dinge des Lebens, wie z. B. ‹die Jugend›. «Die Jungen müssen von den Alten lernen, sie müssen ihre Erfahrungen übernehmen. Die Alten wissen es besser!», sagt mein Vater, er spricht langsam, wiederholt sich oft, redet im Alleingang. Mein «Aber ...» wird im Keim erstickt. Ich will einwerfen, dass jeder seine eigenen Erfahrungen machen muss, wenns weitergehen soll. «Nein, nein, das verstehst du nicht.» Manchmal wirds hitzig zwischen uns beiden, die Gäste sind höflich, sie mischen sich nicht ein. Ich lasse mich nicht unterkriegen, versuche immer wieder, zu ihm durchzudringen. Selten mit Erfolg. Ich sehe ein, dass es vergebens ist und flüchte mich in meine Bücher. Dort tauche ich ein in Abenteuer. Geschichte ist hoch im Kurs. Mein Wissensdrang ist unersättlich.

In der Phase des Erwachsenwerdens war für mich eine innere Landkarte wegweisend, sie war es, worum meine Gedanken kreisten und was ich mir konstruierte. Ich entwarf eine Gegenwelt, eine Art ‹Utopia›, in der die verschiedenen Strömungen, denen ich unterworfen war, koexistierten. Die gelebte Welt war von Familie, Schule, Reisen nach Ägypten und Österreich geprägt. Doch das richtige Leben fand in mir drinnen statt.

Meine Jugendjahre in der Schweiz waren trotz Einschränkungen glücklich und durch die intensive Bindung zu den österreichischen Grosseltern und der unverheirateten Schwester meiner Mutter reich an Erlebnissen und Geschichten. Erzählungen aus der österreichisch-ungarischen Monarchie, Geschichten über die illustren Zeitgenossen, die in Alt Aussee zu Gast waren, all das regte meine Fantasie an und schärfte mein Bewusstsein für die Historie. In Österreich war ich ein geliebtes Kind. Die Elternliebe war mir zu behütend und ich wollte mich davon befreien. Ich fühlte Konflikte in mir, jedoch ging ich ihnen nicht weiter auf den Grund. Dies sollte sich im Verlaufe meiner Jugendjahre ändern, als ich mich allmählich daranmachte, die Welt zu entdecken.

Drei Spuren folgte ich gleichzeitig auf dieser Entdeckungsreise: erstens dem Lesen, zweitens meiner Lust am Gespräch und am Debattieren und drittens meiner grenzensprengenden Fantasie.

Ich ging gerne zur Schule. Im Gymnasium eröffneten sich mir unbekannte Sphären des Wissens und der geistigen Auseinandersetzung. Es setzte die Zeit des Verstandes ein, dort erhielt ich Anregungen, als eigenständige Persönlichkeit denken und agieren zu können.

Wir unterhielten uns wohl innerhalb der Familie und diskutierten über Politik und Zeitgeschehen, aber mit zunehmendem Alter musste ich mir immer mehr Selbstzensur auferlegen. Die Freiheit, Altgewohntes zu hinterfragen, hatte ich zuhause nicht. Ich respektierte diese Schranke zwar, trat dafür aber in Selbstbefragungen über all das, was scheinbar unverrückbar erschien. Ich wusste, wann ich mich aus dem Kreise der Erwachsenen zurückzuziehen hatte und wann ich bleiben durfte. Ganz von selber zog ich mich in mein Zimmer zurück. Ich spürte, wann es sein musste. Wie damals bei der Forsyte-Saga.

Der Roman ‹The Forsyte Saga› gilt als Klassiker. 1932 erhielt John Galsworthy dafür den Literaturnobelpreis. Im Werk werden die Ereignisse einer Familie der oberen Mittelschicht Englands Ende des 19. und Anfang des 20. Jahrhunderts beschrieben. Die mehrteilige Fernsehserie aus dem Jahre 1967 schauten wir uns einmal in der Woche gemeinsam an. Meine Mutter hat als junge Frau sieben Jahre in England gelebt. Ihre an der Knödelakademie in Bad Ischl (Hauswirtschaftsschule mit Matura Abschluss) erworbenen Kenntnisse in Haushaltsführung waren in vornehmen Häusern Englands in den Fünfzigerjahren sehr gefragt. Sie und meine Tante waren Austrian Maids, von denen der Direktor des renommierten Eton Colleges verlangte, die geladenen Lords und Ladys an den Dinner Partys im Ausseer Dirndl zu bedienen. Mutter kannte also die Hierarchie unter den Bediensteten eines standesgemässen englischen Haushalts aus erster Hand. «Aber wir haben uns nie untergeordnet», liess sie sich subersiv verlauten.

An diesen Forsyte-Nachmittagen verwandelte sich unser Rheinfelder Wohnzimmer in einen viktorianischen Living Room, die Serie fing lustigerweise um fünf an, der Zeit des Five-O'Clock-Teas, den auch wir andachtsvoll in Englischer Cremeware (cremefarbenes Prozellan) zelebrierten, die meine Mutter zu besonderen Ereignissen auftrug. Die trockenen englischen Kekse blieben uns erspart, es gab Gott sei Dank saftigen

Apfelstrudel oder eine andere österreichische Mehlspeis, je nach Saison. An den Teetassen nippend schauten wir fern. In einer der Episoden ging es um eine junge Frau, ihr Name ist mir entfallen, die in finanzielle Not geriet. Um sich über Wasser zu halten, posierte sie als Aktmodell bei einem Maler. Als sie sich daranmachte, sich zu entkleiden, stand ich wortlos auf, trug meine halb volle Tasse und mein Stück Strudel auf einem Tablett hinaus und begab mich in mein Zimmer. Dort harrte ich aus. Ein ungeschriebenes Familiengesetz suggerierte, den Eltern und mir den Anblick des peinlich nackten Frauenkörpers – von dem man übrigens gar nichts zu sehen bekam, wie ich später erfuhr – zu ersparen. Als ‹alles› vorüber war, kam meine Mutter in mein Zimmer und holte mich zurück. «Du kannst jetzt wieder kommen.» Die Zeremonie verlief stillschweigend, sie wurde nicht verordnet, ich wusste instinktiv, was verboten und was zugelassen war, was ich zu tun hatte und wo mein Platz war.

Ich traf mich mit Freundinnen, ging sogar in eine Jugendgruppe, den ‹Blauring› und nahm an den wenigen Schulaktivitäten, wie dem Theaterspielen, mit Enthusiasmus teil. Kaum konnte ich es erwarten, wenn ein Ausflug oder ein ‹Zweitägiger› auf dem Schulprogramm stand, denn so lernte ich die Welt kennen. Als die Gleichaltrigen mit sechzehn oder siebzehn Jahren mit dem Interrail die Schweiz entdeckten, fuhr ich noch brav mit den Eltern nach Österreich oder Ägypten. Und ich liebte es auch. Der Sommerurlaub in Alt Aussee gehörte zu den Höhepunkten. Jedes Mal, wenn ich den Hausberg Loser erblickte und meine Grossmutter uns mit einem Strauss Gartenblumen und einer hausgemachten Süssspeise begrüsste, war ich im siebten Himmel. Kurz: In Alt Aussee war ich im Paradies. Aber auch die Sommerreisen nach Ägypten, das Wiedersehen mit der Vatersfamilie, die momentanen kleinen Freiheiten, die Aufenthalte in Alexandrien am Meer machten mich glücklich.

Abgesehen von der Verteidigung des Islam, zu der ich im Geschichtsunterricht an der Bezirkschule ausgeholt hatte, ereignete sich in Sachen Religion nichts Besonderes. Doch dies sollte sich ändern. Im Zuge meiner Auseinandersetzung mit Identität und Zugehörigkeit hatte ich mit der Zeit das Bedürfnis, mich bewusster der Religion zuzuwenden. Das Fasten im Ramadan praktizierte ich seit dem zehnten Lebensjahr, doch nun fügte ich auch das regelmässige Beten hinzu, ganz von mir aus, ohne Zwang oder Druck.

Warum diese Hinwendung zur Religion?

Es hing gewiss mit der Adoleszenz und Identitätsfindung zusammen und mit der Entdeckung der Welt, der ich mich ja verschrieben hatte. Ich wollte unter anderem wohl den Eltern den Wind aus den Segeln nehmen, zur Vorzeigemuslimin werden und somit indirekt mehr Freiraum für mich ‹erzwingen›. Ich erhoffte mir, durch die Autorität in Religionsangelegenheiten den Eltern die Stirn bieten zu können und mir Distanz zu verschaffen, vor allem mehr Spielraum und mehr Selbständigkeit. Dadurch, dass der Islam zu meiner Lebensgrundlage werden würde, könnte ich nie und nimmer mehr in einen Sog von Sünde und Verderbnis geraten. Meine Eltern, beide nie religiös aktiv, würden mich bewundern und mir ganz selbstverständlich mehr Freiheiten gewähren.

Freiheit durch Hinwendung zur Religion?

Was ziemlich widersprüchlich schien, hatte eine gewisse Logik. Für die Eltern war es unbestritten, dass ich ihre moralischen Grundsätze, bestehend aus Tradition, Konservatismus und Erziehungsvorstellungen ägyptisch-muslimischer und österreichisch-katholischer Prägung, zu akzeptieren und zu befolgen hatte. Es ging nie um Religion an sich, aber der Islam war, zumindest für den Vater, die allem zugrundeliegende Matrix. Darüber hinaus hatte ich mich nach den in Ägypten geltenden Benimmregeln für Mädchen zu verhalten. Seine Erziehungsmaxime lautete: «Du bist eine ägyptische Tochter.» Die meiner Mutter: «Das gehört sich nicht für eine junge Dame.» Und somit war alles gesagt. Konkret hiess dies: kein fester Freund, auch keine freundschaftlichen Kontakte mit Jungs, wobei anzufügen ist, dass Letztere nie ‹harmlos› sein konnten, denn die männliche Gefahr lauerte überall! Ausgang gab es abends nur beschränkt, manchmal Theaterbesuche am Gymnasium – keine Disco, keine Partys, keine politischen Veranstaltungen. Umgang war nur mit ‹anständigen› Mädchen erlaubt, wobei meine Mutter manchmal deren Eltern inspizierte, was mir sehr peinlich war.

Ausser-Haus-Übernachten war nur bei vorgängigen personellen Abklärungen möglich; entweder wurde die Person als ‹übernachtungswürdig› eingestuft, oder sie war es nicht. Ausserschulische Aktivitäten im Freundinnenkreis wie kleinere Reisen, Fahrradtouren, Ausflüge ohne Begleitung Erwachsener kamen nicht in Frage. Ich wagte gar nicht erst, um Erlaubnis zu bitten.

Nicht unter diesem Bann standen hingegen jegliche Schulanlässe: Ich beteiligte mich an allen Skilagern, Themenwochen und an der absoluten Krönung, der Maturareise nach Florenz. Debatten um die Teilnahme muslimischer Schülerinnen und Schüler an Schulveranstaltungen, wie in den letzten Jahren üblich, waren bei uns kein Thema. Meine Eltern hatten blindes Vertrauen in die Institution Schule. Die Tatsache, dass ich am Gymnasium eine reine Mädchenklasse besuchte, mag sicherlich zu meinem Vorteil gewesen sein. Verglichen mit gleichaltrigen Schweizerinnen hatte ich trotzdem ein schwierigeres Los.

Diese elterlichen erzieherischen Vorgaben erwecken den Anschein, ich sei ‹eingesperrt› gewesen. Gewiss, ich war eingeschränkt, aber eingesperrt war ich nicht. So ironisch es sich anhören mag: Durch die Beschränkung erschlossen sich mir Lust und Neugier auf Unbekanntes. Später würde ich Grenzen sprengen und mich für Freiheit, Gerechtigkeit und die Gleichheit von Mann und Frau einsetzen. Rückblickend erkenne ich, dass meine heute zutiefst liberale und kritische Haltung allem Religiösen und Ideologischen gegenüber, die Überwindung von festgefahrenen und menschenunwürdigen Traditionen, diesem Lebensabschnitt entsprungen sind. Alles, was mich heute ausmacht, wurde damals angelegt.

Da ich die Vorstellungen meiner Eltern als unmodern und unverständlich, auch ungerecht empfand, jedoch nicht gewappnet war, mich ihnen zu widersetzen, musste ich mir einen theoretischen Unterbau schaffen, der es mir ‹leichter› machen sollte, meine Rolle als ‹ägyptische Tochter› bzw. als ‹junge Dame› zu erfüllen. Einerseits identifizierte ich mich mit einigen ihrer Meinungen und übernahm diese auch, andererseits war ich weniger absolut.

Die Freundschaften mit Jungs beispielsweise. Ich hätte gerne einen guten Kumpel gehabt, mit dem ich mich über Gott und die Welt austauschen konnte, aus der ‹männlichen› Perspektive. Ich wäre auch gern verliebt gewesen, wie die anderen Mädchen. Hätte die ‹erste Liebe› im Wissen der Eltern ausleben wollen. Ich konnte nichts Verwerfliches darin sehen. Meine Eltern lehnten jedoch eine männliche Bekanntschaft kategorisch ab, eine Freundschaft mit Jungen führe unweigerlich zu Sex, und dieser wiederum hätte erst mit dem Ehemann stattzufinden. Und in meinem Fall erst noch mit einem muslimischen. Punkt. Diese Grundhaltung der kategorischen Ablehnung hatte meinerseits Schweigen zur Folge.

Später, als ich bereits über zwanzig, also volljährig war, ermunterten mich meine Schweizer Kameradinnen, entsetzt über meine ‹Inside Stories›, gegen die Unfreiheiten, unter denen ich zusehends litt, aufzubegehren. Aber die Erziehungsmethoden meiner Eltern auf einen Nenner gebracht waren: totale ‹Liebe› gegen totalen Gehorsam, totaler Liebesentzug bei totalem Ungehorsam. Unter diesen Bedingungen hatte ich keine Chance, denn wie jedes Kind liebte ich sie und fühlte mich ihnen zugehörig. Vor allem mit meiner Mutter war ich sehr verbunden.

Innerlich regte sich mehr und mehr das Bedürfnis nach Loslösung. Ich initiierte diesen Prozess, indem ich mir Lesenswertes über den Islam auf Deutsch besorgte. Meine religiöse Schulbildung war ja mit der Übersiedlung in die Schweiz vorläufig beendet gewesen, ich strebte ein höheres Niveau an, als nur das Rudimentäre. Dies war Ende der Siebzigerjahre gar nicht so einfach. Bücher über den Islam in deutscher Sprache, die heutzutage zur Standardausrüstung jeder Buchhandlung gehören, gab es nicht. Daher wanderte ich zur ‹Quelle›: Ich las den Koran auf Deutsch. Ich wusste, wie der Koran offenbart worden war, und das genügte mir, um mich ans Werk zu machen. Ich las die Übersetzung von Rudi Parett; die Ausgabe besitze ich heute noch. Ein Freund meines Vaters, Ägypter und Germanist, hatte meine Mutter auf dieses Werk hingewiesen. Dazu machte sie in Deutschland eine islamische Gemeinde ausfindig, die einmal im Monat eine Zeitschrift herausgab. Die abonnierten wir, und ich verschlang die Texte zu islamischen Themen. Besonders interessiert war ich an den Hadithen, den Aussprüchen des Propheten. Ich fand, wenn der Prophet etwas gesagt haben sollte, dann müsste man dies in der Essenz für sich adaptieren können.

Ich machte mich also mit viel Naivität an eine sehr schwierige Materie. Ich wollte vor allem eins: die menschliche Dimension des Islam entdecken. Denn schliesslich galt es ja, den Verboten meiner Eltern eine sanftere Version entgegenzusetzen und sie mit den eigenen Waffen, zumal sie die gar nicht richtig kannten, zu schlagen. Das Lesen praktizierte ich intensiv, aber es half mir nicht weiter. Ich verstand wenig, der Text des Korans befremdete mich mehr, als dass er mich beglückte. Es ging um Inhalte und Aussagen, die ich nicht auf mein Leben übertragen konnte.

Die vielen Hinweise auf die Strafe Gottes, die Erhöhung des Propheten Mohammed als Gesandten Gottes irritierten mich. Ich vermisste eine übertragbare Dimension in meinen Alltag hinein. Schliesslich kann ich rückblickend sagen, dass ich etwas suchte, was es so nicht gab. Einen Koran, der mir sozusagen als Carte blanche praktische Hinweise für mein Leben als Teenager in der Schweiz im 20. Jahrhundert vermitteln sollte? Dies kann ich erst heute so deutlich aussprechen, damals dachte ich es lediglich an. Nie hätte ich mich getraut, über den Koran kritisch zu sprechen. Auch die Hadithe befriedigten mich nicht, manche waren wunderschön, andere stiessen mich ab. Ich konnte sie nicht in einen zeitgenössischen Kontext einbetten. Aber auch darüber hüllte ich mich in Schweigen. Heute weiss ich, wie viel Wissen und Kenntnisse notwendig sind, um eine sinnbringende Lesart des Korans zu entdecken. Ausserdem kommt es darauf an, ob man ihn historisch oder spirituell betrachtet, als Regelwerk oder als spirituellen Richtpfad. Ich blieb jedoch meinem Weg treu, und obwohl ich innerlich gespalten war, machte ich weiter.

Die Hefte der deutschen muslimischen Gemeinde bereiteten mir Kopfzerbrechen. Ich las damals das erste Mal etwas von der ‹Pflicht› der Frauen, den Kopf zu bedecken. Zudem wurden praktische Hinweise zur

Einhaltung der Gebete und Essenvorschriften in der Diaspora, also in Deutschland oder in der Schweiz, gegeben.

Wiederum war ich befremdet. Sogar ein nach Geschlechtern getrenntes Jugendlager wurde angeboten, in dem es um islamischen Verhaltenskodex für junge Muslime in Deutschland ging. Im Vergleich zum Geiste dieser Schriften wirkte mein ziemlich bigott-konservatives Elternhaus geradezu als Hort der Liberalität, was es ja durchaus auch war, nicht aber in Bezug auf meine Erziehung zur ‹ägyptischen Tocher› bzw. zur ‹jungen Dame›.

Es war die Zeit, in der die ersten muslimischen Gemeinden ihre Tore öffneten; unter den Muslimen befanden sich Ende Siebziger-, Anfang Achtzigerjahre einige Konvertiten. Ich hatte bislang einen Islam ägyptischer Prägung erlebt, relativ tolerant, praktizierend zwar, aber irgendwie unspektakulär. Ich war es auch nicht gewohnt, sozusagen dem ‹Islam auf Deutsch› zu begegnen. Ich empfand diese Lesart als furchtbar salbungsvoll und, ehrlich gesagt, ziemlich kurios. Ausserdem konnte ich das Gefühl nicht loswerden, da entstehe eine Art ‹Labor-Islam›, ein Islam, reiner als rein, perfekter als in den islamischen Ländern selber. Und meine ganz persönlichen Probleme blieben einmal mehr aussen vor. Ich wollte Antworten auf brennende Fragen: Was passiert, wenn ich mich in einen Nichtmuslim verliebe, wenn ich mit einem Jungen Händchen halte? Warum ist die Ehe mit einem Nichtmuslim verboten? Wiese erben Mädchen nur die Hälfte?

Die Antworten, die ich mir durch die Lektüre erschloss, erschöpften sich in den üblichen abgedroschenen Phrasen, mir bestens bekannt: «Weil Allah es so beschlossen hat.» Ich aber strebte nach Diskussion, nach Austausch, wollte mich darüber äussern. Insgeheim hoffte ich, dass aus der ‹Bürde› – zu der mir meine Religionszugehörigkeit der vielen Vorschriften wegen langsam wurde –, Muslimin zu sein, eine Leichtigkeit, ‹Muslimin› zu sein, erwachsen würde. Ich träumte vom gütigen Allah, der mir eingibt: «Meine Liebe, du bist frei, und ich liebe dich, was immer du tust. Entscheide selbst, gebrauche deinen eigenen Verstand und folge deinem Herzen. Sei nur guten Mutes.» Ich hatte Gott als Vaterfigur verinnerlicht, einen Gott, der mich liebt und gegen den ich mit

Herz und Seele pubertieren kann, im Stile des verlorenen Sohnes bzw. einer ebensolchen Tochter. Diese Botschaft hat er mir jedoch nicht offenbart.

Es war an mir, in den kommenden Jahren diesen gütigen Allah zu finden, und ich fand ihn auch, über rationale, christliche und buddhistische Umwege. Es war ein Zugang, den ich mir erarbeiten musste. Jedenfalls beschloss ich, den Weg der Gottesfürchtigkeit zu gehen. Es war ein sehr braver und vorgegebener Weg, bei dem die wirklich virulenten Fragen zwar aufkamen, ich diese aber erfolgreich verdrängte. Mein Leben spielte sich zwischen dem Gymnasium, dem Lernen, der Familie, den Freundinnen, dem Lesen, meinem Zimmer, den Ferienreisen, den irrealen Schwärmereien für ebenso irreale Prinzen und den unendlichen Fragen, die offen blieben, ab. Meine Fantasie trug mich mit Siebenmeilen-Stiefeln voran.

Ich bemühte mich, mir meine Religion zu erschliessen. Dabei suchte ich Vorbilder, die mir aber fehlten. Ich war hungrig nach Debatte, nach Diskussion, die ich mit niemandem führen konnte. Wem hätte ich auch alle die inneren Zweifel mitteilen können? Meinen Eltern? Niemals. Selbst wenn sie nie wirklich praktizierend waren, sich kritisch mit dem Glauben auseinanderzusetzen – daran wagten sie sich nicht. Mein Vater, der selber so weit weg war von allem Religiösen, aber durchaus gläubig, hätte sich meiner Fragen nicht annehmen können; er hätte wiederholt, was vorgeschrieben war, vor allem was töchterliche Tugendhaftigkeit betraf. Ich glaubte damals nicht daran, dass er bereit gewesen wäre, sich mit meinen Zweifeln zu befassen, er hätte sie ganz einfach vom Tisch gewischt. Meine Mutter, die in der Zwischenzeit aus rein praktischen Gründen zum Islam konvertiert war – laut islamischem Recht erbt die nichtmuslimische Ehefrau eines Muslims nichts, und die Eltern planten, ihren Lebensabend in Ägypten zu verbringen, da musste vorgesorgt werden –, hätte mich nicht verstanden und ebenfalls meine Zwischentöne überhört.

Heute kann ich beide verstehen. Die Eltern gingen nie davon aus, dass etwas anderes als das Ihrige Gültigkeit hatte. Eine Anpassung an das Schweizer Umfeld in Bezug auf Erziehung lehnten sie ab. Und die Konversion meiner Mutter zum Islam, so nebensächlich sie zunächst angekündigt wurde, veränderte manches.

Es war seltsam. Meine Mutter, die sich nie besonders katholisch verhalten hatte, entwickelte plötzlich eine frenetische Mischung aus islamischer Religiosität in einer katholischen Ausprägung. Sie wurde noch bigotter, noch rigider. Sie gab zwar nicht etwa ihre Gewohnheiten auf, konsumierte weiterhin Alkohol und Schweinefleisch, betete – fastete allerdings einmal einen ganzen Ramadan lang –, und bedeckte ihre Haare nicht. Aber auf ganz eigentümliche Weise wurde sie, die Neomuslimin, zur eigentlichen Religionsministerin der Familie. Wenn ich von katholischer Ausprägung spreche, dann meine ich Verehrungsrituale, die im Katholizismus verankert sind, etwa die Verherrlichung der Heiligen und des Papstes. Und gerade dieser hatte es ihr sehr angetan. Es war die Epoche des Pontifikats von Karol Woityla, dem Polenpapst Johannes Paul II., welcher plötzlich ein erweitertes Familienmitglied und von ihr quasi ‹islamisiert› wurde. Jedes Urbi et Orbi, zu Weihnachten, zu Ostern, verfolgte sie am Fernsehen, und wir alle mussten dies über uns ergehen lassen.

Mein Vater erhob keinen Einspruch gegen ihre ‹Religionsvermischungen›, er akzeptierte den Papst als hohe kirchliche Autorität. Schliesslich unterstützte er sie in ihrem Vorhaben, den Glauben, auch wenn dieser katholische Spurenelemente beinhaltete, in der Familie hochzuhalten. Mutter führte ein Tagebuch, in das sie Koranverse übertrug, welche sie mir als moralische Richtlinien für den Alltag wärmstens empfahl. Diese Zeit ist mir in sehr unguter Erinnerung; ich hatte den Eindruck, sie lebte etwas, das nicht zu ihr gehörte.

Dass auch sie unter dem enormen Druck stand, ihre Pflichten als Mutter richtig zu erfüllen, gestand sie mir erst an ihrem Sterbebett. Sie hatte mit den Erwartungen meines Vaters, die ja auch zum Teil die ihren waren, zu kämpfen. Auch dies erfuhr ich erst gegen ihr Lebensende, als sie sich mir öffnete und wir uns über unsere ‹gemeinsame› Vergangenheit austauschten. Leider erst, als auch sie sich längst von vielem verabschiedet hatte, aber da mussten wir beide durch. Und jede von uns hat sich auf ihre Weise davon gelöst.

Es mag erstaunen, wie sehr Gottesfürchtigkeit mein Leben als Jugendliche geprägt hat.

Was habe ich denn sonst noch so gemacht? Nun, ausgehen war schwierig. Wobei im Vergleich zu heute auch gar nicht so viele Möglichkeiten gegeben waren. Als Lehrerin staune ich oft darüber, wie meine Schülerinnen und Schüler beinahe schon das Leben von Erwachsenen führen. An Wochentagen gehen sie ihrem ‹Beruf› als Schüler nach, an Wochenenden erholen sie sich von der Arbeit, indem sie ausgehen und ausgiebig Zeit im Freundeskreis verbringen. In den späten Siebziger- und frühen Achtzigerjahren war man nach meinem Gefühl noch länger ‹Kind›. Selbst in liberaleren Familien als der meinigen, wo viel lockerere Regeln über Erlaubtes und Verbotenes herrschten, spielte sich das Leben als Jugendlicher mehr im Familiären ab. Da ich selber an der Schule Theater spielte, ging ich oft ins Theater. Ansonsten war ich ein ganz normaler Teenager, der Hitparade hörte und am Sonntagabend mit dem Kassettengerät die Lieder von Sweet und Slade, von Suzi Quatro und Ricchi e Poveri aufnahm. Das Lernen nahm den Hauptteil meiner Zeit in Anspruch, denn ich war ehrgeizig und bestrebt, eine gute Schülerin zu sein. Durch meine Grundschulzeit in Ägypten hatte ich Fleiss und Selbstdisziplin so verinnerlicht, dass es mir ziemlich leicht fiel, mich zu konzentrieren und Neues aufzunehmen. Ich war bestrebt, die Beste zu sein. Natürlich gelang mir das nicht immer, aber zu den Besten wollte ich mindestens gehören.

Gegen Ende der Siebzigerjahre zeichnete sich eine islamische Präsenz in der Schweiz ab. Nach langem Bemühen gelang es einer Gruppe von Muslimen in Zürich, das erste islamische Zentrum zu eröffnen. Mein Vater war mit einem Gründungsmitglied, einem Kollegen aus seiner Wiener Studienzeit, gut befreundet. Und zur feierlichen Eröffnung reiste unsere Familie nach Zürich; wir nahmen an der ersten ordentlichen Mitgliederversammlung teil. Es war ein recht bewegender Moment, den ich mit Spannung erwartet hatte, denn ich erhoffte mir endlich, junge Muslime zu finden, mit denen ich mich austauschen könnte und die mit ähnlichen Problemen zu kämpfen hatten wie ich. Zum ersten Mal sah ich ausserhalb Ägyptens so viele Muslime.

Im Versammlungsraum präsentierte sich an einem langen Tisch der ausschliesslich männliche Vorstand, bestehend aus Ägyptern und Türken. In den ersten vier bis fünf Reihen sassen die Männer, dahinter die Frauen. Genauso wie wir es aus unseren Ursprungsländern gewohnt waren. Leider vermisste ich die Jugendlichen. Viele Anwesende ergriffen das Wort und formulierten ihre Erwartungen an den Vorstand. Auch ich sagte etwas. Der genaue Wortlaut des Inhalts ist mir nicht mehr in Erinnerung, aber ich weiss, dass ich bereits damals darauf aufmerksam machte, dass es hier in der Schweiz nicht um Banalitäten wie Schweinefleischverzehr gehen könne, sondern dass wir uns den wirklichen Herausforderungen stellen sollten, nämlich wie wir die Prinzipien unserer Religion harmonisch in dieser nichtislamischen Umwelt leben könnten. Mein Vater war nicht sehr erfreut über meine Äusserungen und meldete sich gleich nach mir, um meine Worte ‹zurechtzubiegen› und deren Wirkung ein wenig einzugrenzen. Er fühlte sich bemüssigt, meine Intervention dahingehend zu übersetzen, dass er seine Meinung über die meine legte und der Versammlung mitteilte, was ich wirklich ‹gemeint hätte, da ich jung sei und keine Erfahrung hätte›.

Ehrlich gesagt, ist mir sein Rettungsversuch entfallen, jedoch war mir bewusst, dass ich eine ganz andere Dimension angesprochen hatte. Ich wollte über die Anliegen sprechen, die mich als Jugendliche betrafen, nämlich Erziehung, Umgang mit Freiheiten, was es bedeutet, als muslimisches Mädchen in einem nichtmuslimischen Umfeld aufzuwachsen. Die Bedürfnisse der Erwachsenen, vorwiegend männlichen Erwachsenen, fand ich langweilig und lebensfern: Es interessierte mich nicht, wie viel Schweinefett in einem Lebensmittel enthalten war. Ebenso wenig kümmerte es mich, wie und wo ich einst begraben werden würde.

Ich muss gestehen, dass mich das Gehörte sehr enttäuschte. Ich erkannte, dass mein Bedürfnis, Fragen zu stellen hier fehl am Platz und auch gar nicht erwünscht war.

Die Zeit war noch nicht reif für eine Organisation wie das ‹Forum für einen fortschrittlichen Islam›, das Muslime und Nichtmuslime fast dreissig Jahre später ins Leben gerufen haben, zu dessen Gründungsmitgliedern auch ich gehöre und in dessen Vorstand ich aktiv bin.

Drum prüfe, wer sich ewig bindet …

An einem jener Familienbesuchstage, an denen sich österreichisch-schweizerisch-ägyptische Familien trafen, erhielt ich die erste offizielle Lektion über Liebe, Heirat und Sexualität, die mein Leben prägen sollte. Ich war damals etwa fünfzehn Jahre alt und bestrebt, das Leben einer guten Muslimin zu führen. An diesem Sonntag wurden für mich die Weichen gestellt und romantische Träume zurechtgestutzt.

Ich liebte diese Besuchstage, denn da erlebte man immer eine Art Little Egypt. Man sprach Arabisch, und ich war die einzige Jugendliche, die die Sprache beherrschte, was mir wiederum ermöglichte, an den Gesprächen der Männer teilzunehmen, wenn sich die Gelegenheit bot. Es waren wirklich klassische Männerrunden, denn die Ehefrauen, mit Ausnahme meiner Mutter, beherrschten kein Arabisch. Das Arabisch meiner Mutter, obwohl sehr bescheidenes Küchenarabisch, hatte ihr all die Jahre über recht gut über die Runden geholfen. Man führte Gespräche über das Heimatland, witzelte über dies und das, tratschte über die ägyptische Community in der Schweiz, all das versprühte eine Vertrautheit. Die Nahostpolitik war Dauerbrenner. Der Oktoberkrieg von 1973 zwischen Israel und Ägypten, bei dem Ägypten als Teilsieger hervorging und die Sinaihalbinsel zurückeroberte, sowie die Friedensinitiative Anwar as-Sadats im Jahre 1979 lieferten Stoff für erhitzte Debatten. Es kamen dabei auch die unterschiedlichen Positionen der Diskutierenden zum Vorschein. Die Nasseristen lehnten jede Annäherung an Israel aufs Schärfste ab und empfanden sie als Verrat an der panarabischen Sache. Die Sadatisten, die Gegner Nassers waren, hiessen den Frieden mit Israel willkommen und lobten Sadat als den einzigen arabischen Präsidenten, der überhaupt in dieser Auseinandersetzung etwas Konkretes zustande brachte. Natürlich glaubte jeder der Anwesenden, er habe die Wahrheit gepachtet und die ägyptische Regierung müsste nur ihn anhören, dann löse sich das in Minne auf.

Wenn ich an diese Streitgespräche zurückdenke, sehe ich Männer vor mir, die einem patriarchalen Diskurs der Rechthaberei verfallen waren, in Selbstverliebtheit und Freude an der eigenen Darstellung: Alle redeten durcheinander, wollten überzeugen, sich niederreden; ein Hahnenkampf, kein Geben und Nehmen, kein Einhalten und Verweilen. Auch die Situation der Ausländer in der Schweiz war ein Dauerbrenner, die Schwarzenbach-Initiative und die weiteren Vorlagen gegen Ausländer. In den Siebziger- und Achtzigerjahren machte die SVP noch nicht derart von sich reden wie heute. Andere Rechtsaussenparteien, wie die Autopartei, taten das für sie. In einem Land zu leben, in dem man damit rechnen musste, per Volksentscheid ‹nach Hause› geschickt zu werden, löste Befremdung und Unwohlsein aus. Natürlich auch Ungewissheit, die Arbeitsstelle und damit die finanzielle Grundlage zu verlieren. Im Nachhinein gesehen war diese Angst wahrscheinlich unbegründet; die in der Schweiz ansässigen Ägypter besetzten hochqualifizierte Posten und gehörten zu den Privilegierten unter der ausländischen Bevölkerung. Eine Rückschaffung, selbst bei hypothetischer Annahme solcher Initiativen, wäre schon aus wirtschaftlichem Eigeninteresse der Schweiz nicht vollzogen worden.

Doch kehren wir zurück zum Ursprungsthema.

Wie kam es dazu, dass die zwar lebhaften, aber im Grunde genommen harmlosen politischen Diskussionen eine inhaltliche Wende hin zu Themen wie Liebe und Heirat nehmen konnten? Jemand aus der Runde musste wohl etwas vorgebracht haben über eine Eheschliessung, worauf mein Vater im Brustton der Überzeugung und wie ‹von der Tarantel gestochen› – eine in unserer Familie viel verwendete österreichische Redensart – erwiderte: «Wenn meine Tochter einen Nichtmuslim heiratet, dann verstosse ich sie.»

Die Äusserung schlug wie eine Bombe ein, sekundenlang herrschte Grabesstille. Mein Vater sprach wohl das Schrecklichste aller möglichen Szenarien wortwörtlich aus: die Ehe einer Muslimin mit einem Nichtmuslim. Schrecklich, aus väterlich-männlicher Perspektive, versteht sich. Denn muslimischen Männern, den Söhnen also, sind keinerlei Beschränkungen bei der Wahl der Ehefrauen auferlegt, sie können heiraten, wen sie wollen. Ausschlaggebend für diese Vorschrift ist die Bewahrung des muslimischen Glaubens, den ausschliesslich der Mann, nicht die Frau, an die Kinder weitergeben kann.

Ich muss gestehen, dass ich zunächst gar nicht nachvollziehen konnte, worum es eigentlich genau ging. Ich muss des Weiteren gestehen, dass ich von diesem Gesetz auch vorher nie gehört hatte. Ich verstand nichts und wollte sogleich nachfragen und Näheres erfahren.Tat es aber nicht, denn ich war schockiert. Schockiert und erschrocken zugleich. Es verschlug mir den Atem, vor der Tatsache, dass mein Vater bereit wäre, seine Tochter, die er ja eigentlich liebte und um die er sich sorgte, wie er immer beteuerte, von der Bildfläche verschwinden zu lassen. Ich glaube, es ging auch den Anwesenden so, denn nach einer Schweigeminute der Betroffenheit ebbte das zuvor erhitzte Gespräch zwischen den Männern ab, und bald darauf brachen die Familien auf.

In diesem Augenblick wurde ich in eine grausame Wirklichkeit hineingeworfen, in der ich mich verloren fühlte. Wo sollte ich um Himmels willen in der Schweiz oder in Österreich einen Muslim kennen lernen? Die Komplexität von Liebe, Sexualität und Heirat war erschreckend deutlich angelegt, bevor ich diese Sphäre überhaupt betreten hatte. Von meinen infantilen Schwärmereien einmal abgesehen. Der weitere Verlauf des Nachmittags ging irgendwie an mir vorbei, und die Heimfahrt mit dem Auto verlief schweigend. Endlich zu Hause, flüchtete ich in mein Zimmer und weinte Tränen der Trauer und des Unglücks in mein Kopfkissen. Diese öffentlich verkündete Botschaft legte eine Distanz zwischen mich und meinen Vater. Wir kamen nicht mehr richtig zusammen, etwas war gerissen.

Am Tag danach nahm meine Geschichte eine Wende. Die Deklaration meines Vaters hatte mir die Augen geöffnet, ich ahnte, welche Schwierigkeiten mich erwarten würden. Als ich es wagte, meine Mutter darauf anzusprechen, versuchte sie, die Sache herunterzuspielen. Es würde sicherlich nicht so schlimm werden, man werde schon sehen, und der Mann könne schliesslich ja auch konvertieren. Mein Vater werde sich sicher, wenn die Zeit komme, ganz anders verhalten, die Suppe werde nicht so heiss gegessen, wie sie gekocht würde. Ihr Versuch, seelische Schadensbegrenzung zu begehen, beruhigte mich, zumindest vorläufig. Ich gab mich mit ihren Erklärungen zufrieden und dachte mir, sie sei ja schliesslich auch noch da und würde sicherlich auf meinen Vater Einfluss nehmen. Aber was sie mir nicht nehmen konnte, waren die Angst und das Gefühl, mein Leben entgleite mir, es liege nicht in meinen Händen. Ich war verunsichert, fast schon zerstört und wusste von nun an, dass nichtmuslimische Männer nicht im Bereich des Möglichen lagen. Ein Tabu, und damit hat sichs.

Wenn ich zurückblicke, dann erstaunt es mich, dass ich so jung schon mit Fragen wie Heirat konfrontiert wurde. Meine Schweizer Mitschülerinnen experimentierten mit der Liebe; ihnen lag fast alles offen. Heirat, Kinder, Familie, all das war noch weit weg. Ausserdem erschien es überhaupt spiessig, sich mit solchen Themen auseinanderzusetzen. Die jungen Frauen meiner Generation in der Schweiz lehnten es ab, in die Fussstapfen ihrer Eltern zu treten, zumindest nicht in Sachen Partnerschaft. Sie träumten von unkonventionellen Wegen, zuerst mal mit einem Mann zusammenleben, von Kindern sprach eh noch niemand. Selbst wenn sie im späteren Leben genau das nachlebten, was ihnen eigentlich zuwider war, nämlich die bürgerliche Familienidylle, als Teenager rebellierten sie dagegen. Und ich erhielt jetzt schon die allgemeine Road Map zur Glückseligkeit, väterlich abgesegnet.

Mein Hang zu Träumereien potenzierte sich. Ich entwarf Gegenwelten, in der ein muslimischer junger Mann mich vom väterlichen Heim in die Welt des Liebesglücks führen würde. Natürlich entspräche er allen Erwartungen, würde sie sogar noch übertreffen: Er war gebildet, von guter Familie, sprach mehrere Sprachen, würde mich beschützen, aber auch gütig und liebevoll sein. Er war zwar Muslim, jedoch erhoffte ich mir, einen Mischling zu ergattern, so wie ich eben, halb Ägypter, halb Europäer. Und ich war davon überzeugt, ihn zu finden.

Meine Mutter, von der man annehmen könnte, dass sie mit etwas mehr Unbefangenheit in Bezug auf die Beziehungen zwischen Mann und Frau aufgewachsen sei, brachte ihren kulturellen Hintergrund nicht ein.

Zum besseren Verständnis des soeben Erzählten möchte ich an dieser Stelle etwas über die Heiratsbräuche einfügen, die in unserer ägyptischen Familie üblich waren.

Zu Lebzeiten meines Grossvaters, der in einem Dorf im Delta sein Gut bewirtschaftete, galt sein uneingeschränktes Wort in Hochzeitsangelegenheiten. Meine Tanten wurden alle sehr jung verheiratet. Die Älteren unter ihnen, also Frauen, die in den späten Zwanziger- und Dreissigerjahren geboren wurden, mit vierzehn oder fünfzehn. Der ‹Auserwählte› war oft ein Cousin oder ein entfernter Verwandter. Cousin-Ehen sind in Ägypten bis heute noch üblich und beliebt. Man geht davon aus, dass die Familienverhältnisse der Braut oder des Bräutigams bekannt sind und man so mehr oder weniger weiss, wen man sich da einhandelt. Eine Heirat zieht immer finanzielle Verhandlungen mit sich – über Mitgift, Brautgabe (ein Schmuckgeschenk des Bräutigams an die Braut) bis zu den Kosten für die Hochzeit. Es herrscht deshalb die Überzeugung, dass es innerhalb der Familie leichter sei, einen Konsens in den Finanzen zu finden. Auch der Ruf der Familie und damit der Heiratskandidaten, ein bedeutender Entscheidungsträger für oder gegen eine Verbindung, ist somit garantiert, schliesslich kennt man sich innerhalb der Familie.

Diese Bräuche gelten in einer gewissen Abschwächung in liberaleren Familien genauso wie in konservativen. In erster Linie kommt es auf die wirtschaftliche Situation des Bräutigams an. Normalerweise sind junge Männer und Frauen im heiratsfähigen Alter nicht in der Lage, selbstständig einen Hausstand zu gründen; sie sind auf die Hilfe der Eltern angewiesen. In Zeiten des wirtschaftlichen Liberalismus, der Ägypten seit den Neunzigerjahren erfasst und in gewissen Kreisen einen Selfmadewohlstand ausgelöst hat, gibt es mittlerweile Männer, die eine finanzielle Unabhängigkeit von ihren Eltern erlangt haben und somit freier in der Regelung des Hausstandes sind. Kehren wir jedoch zu unsern internen Gebräuchen im Nildelta zurück: Aus dem Sandkasten heraus, mit einer minimalen Bildung ausgestattet, wenn überhaupt, nach Erlangung der Geschlechtsreife waren die Schwestern meines Vaters zur Ehe bereit. Der von meinem Grossvater designierte Bräutigam wurde den Töchtern einmal, nur ein Mal, zur Ansicht vorgestellt. Sich zu unterhalten oder länger miteinander zusammen zu sein, war nicht erlaubt. Meine Tanten haben oft von diesen Begebenheiten erzählt. Im reiferen Alter beinahe amüsiert darüber, berichteten sie über den Blick, den sie auf den Mann haben werfen können, der gerade im Empfangszimmer des Grossvaters süssen türkischen Kaffee gereicht bekam und mit dem sie den Rest ihres Lebens verbringen würden. Man muss dazu sagen, dass sich meine Tanten im Zuge der Zeit emanzipierten und sich durchaus bewusst waren, dass über ihre Köpfe hinweg verfügt wurde. Es war ihre fehlende Ausbildung, um die sich alle betrogen fühlten. Sie bestärkten ihrerseits, eben aus dem Gefühl, zu kurz gekommen zu sein, ihre Töchter, meine Cousinen, eine universitäre Ausbildung anzustreben. Meine verstorbene Lieblingstante konnte nicht genug darüber lamentieren, wie sie ihrer Bildungschancen durch die frühe Verheiratung beraubt wurde. Aus diesem Defizit heraus hat sie ihre Tochter beim Medizinstudium erst recht unterstützt, vor allem als diese, durch ihren Ehemann, ungenügende moralische Unterstützung bei der Fortsetzung ihrer akademischen Laufbahn erfahren musste.

Ab den Sechzigerjahren erhöhte eine angehende Medizinerin oder Technikerin, ansonsten traditionelle Männerberufe, das Ansehen der Familie. Der Zugang zu Universitäten, während der Monarchie ausschliesslich für Studenten aus besser situierten Kreisen erschwinglich, war unter Nasser kostenlos und somit allen Schichten gleichermassen offen. Vor der Julirevolution von 1952 waren Frauen genauso wie in Europa eine Rarität an den Universitäten. Nicht von Gesetzes wegen, die ägyptische Frau genoss seit den Zwanzigerjahren das volle Stimm- und Wahlrecht, und ihr Zugang zur Bildung wurde seit Mohammed Ali (1769–1849), dem Begründer des modernen Ägyptens, stetig gefördert. Aber erst mit der politischen Entwicklung Ägyptens unter Nasser änderte sich die Situation und kam deshalb den mütterlichen Ambitionen meiner Tanten für ihre Töchter entgegen. Der sozialistische Plan sah vor, das Land mithilfe aller Ägypter, Frauen und Männer, aufzubauen. Eine notwendige Öffnung zu Bildung also, die jedoch dazu führte, dass Ägypten heutzutage unter einem schlecht qualifizierten Lehrkörper und entsprechender Akademikerflaute leidet, Symbol für das Scheitern des Bildungssystems. Unter meinen Tanten hat nur gerade die jüngste, Jahrgang 1950, ihr Recht auf Bildung in Anspruch nehmen können, sie hat als Einzige ihrer Schwestern die Matura absolviert. Ein Studium blieb aus; sie hat mit 19 ihren Cousin geheiratet. Aber immerhin.

Bei den Cousinen und Cousins haben sich die Sitten seit der Generation meiner Tanten doch ein wenig gelockert. Die Verwandtenehe ist nicht mehr die alleinseligmachende. Die jungen Leute lernen sich an der Universität oder im Club – einem Freizeitpark für die ganze Familie – oder durch andere Freunde kennen. Es ist zwar immer noch verpönt, sich allzu frei zu bewegen, vor allem als Frau, aber das Zusammenkommen der Geschlechter ist möglich geworden. Oft arrangiert man auch Zusammenkünfte zum Tee, an denen junge Leute einander vorgestellt werden. Die daraus resultierenden Ehen nennt man bis heute ‹Salonehen›. Es gibt aber auch die Version, die wohl am ehesten an den Sitten der Altvorderen anknüpft, nämlich: den Blick des Mannes auf die Frau. Und das trägt sich so zu: Ein Mann ‹erblickt› eine Frau, ist von ihr ‹erblendet›, zieht danach über sie und ihre Familie Erkundigungen ein. Wenn alles in seinem Sinne ist, kontaktiert er den Vater des Mädchens und bekundet seine ernsten Absichten, oft hält er dabei offiziell um die Hand der Angebeteten an. Das heisst, die Absichtserklärung zur Ehe wird vorweggenommen, erst dann beginnt das gegenseitige Kennenlernen. Mitteleuropäern wird dieser Brauch altmodisch vorkommen, denn die Unbefangenheit des Sichbegegnens mag ausbleiben. Man muss aber der Korrektheit halber hinzufügen, dass glückliche Ehen daraus hervorgehen können. Es bleibt trotzdem eine vaterbestimmte Ehe, mit der Tochter als passiverer Partnerin in diesem Pakt. Die Tochter wird vom Heiratsinteressenten ‹gesichtet›, dieser informiert den Vater über seine ‹Entdeckung›, welcher seinerseits die Tochter ‹darüber in Kenntnis setzt›. Nach Prüfung gegenseitiger Sympathie ‹erteilt› der Vater die ‹Erlaubnis› zum gegenseitigen Kennenlernen. Die Tochter bewegt sich in einem Rahmen, wo Männer ‹Schutz und Obhut› bieten. Das Mädchen hat das letzte Wort, sie kann die Annäherung ablehnen oder annehmen. Das ist ein wichtiger Fortschritt im Vergleich zu ihrer Mutter, die gemäss Islam diese Möglichkeit theoretisch gehabt hätte. Von meinen Tanten hätte es keine gewagt, sich gegen den Willen des gefürchteten Patriarchen, meines Grossvaters, aufzulehnen. Bei meinen Cousinen galt diese Strenge nicht mehr, sie hatten in jedem Fall die Möglichkeit, die Ehe abzulehnen.

Nach dem ersten offiziellen Kontakt folgt die Verlobungszeit, die Zeit des Ausgehens, der gegenseitigen Absprachen, alles im ‹erlaubten› Rahmen, zwischenkörperlicher Kontakt ist tabu. Bei Unstimmigkeiten kann die Verlobung aufgelöst werden. Dies ist in allen gesellschaftlichen Schichten üblich, ohne dass der Frau zwingend ein Makel anhaftet, ausser sie wechselt allzu oft ihre Verlobungspartner. Dann kommen Zweifel auf über ihre Zuverlässigkeit, gemeint ist ihre Jungfräulichkeit, obwohl voreheliche sexuelle Beziehungen verboten sind. Selbst wenn sich in europäisierten Kreisen auch Frauen nicht daran halten, ist es doch ein Traditionsbruch und wird nur ‹heimlich› praktiziert. Ein Mann hingegen kann sich beliebig oft verloben, dies wirft keinerlei Fragezeichen auf. Männer leben ihre sexuellen Bedürfnisse auch vor der Ehe ungehemmt aus, es werden ihnen keine Grenzen gesetzt. Die Mehrheit der ägyptischen Frauen haben nicht die Freiheit, ihre Sexualität selber zu bestimmen, sie findet nur im Rahmen der Ehe statt.

Ist also die Verlobungszeit zu Ende, schreitet man zur Unterzeichnung des Ehevertrages, Katb el kitab, der Verheiratung ohne Zusammenleben. Der krönende Abschluss schliesslich ist das Hochzeitsfest, Laylet el dukhla, ‹die Nacht des Eintretens›, wo die Brautleute in ihr neues Leben eintreten und den Bund der Ehe besiegeln.

Diese moderatere Methode war für mich vorgesehen, mit meinem Vater als erster Ansprechperson in einem nach festen Regeln sich abspielenden Prozedere. Es würde dann alles seinen gewohnten Lauf nehmen: Verlobung, Verhandlung über die Finanzen, Festivitäten, Hochzeit, alles in einem gepflegten, unserer Familie entsprechenden Status. Bei einer Familie des gehobenen Mittelstandes konnte man einiges an Pomp erwarten. Soweit der Plan. Mein Vater war fest davon überzeugt, dass sich meine Verheiratung nur so abzuspielen hatte. Und wieder stimmte meine Mutter einer ihrem österreichischen Hintergrund fernen Heiratspolitik zu. Dass der zukünftige Ehemann Muslim sein würde, war selbstverständlich.

Und wie stand ich dazu? Auch ich stimmte in diesen Reigen ein, was blieb mir übrig? Die Verstossungsabsichten meines Vaters, ausgesprochen auf dem Balkon unserer Freunde, lagen mir in den Ohren. Ich fürchtete mich davor und glaubte, dass mich bei Missachtung dieser ägyptisch-islamischen Regel Höllenqualen ereilen würden. Eine muslimische Frau gehört zu einem muslimischen Mann, so stand es geschrieben, daran gab es nichts zu rütteln. Zwar empfand ich es als ungerecht, aber in meinem damaligen Alter war ich noch sehr mit den Sitten und Gebräuchen Ägyptens und dem, was islamisch korrekt war, verbunden. Was würde die Familie denken, wenn ich mit einem Christen zusammen wäre? Diese Akzeptanz zeigt, wie ich trotz meines Lebens in einer freien, nichtislamischen Gesellschaft Druck und Verpflichtung spürte. Rückkehrträume; das Festhalten an den Normen der Ursprungskultur; Heimweh nach Ägypten; das Gefühl des Vaters, selbst in der Fremde alles Ägyptische durchsetzen zu müssen; meine Rolle als gehorsame Tochter; meine vorläufige Unfähigkeit, selbständig zu denken und mein Leben in die Hand zu nehmen; Jungmädchenträume vom muslimischen Helden; mangelnde Hilfe vonseiten meiner Mutter – all dies bildete eine undurchlässige, panzerfeste Mauer aus Hartmetall.

Ich hätte rebellieren können, tat es aber nicht, noch nicht. Denn erstaunlicherweise sehnte ich mich nach dem ägyptischen Heiratstraum: wie alle meine Cousinen in Weiss heiraten, eine Familie gründen, eine rauschende Traumhochzeit in einem luxuriösen Kairoer Hotel mit Bauchtänzerin und orientalischer Musik erleben. In unserer Familie wurden im Laufe der Jahre unzählige Hochzeiten gefeiert, eines Tages würde ich die Glückliche sein auf dem Hochzeitsthron dort oben. Ich wünschte mir nichts Sehnlicheres. Deshalb wartete ich auf den fremden Männerblick, der auf mich fallen und mich endlich erlösen und von dannen tragen würde. Warum sollte ausgerechnet ich keinem jungen, gut aussehenden Ägypter begegnen? Wie damals meine Mutter.

Die soziale Herkunft ist beim Heiraten sehr entscheidend; es wird darauf geachtet, dass sich Gleiches zu Gleichem gesellt. Je grösser die soziale Schere zwischen den Schwiegerfamilien ist, umso skeptischer steht man einer Verbindung gegenüber. Der Mann und die Frau müssen aus ‹guter Familie› kommen, das Adjektiv ‹gut› beinhaltet einen Katalog von Anforderungen. Erstens, der ‹gute Ruf›: Gemeint ist damit eine bekannte, ‹alt eingesessene› Familie, die sich durch Ehrlichkeit und Rechtschaffenheit auszeichnet, keine Betrüger oder Kriminellen hervorgebracht hat, sich den gesellschaftlichen Verhältnissen anpasst und allgemein nicht negativ auffällt. ‹Neureiche› Familien sind als Schwiegerfamilien eher verpönt. Zweitens, der finanzielle Status: Da der Mann normalerweise für die Familie aufzukommen hat, ist dieser Aspekt mittlerweile der wichtigste geworden. Der Bräutigam sollte ‹mabsut› sein. Dieses Wort bedeutet: sowohl in geordneten, vielleicht sogar wohlhabenden Verhältnissen lebend als auch ‹zufrieden, glücklich›. (Ein interessantes Detail, dass materieller Wohlstand und Lebensglück sprachlich ineinander verschmelzen, obwohl das eine das andere durchaus ausschliessen kann.) Drittens, und dies ist ein zeitgenössischeres Phänomen: Die Religiösität definiert den Grad des ‹guten Rufes› neuerdings immer mehr. Natürlich gibt es im urbanen, europäisch orientierten Milieu Familien, wo religiöse Ausübung moderat gehandhabt wird bis hin zur totalen Religionsabstinenz.

Meine Familie ist konservativ-religiös, aber nicht fundamentalistisch ausgerichtet. Im ägyptischen Dialekt umschreibt die Redewendung ‹jeraf rabina› (Gott kennen) das Führen eines gottgefälligen Lebens, die gute Behandlung der Ehefrau und das gerechte Verteilen des Erbgutes im Todesfall. Ägypten folgt in Familien- und Erbangelegenheiten dem Shariarecht, der islamischen Rechtssprechung. Die Kopten, ägyptische Christen, regeln ihre Erb- und Heiratsangelegenheiten nach eigenen

Gesetzen. Zwar haben Musliminnen bei Scheidung und Zweitverheiratung des Mannes viel mehr Rechte erworben, aber die Erbangelegenheiten werden in muslimischen Familien nach dem Prinzip ‹Mädchen erben halb so viel wie Söhne› geregelt. Dies ist oft eine Quelle unendlicher Familienzwistigkeiten. Die Sharia gilt als sakrosankt, wenn der Frau weniger Erbgut zukommen soll. Sie ist ja islamisch gesehen der Pflicht enthoben, für die Familie zu sorgen. Die Verpflichtungen der Männer hingegen, sei es des doppelt erbenden Bruders oder Ehemannes, sind zwar koranisch vorgeschrieben, oft bleiben es religiöse Empfehlungen im luftleeren Raum. Es kommt auf das ‹religiöse Gewissen› der Männer an, ob sie die vom Islam auferlegten Aufgaben wirklich umsetzen. Belangt können sie nicht werden. Das Ausbleiben von Erbschaftsgesetzen, die für alle Bürgerinnen und Bürger unabhängig ihres Bekenntnisses verbindlich sind, führt zu Ungleichbehandlungen, unter denen Frauen leiden. Denn um den eigenen Erbanspruch zu legitimieren, werden Fatwas, Gutachten von islamischen Rechtsgelehrten, eingeholt, die wiederum je nach Auslegung divergent ausfallen können. Natürlich besteht die Möglichkeit, vor Gericht zu gehen. Wer bemüht jedoch schon gern den Kadi, zumal gegen den eigenen Bruder oder den eigenen Vater? Es gibt jedoch auch Familien, die sich nicht an das muslimische Erbrecht halten und Töchter und Söhne gleichermassen berücksichtigen; meistens sind es religionsferne Kreise.

Die Mehrfrauenehe ist in meiner Familie verpönt. Ein solcher Tatbestand würde den Mann und nicht die Frau stigmatisieren. Zwar könnte man ihm sein Recht nicht vorenthalten, aber er wäre schlecht angesehen und die Erstfrau könnte mit Scheidung reagieren, zumindest in der Theorie. Oft jedoch fallen familiäre und finanzielle Zwänge ins Gewicht, die sie davon abhalten; ausserdem sind Scheidungsverfahren an ägyptischen Gerichten langwierige Prozesse, die man möglichst umgeht. Manchmal halten Ehen ‹nur›, um die Kinder zu schützen, da man gemeinhin der Meinung ist, eine Scheidung würde automatisch die Kinder psychisch belasten. Einen Konsens zu finden, ist sehr aufreibend. Die Aggressionen der Eheleute entladen sich meist bei der Kinderfrage, so dass die zu Schützenden ins Kreuzfeuer geraten.

Ein pragmatischer und partnerschaftlicher Umgang mit Trennung und Verbleib der Kinder hat sich trotz hoher Scheidungsrate in Ägypten nicht durchgesetzt. Aber die rechtlichen und persönlichen Implikationen einer Trennung sind auch in der Schweiz nicht einfach zu handhaben.

Dieser kleine Exkurs zeigt eine weitere Facette der ägyptischen Gesellschaft: Da der Staat, dem ohnehin niemand vertraut, als Stütze versagt, ist die Familie der einzige Rückhalt. Und für Frauen erst recht. Denn die Familie ‹schützt› in Ehekrisen die Frau vor ihrem Mann.

Es ist beschwerlich, in einer Gesellschaft, in der das Wohl der Frau, auch der verheirateten, von der Familie abhängt, ein wirklich selbstbestimmtes Leben zu führen. Ich habe beobachtet, dass Frauen in Ägypten ewige Töchter bleiben, auch wenn sie irgendwann Mütter werden, auch Frauen der wohlhabenden, gebildeten Oberschicht. Die ewige Tochter lebt in einem goldenen Käfig, versorgt und umhegt. Ihm zu entfliehen, ist gar nicht unbedingt erstrebenswert. Der Käfig engt zwar ein, seine goldene Beschaffenheit bringt aber auch Annehmlichkeiten mit sich. Die ewige Tochter geht vom Vater zum Ehemann über, sie ist gut ausgebildet und berufstätig, bekleidet eine gute Position. Die Tendenz, Verantwortung abzugeben, an den Vater oder den Ehemann, ist recht verbreitet. (Das kann ja auch sehr entlastend sein.) Die Gesellschaft ermuntert Frauen nicht, in unbekannte Gefilde aufzubrechen. Der Mut, sich zu entfalten, vorwärtszuschreiten, ist limitiert.

Es ist mir bewusst, dass meine Äusserungen nicht auf wissenschaftlichen Parametern gründen; ich beobachte und ziehe lediglich meine eigenen Schlüsse. Die Frauen in meiner Familie gehören jedenfalls zu den ewigen Töchtern, abgesehen von einzelnen Ausnahmen.

Diese Situation ist nicht typisch ‹islamisch›, sie ist in allen Gesellschaften und Epochen prägend, in denen partriarchale Modelle das Zusammenleben bestimmen; es ist auf das Zusammenspiel von Religion, Tradition, Patriarchismus, Absenz von Demokratie und Stagnation zurückzuführen. Die Familie lenkt die Geschicke, das Individuum ordnet sich unter. Frauen sowieso. Eigenverantwortung wahrzunehmen und für seine Entscheidungen einzustehen, ist mühsamer, als sich einer ‹höheren› Gewalt zu ergeben, wie immer diese beschaffen ist. In Ägypten werden junge Frauen auf Ehe und Familie hin erzogen, alternative Lebensentwürfe sind von der Gesellschaft nicht akzeptiert. Ein ägyptisches Sprichwort lautet: ‹Es ist besser, im Schatten eines Mannes als im Schatten einer Wand zu gehen›. Diese recht düstere Aussicht zeigt, in welchem Masse die Einschränkungen greifen. Lieber das ‹Dunkel› des Mannes, als das Dunkle der Eigenständigkeit. Schwarz ist es allemal.

Und was wäre falsch daran, in der Sonne zu gehen?

Wie ging es mit mir weiter?

In der Schweiz standen die Chancen einer valablen Heiratskandidatur schlecht. Es blieb also der alljährliche Sommerurlaub in Ägypten als mögliche ‹Rekrutierungsquelle›.

Ich habe bereits von den Salonbekanntschaften gesprochen. Diese wurden ab sofort nun auch mir bzw. meinem Vater angetragen, schliesslich kam ich ins heiratsfähige Alter. Manchmal wurde ich davon in Kenntnis gesetzt, manchmal nicht. Ich lehnte diese Treffen nicht per se ab, ich sah sie als Möglichkeit, einen Mann kennenzulernen. Am Einverständnis der Eltern und der Familie war mir gelegen; ihnen zu widerhandeln, stellte keine Option für mich dar. Die ‹ewige Tochter› hielt am Clangedanken und an der Tradition fest. In meinem Innersten war ich jedoch skeptisch; wie konnte ich unbefangen auf einen Mann zugehen und er auf mich, wenn alle Augen auf uns gerichtet waren?

Die Einladenden bemühten sich sehr, die Zusammenkunft so ‹ungezwungen› wie möglich zu gestalten. Man wählte zum Beispiel einen ‹neutralen› Ort, um das Treffen zu arragieren, man traf sich in Gruppen, damit sich das zu vermittelnde Paar ‹ungezwungen› begrüssen konnte. Ich ging auf einige ‹Salonangebote› ein, aber es kam nichts dabei heraus.

Manchmal erlebte ich auch verletzende Dates, an denen sich der Kandidat – offenbar war ich nicht nach seinem Geschmack – ebenso schnell verabschiedete, wie er erschienen war. Die wenigen Male, an denen dies vorkam, nagten an meinem Selbstbewusstsein. Ich war noch recht jung, zwischen achtzehn und zweiundzwanzig, und die offensichtliche

Ablehnung tat mir weh. Ich hätte meinerseits nie gewagt, eine Sitzung vorschnell zu beenden. Die voreiligen Rückzieher der Männer wurden auch von den anwesenden Vermittlungspersonen als ungehobeltes Benehmen taxiert. Der Fall war somit abgeschlossen, und man beglückwünschte sich gegenseitig; es sei allemal besser, wenn das Schlechte gleich zutage komme, das erspare vieles. Erledigt. «Und wer käme noch in Frage für unsere Jasmin?»

Durch die in Ägypten ansässigen Mischlingsfreunde, mit denen ich mich in den Sommerferien traf, hatte ich Zugang zu deren Freundeskreis, und dabei kam es zu einigen Bekanntschaften. Wie gesagt: Unter dem ‹Schutz› der Gruppe konnte ich mich frei bewegen. Die Eltern hatten nichts dagegen, wenn ich abends lange wegblieb und das im Grunde genommen ganz normale jugendliche Leben führte. Ich war um die zwanzig, zu Beginn meines Studiums der Romanistik an der Universität Basel. Meine Freunde in Kairo befanden sich ebenfalls in Ausbildung oder im Berufsleben. Diese gemischtkulturelle Szene war meine Welt, ich konnte beide Seiten meiner Identität leben, das Europäische und das Ägyptische, wir sprachen Deutsch und Arabisch oder vermischten beides miteinander.

In den beginnenden Achtzigerjahren hatte die religiöse Welle sachte Ägypten erfasst. Unsere österreichisch/deutsch-ägyptischen Familien waren dagegen immun. Im Gegensatz zu unserer Familie. In der Gruppe der jungen Leute war ich die ‹Religiöseste›, die Praktizierende. Ich betete, trank keinen Alkohol, fastete, hielt felsenfest an der vorehelichen Jungfräulichkeit und an einem Muslim als Ehepartner fest. Das wiederum löste Erstaunen aus, man wunderte sich, warum ich mich dem Islam zugehörig fühlte, wo ich doch in Europa lebte. Die Jungen reagierten erstaunt, manchmal ein wenig bewundernd, die Mädchen waren eher belustigt. Ich kann mir die unterschiedlichen Reaktionen darin erklären, dass die jungen Männer, so europäisch sie sich auch gaben, insgeheim die Werte der ägyptischen Gesellschaft und der Religion hochschätzten; die Mädchen hingegen in mir den Typ Frau sahen, von dem sie sich befreien wollten und der auch in dieser europäisierten Umgebung nicht so richtig reinpasste. Religiös waren wenn schon die ‹anderen›, die Vollägypter, nicht die Mischlinge. In ihren Augen war ich ein Fragezeichen. Ich war eigenartig, grübelte und machte mir Gedanken, die nicht ins Dasein junger Menschen gehörten, mir fehlte das hedonistische Element, ich huldigte nicht dem Lebensprinzip des Carpe diem.

Aus der Retrosperspektive kann ich es nachvollziehen: Ich lebte in der Schweiz in der Diaspora, ich musste mir den Islam ‹aneignen›, ihn konstruieren, fassonieren. Sie in Ägypten lebten mittendrin, konnten ihn sich jederzeit ‹reinholen›, was wiederum damals gar nicht als schick galt, schliesslich war man fortschrittlich eingestellt und zum Westen hin orientiert

Diese jugendlichen Begegnungen in den Sommerferien, so sehr ich sie schätzte, wühlten mich auf. Ich beneidete sie allesamt um ihre Bewegungsfreiheit, Mädchen wie Jungen. Eigentlich hätte ich so leben wollen wie sie, mit Leichtigkeit jung sein und geniessen können, ohne die Schwere der elterlichen Normen. Ich tat mir selber leid, um die ‹Bürde›, die mir auferlegt war. Wieso musste ausgerechnet ich die national-religiöse Fahne hochhalten? Die Tatsache, dass meine Eltern im Vergleich zu denjenigen meiner Freunde viel strenger waren, missfiel mir ebenfalls. Angesichts des Freiheitsschimmers am ägyptischen Horizont entwickelte ich sogar Rückkehrgedanken: «Wenn ich in Ägypten leben würde, wäre ich viel freier», redete ich mir ein.

Ist es nicht paradox, dass ich mir von einer permissiveren Gesellschaft wie der ägyptischen mehr persönliche Freiheit versprach als von der viel liberaleren schweizerischen? Natürlich umfasste mein damaliges Freiheitsbedürfnis nicht die bürgerlich-politische Dimension; als Nochägypterin hatte ich kein Stimm- und Wahlrecht in der Schweiz. Politisch war ich deshalb an den arabischen und internationalen Geschehnissen interessiert, und in der Familie war der Fokus ohnehin auf Ägypten und Österreich gerichtet, die Schweiz stand aussen vor. Mein damaliges Verständnis von ‹Freiheit› bezog sich nur auf Erlaubtes und Verbotenes, das mir auferlegt wurde.

Durch die Gruppen, in denen ich durch die Mischlinge gekommen war, lernte ich also auch junge ägyptische Männer kennen. Ebenso wie in der

Schweiz verlief alles ohne Mitwissen der Eltern. Man traf sich oder gab vor, sich in der Gruppe zu treffen, und setzte sich dann ab. Halbheimlich, denn gelogen in dem Sinne war es ja nicht. Die wenigen Wochen im Jahr, die ich in Ägypten verbrachte, genügten, um leidenschaftliche Liebesbeziehungen aufflammen zu lassen, in die ich grosse Hoffnungen setzte. Ich war glücklich, den Heiratssalon umgangen zu haben und jemandem ‹ganz natürlich› begegnet zu sein. Doch auch dabei entstanden einige Komplikationen. Die räumliche Distanz, Kairo–Rheinfelden und später Kairo–Wien, wo ich nach einigen Semestern auf Drängen meiner Eltern mein Studium fortsetzte, war eine erste Hürde; sie hatten das Gefühl, ein österreichischer Studienabschluss würde mir, da die Schweiz ja nicht wirklich unsere Heimat war, mehr nützen. (Das Gegenteil war der Fall; mein österreichischer Abschluss war in den Neunzigerjahren in der Schweiz noch nicht anerkannt, und ich musste einen Teil nachholen.) Zweitens war ich durchdrungen von romantischen Vorstellungen und sah mich meistens schon auf dem Hochzeitsthron sitzen, kaum hatte sich eine Bekanntschaft angebahnt. Aber im Alter von zwanzig fühlte sich in unseren gemischten Kreisen kein Bursche zur Ehe berufen. Ich schon. Für mich ging es vielmehr darum, endlich ein eigenes Leben zu führen, ohne meine Eltern! Als sei ein halbes Jahrhundert Frauenemanzipation spurlos an mir vorübergegangen, gab es mit zwanzig nur eins für mich: heiraten und eine Familie gründen. Eine Alternative hatte ich nicht vorgesehen.

Pech jedoch war, dass meine Interessen wie Literatur, Theater, Politik, Zeitgeschichte, Kunst bei den gleichaltrigen Ägyptern und Halbägyptern nicht so toll ankamen. Ich wollte diskutierend die Welt verändern, das wirkte a) sehr anstrengend, und b) handelte ich mir den Ruf ein, viel zu ernst zu sein. Schon wieder betrat ich Zwischenland.

In der Schweiz ging ich fleissig meinem Studium nach, arbeitete nebenher, lebte aber noch zu Hause. Der Wechsel an die Universität bescherte mir ein wenig mehr Freiraum, doch ich war immer noch an den Ehren- und Sittenkodex des Elternhauses gebunden. Die Eltern verfolgten weiterhin die Alles-oder-nichts-Strategie in Bezug auf mich und Männer.

Einerseits war meine Eheschliessung – eines Tages, der noch in weiter Ferne lag – beschlossene Sache, im geordneten Rahmen, versteht sich, anderseits wurde es mir unmöglich gemacht, Bekanntschaften zu schliessen. Wir hatten kein Vertrauensverhältnis aufgebaut, das es mir erlaubte hätte, mit ihnen, auch nicht mit meiner Mutter allein, über ‹so etwas› zu sprechen. Der Mann per se war ungeheuerlich, ein Christ kam ohnehin nicht in Frage, und Freundschaften zwischen Mädchen und Jungen, wie in Europa üblich, waren tabu. Ich hatte die Vorgaben der Eltern verinnerlicht: Ich werde heiraten, einen muslimischen Mann, vorzugsweise Ägypter, der durch die Vorder- und nicht durch die Hintertür hereinkommt. Entweder hat er mich gesehen, ich habe ihm gefallen, oder ich habe ihn bei einer Gelegenheit kennengelernt. In jedem Fall muss er sofort zum Vater und seine ernsten Absichten deklarieren, er hält um meine Hand an. Bei Sympathie verloben wir uns und lernen uns kennen. Wenn mir das Schicksal hold ist, wenn ich ‹nasib› habe, und wenn die Eltern befunden haben, dass alles stimmt mit ihm und seiner Familie, werden wir, inshallah, heiraten. Ein ehrlicher Mann, der es ernst meint, wird nie hinter dem Rücken der Eltern mit mir verkehren. Das wäre kein Ehrenmann; er würde sich nur eine gute Zeit mit mir machen wollen. Einen Europäer kann ich nur heiraten, wenn er Muslim wird. So ist es für mich am besten.

Diese Einschränkungen habe ich als junge Erwachsene akzeptiert, ohne dazu gezwungen zu werden. Es geschah ‹freiwillig›. Die Anführungszeichen deuten wiederum auf die Komplexität hin, in der ich als muslimische Mischlingsfrau steckte. Erstens war ich mit der Familie eng verbunden und wollte den in Aussicht gestellten ‹Verstoss› natürlich vermeiden. Zweitens war ich sehr gläubig und der Tradition verhaftet aufgewachsen, ich war nicht bereit, mich davon zu trennen. Mein Geist war noch nicht selbständig genug; ich hatte Zweifel, aber von einer eigenständigen Denkweise war ich weit entfernt und zudem unfähig, meine eigene Haltung konsequent in Handlung umzusetzen. Handlung hätte in diesem Falle Bruch mit der Familie nach sich gezogen, zumindest temporär. Ein Sprung ins kalte Wasser, in dem die ewige Tochter nicht gelernt hatte zu schwimmen.

Ich schaue zurück und wundere mich über die junge Frau, die ich bis weit in meine Zwanziger hinein gewesen bin. Und dennoch gelingt es mir, die inneren Widerstände, gepaart mit Ohnmachtsgefühl, nachzuempfinden. Die Begegnungen und Liebesbeziehungen, die ich mit muslimischen und nichtmuslimischen Männern einging, waren in diesem verschlungenen Gewebe von Komplikationen, Ängsten und Wünschen angelegt. Und sie hinterliessen Narben, ich erlebte oft Ablehnung. In den Augen der traditionellen Muslime war ich, trotz meiner konservativen Einstellung, zu europäisch geprägt und entsprach den Vorstellungen des potenziellen Bräutigams nicht.

Zuweilen entzündeten sich die Differenzen an vermeintlichen ‹Nichtigkeiten› wie etwa dem Tragen bzw. Nichttragen eines Badeanzuges; als verheiratete Frau wäre es mir, zumindest forderten dies die Männer, mit denen ich bekannt war, nicht gestattet gewesen, einen Badeanzug zu tragen. Eine für mich unakzeptable Forderung. Ein anderer Punkt war mein allzu offen empfundener Umgang mit anderen Männern, wie Küssen bei der Begrüssung. Die muslimische Ehefrau hatte sich zurückhaltend zu benehmen, vor allem anderen Männern gegenüber.

Ich bin mir bewusst, dass meine Erfahrungen keinen exemplarischen Charakter haben, Verallgemeinerungen über ‹den muslimischen› Mann lehne ich ab, es widerspräche meinem Verständnis von individueller Ausrichtung. Ich weiss sehr wohl, dass es muslimische Männer gibt, denen ähnliches Gedankengut fremd ist, die den Frauen mit Respekt begegnen und nie einschränkende Forderungen stellen würden. Ich spreche immer nur für mich.

Für Nichtmuslime war ich wiederum zu ‹altmodisch› und mein Umfeld zu kompliziert und mühsam, ausserdem traf ich keinen nichtmuslimischen Mann, der bereit gewesen wäre, auch nur pour la forme zu konvertieren. Auch diese Erfahrungen sind rein persönlich.

Ich möchte eine Begebenheit detaillierter erzählen, an der die Rückbesinnung auf die Werte des Islam im Ägypten der Achtzigerjahre nachvollziehbar ist.

Ich lernte über Freunde in Kairo einen jungen Mann kennen, in den ich mich unsterblich verliebte. Mein und sein familiärer und finanzieller Hintergrund, die soziale Herkunft stimmten überein. Ich schickte in diesen handy- und internetlosen Zeiten seitenlange Briefe von Wien nach Kairo. Manchmal erlaubte ich mir ein Telefongespräch, um die Stimme des Geliebten zu hören. Die Löcher in meinem knapp bemessenen Studentinnenbudget waren es mir wert. Ich war vom ägyptischen Charme, dem schon meine Mutter Jahrzehnte zuvor erlegen war, hingerissen. Was hatte er so Einzigartiges, dieser Schmäh, wie die Wiener es nennen?

Nun, zunächst diese nie endende Bewunderung, die er mir angedeihen liess; man bekam das Gefühl vermittelt, die Einzige auf der Welt zu sein, auf die der Mann gewartet habe. Man war die Schönste, die Sanfteste, man war nur für ihn geboren. Die Sehnsucht war unstillbar. Trennung, auch kurzfristig, war dramatisch. Glühende Leidenschaft wie in einem Dreigroschenroman! Die Beschreibung ist auf den ersten Blick für Frischverliebte ganz normal. Die totale Symbiose. Die ägyptische Variante der Liebe, man verzeihe mir die ethnozentrische Note, hat jedoch etwas Absolutes: Man gehörte sich mit Haut und Haaren. Natürlich übernahm der Mann dabei die Rolle des Führers, des wilden Kriegers, zumindest symbolisch, jederzeit bereit, ‹seine› Frau zu beschützen. Ich war auf ein Frauenbild hin sozialisiert worden, das perfekt auf diese Konstellation ansprach. Eifersucht war immer im Spiel. Da sie als Liebesbeweis erachtet wird, ist sie akzeptiert. Diese anfängliche Zugetanheit kann jedoch in einengende Besitzansprüche gipfeln, zu Fragen und Bemerkungen wie ‹Wo gehst du hin? Warum hast du mich nicht angerufen? Warum hast du XY angelacht? Wann kommst du nach Hause? Wer war dieser Mann?›. Und ohne es sich zu versehen, steigt man in den Verteidigungsring, rechtfertigt sich für ganz ‹normale› alltägliche Begebenheiten. Sturm und Donner, Wetterfunken und sich dann wieder in den Armen liegen: «Ich will nur dich. Du gehörst mir. Ohne dich kann ich nicht leben.» Ein symbiotischer Kreis narzisstischer Beziehungsmuster. Nicht umsonst ist die Attraktivität gemischtkultureller Beziehungen Gegenstand wissenschaftlicher Forschung geworden. Es würde den Rahmen dieses Buches sprengen, näher darauf einzugehen. Ich erwähne sie, weil auch ich für diese Beziehungsstruktur sehr empfänglich war.

Ich lebte und studierte in Wien und litt sehr unter der Trennung von meinem heimlichen Freund, erachtete sie aber als temporär, mich in der Überzeugung wähnend, das Vorsprechen bei meinem Vater würde bestimmt nicht mehr lange auf sich warten lassen. Als Frau hat man sich da passiv zu verhalten. Zu meinem Leidwesen passierte nichts. Dies war mir unverständlich. Meine Eltern erfuhren über mir unerklärliche Kanäle von meiner Beziehung und waren empört. Denn laut ihrem Dafürhalten durfte so etwas nur mit ihrem Konsens über die Bühne gehen, und da der Mann ja Ägypter war, musste er wissen, welchen Weg er einzuschlagen habe. Er musste sich bei meinem Vater melden. Tat er das nicht, galt er automatisch als unseriös und wollte mich sicherlich ausnützen und mir einen schlechten Ruf anhängen. In Ägypten gibt es eine Redewendung, die die Seriosität des potenziellen Kandidaten folgendermassen bildlich umschreibt: ‹Ein ehrlicher Mann kommt durch die Eingangs- und nicht durch die Hintertür ins Haus›. Ich getraute mich natürlich nicht, meine Bekanntschaft gegenüber meinen Eltern zuzugeben, und leugnete alles. Da nichts ‹weiterging›, wagte ich mich schliesslich vor, überwand die geziemende weibliche Zurückhaltung und fragte scheu, fast schon schuldig, warum unsere Beziehung immer noch hinter verschlossener Türe stattzufinden habe.

Die Antwort höre ich noch heute, als sei sie gerade ausgesprochen worden: Mit einer ziemlichen Nonchalance, fast ein wenig arrogant, erklärte mein Herzbube, dass seine Eltern niemals einer Verbindung zustimmen würden, in der die Mutter der Braut Ausländerin sei. Die Religionszugehörigkeit erwähnte er nicht, ich hörte dies jedoch unterschwellig mit. Es ging mir ähnlich wie an jenem Sonntagnachmittag, als mein Vater drohte, mich zu verstossen, sollte ich einen Nichtmuslim heiraten. Um zu retten, was ich noch zu retten gedachte, verwies ich auf den Übertritt meiner Mutter zum Islam. Doch dies spielte gar keine Rolle. Sie war eben keine echte, keine geborene Muslimin. Es kann natürlich sein, dass der junge Mann tatsächlich keine ernsten Absichten hegte und nur einen Grund suchte, um sich von mir zu trennen. Ich habe es nie erfahren. Jedenfalls war ich sehr verletzt, zumal ich mich als mustergültige Muslimin betrachtete. Und jetzt sollte es an meiner Mutter scheitern?

Ich habe diesen Beziehungsfall wiedergegeben, weil hier die Religion bewusst als Entscheidungshilfe in den grundlegenden Dingen des Lebens herangezogen wurde. Die Religion schwappte vom rein spirituellen privaten Bereich in den öffentlichen über, Entscheidungen sollten im Lichte ihrer Vereinbarkeit mit dem Islam gefällt werden.

Das islamische Recht erwähnt nirgends die Religionszugehörigkeit der Mutter der Braut. Es handelte sich im Falle meines verhinderten Bräutigams also eher um Skepsis allem Europäischen gegenüber, ich kann darüber nur spekulieren. Ägypter sind von ihrer Geschichte her dem Fremden gegenüber sehr offen. Und dennoch, eine dubiose Doktrin schusterte sich da zusammen: ein Mischmasch aus Nationalismus, Islamismus, sogar Ablehnung dem Westen gegenüber. Diese Tendenzen korrelierten interessanterweise mit denjenigen, die ich in den aufstrebenden islamischen Bewegungen in Europa auch beobachtete: Das ‹eigene Islamische› wurde dem ‹anderen Nichtislamischen› entgegengesetzt. Ich, in Europa aufgewachsen, mit einer europäischen christlichen Mutter – ihre Konversion zum Islam schien nicht wirklich ins Gewicht zu fallen – wurde plötzlich eine potenzielle ‹Gefahr›. Wer garantierte einem schon die genuin islamische Haltung?

Eine weitere Episode aus den Achtzigerjahren, in denen der Islam in der Schweiz sichtbarer wurde, weist Ähnlichkeiten auf. Ich hatte mein Studium in Wien beendet und kehrte, wohl oder übel, in die Schweiz zurück (auf Geheiss meiner Eltern, die befürchteten, ich würde in Wien nach der Universität ein ‹Lotterleben› führen). Ich hatte dort tatsächlich nicht sofort Arbeit gefunden und jobbte ein wenig herum. Es war nicht ganz einfach, als Universitätsabgängerin gleich eine Anstellung zu finden; ausserdem wusste ich noch nicht, in welche Richtung es gehen sollte, ich erwog sogar die Aufnahmeprüfung an die Diplomatische Akademie. Aber ich kam gar nicht dazu, mir in aller Ruhe die Berufswahl zu überlegen. Ich wurde nach Hause beordert. Meine Mutter übernahm die Rolle des Feldmarschalls, indem sie mir furchterregende Briefe schrieb und mich des unseriösen Lebenswandels bezichtigte. Es war eine unschöne Zeit, die unsere Beziehung sehr belastete. Ich hatte zu meiner

Mutter nämlich, obwohl sie als väterliche Exekutive fungierte, ein inniges Verhältnis.

Zu dieser Zeit dämmerte mir langsam, dass ich unsichtbare Ketten trug. Ich fand es unwürdig, von meinen Eltern als Kleinkind behandelt zu werden, wo ich doch gerade die Wiener Universität mit Auszeichnung abgeschlossen hatte. Ich war erwachsen. Aber nicht in ihren Augen. Und dabei wollte ich gar nicht in die Schweiz zurück, ich liebte Wien, hatte mir über die Jahre einen Freundeskreis aufgebaut, schätzte das kulturelle Angebot und das österreichische Lebensgefühl. Und dann war da noch Alt Aussee, der Heimatort meiner Mutter. Die Grosseltern lebten beide nicht mehr, aber Tante Pepi betrachtete ich als zweite Mutter. Sie unterstützte mich zwar nicht bei meinen Eltern; sie wollte sich nicht in die Erziehung einmischen. Aber bei ihr konnte ich frei über alles sprechen, ich fühlte mich von ihr verstanden.

Und all das sollte ich jetzt hinter mir lassen? Die Wohnung in der Strozzigasse, die Josefstadt, den Heurigen, die Geschäfte in der Kärntnerstrasse, die alternative Szene, den Naschmarkt. Ich war untröstlich, denn ‹man› riss mich aus meinem Umfeld heraus. Einem Umfeld, das ich mir erschaffen hatte und in dem ich mich wohl fühlte.

Und wieder folgte ich, gegen meinen Willen, aber ich folgte.

Ich werfe mir heute noch vor, dass ich es zulassen konnte, meine Entscheidungsfreiheit so leicht abzugeben. Tatsache ist, dass ich gehorchte, brav meine Koffer packte und bei meinen Eltern, wo denn sonst, in mein ehemaliges ‹Mädchenzimmer› einzog.

Ich war also gerade aus Wien zurückgekehrt und dabei, mich in Basel nach einer Arbeitsstelle umzusehen. Zwar hatte ich mein Magisterdiplom als Romanistin der Universität Wien in der Tasche, jedoch keinerlei Berufserfahrung, ausser diejenige, die man durch studentische Gelegenheitsjobs erwirbt. Es konnte also noch eine ganze Weile dauern, bis ich den Berufseinstieg antreten konnte. Und in diesem Klima des sich Orientierens warteten meine Eltern mit einer Neuigkeit auf; ihr Beharren auf meine Rückkehr war nicht ohne Hintergedanken gewesen: Sie hatten einen Heiratskandidaten parat, der genau ihren Vorstellungen entsprach. Es dämmerte mir allmählich, warum sie mich so dringend in die Schweiz zurückgelotst hatten.

Eines Tages, kurz nach meiner Ankunft, es war ein wunderschöner Spätsommertag, verlangte mein Vater mich ‹zu sprechen›. Diese Besprechungen, Vater als Vorsitzender, Mutter als Beisitzende und ich als Botschaftsempfängerin, hatten einen schicksalhaften Charakter, wie bei einem Gipfeltreffen, von dessen Ausgang die Zukunft der gesamten Nation abzuhängen schien. Sie fanden allesamt in unserem familiären ‹Majlis›, dem Wohnzimmer statt. Eine Zigarette in der einen, das Teeglas in der anderen Hand haltend, hob mein Vater mit ernster und bedeutungsvoller Stimme zum Sprechen an: «Ich muss dir in Anwesenheit deiner Mutter mitteilen ...» – die direkt aus dem Ägyptischen übernommene Redensart ‹Udam fulan› unterstreicht die Wichtigkeit der Botschaft und ist gleichzeitig eine Respektsbezeugung gegenüber den anwesenden Personen, in diesem Fall meiner Mutter; sie werden so zu ‹Zeugen› einer wichtigen Mitteilung – «... dass ein Ägypter mich angerufen hat, um seine ernsten Absichten» – es war klar, dass damit Heiratsabsichten gemeint waren – «zu bekunden. Ich habe sofort meine Erkundigungen eingezogen. Er studiert in Zürich und kommt aus einer respektablen Familie aus Alexandrien. Wenn du möchtest, können wir ihn einladen. Deine Mutter ist auch einverstanden, nicht wahr?» Der fragende Abschluss war das Signal an meine Mutter, wiederholend zu bestätigen und meistens noch etwas präzisierend hinzuzufügen. «Ja, dein Vater und ich haben den Mann empfangen, er ist sehr sympathisch, und wir fänden, es wäre eine Gelegenheit, jemanden kennenzulernen, der es ernst mit dir meint. Das Treffen ist ganz unverbindlich, du hast nichts zu verlieren. Die endgültige Entscheidung, ob und wie es weitergeht, liegt bei dir ganz allein.»

Diese Szene hätte sich genauso gut in einem Living Room aus einem Werk der englischen Autorin Jane Austen im England des 18. Jh.s oder im Kabinett der österreichischen Kaiserin Maria Theresia – berühmt für ihre gezielt eingesetzte Heiratspolitik zum Zwecke der Machtvergrösserung der Hauses Habsburg – abspielen können. Nun, gänzlich deckungsgleich mit den literarischen oder historischen Begebenheiten war diese ‹Mitteilung› nicht, ein Vergleich ist durchaus denkbar.

Ich reagierte recht interessiert auf das Angebot, meine Neugierde war geweckt. Natürlich fühlte ich mich auch geschmeichelt, dass ich die Bewunderung eines wildfremden Menschen auf mich zog, hatte ich bis anhin doch nur Enttäuschungen in Liebesdingen erfahren. Vielleicht klappte es diesmal. Ich entschied mich, der Verbindung eine Chance zu geben. Wir trafen uns also, unter der Schirmherrschaft der Eltern, gingen ein paar Mal aus, und ich befand, mir das Ganze ein wenig näher anzuschauen und die Intentionen und Sichtweisen des Mannes zu ergründen, wer weiss, vielleicht würde es die grosse Liebe werden.

Von meiner Seite stellte sich Sympathie ein, verliebt war ich nicht. «Aber das kann alles noch kommen», redete ich mir ein. Und damit alles seine Richtigkeit hatte, musste die Beziehung in Form einer Verlobung besiegelt werden.

Vater war sehr angetan. Sichtlich stolz, dass seine Tochter einen präsentablen ägyptischen Muslim ‹abbekommen› hatte, informierte er sogleich unsere Familie in Ägypten über das ‹freudige Ereignis›. Das Telefon lief heiss, der Hörer wurde rumgereicht, vom Vater zur Mutter zu mir, man gratulierte und hoffte, die Hochzeit würde nicht lange auf sich warten lassen.

Gemäss ägyptischer Sitte oblag es der Familie der ‹Braut›, die Verlobungsfeier auszurichten. Die Eltern gaben einen für Schweizer Verhältnisse noblen Empfang in einem der damals ersten Restaurants in Rheinfelden. Der gesamte ägyptisch-österreichische Kreis war zur Verlobung eingeladen. Auch meine Schweizer Freunde kamen. Mit einigem Erstaunen beobachteten sie die ihnen unbekannten Sitten und Gebräuche: das Feiern einer Verlobung mit Opulenz. Wie würde erst die Hochzeit ausfallen? Ich stürzte mich mit Begeisterung in die Vorbereitungen, wie ich sie von Ägypten her unzählige Male bei meinen Cousinen miterlebt hatte. Jetzt war ich an der Reihe! Restaurant und Festmenü bestimmen, Verlobungsring und -kleid aussuchen, Einladungskarten verschicken, Termin bei Frisör und Kosmetikerin ausmachen. Verliebt war ich immer noch nicht, aber Aufregung und Vorfreude füllten dieses Manko.

Die Verlobung fand am 1. November 1986 statt, am Tag, an dem sich die Umweltkatastrophe im Chemiewerk Sandoz in Kaiseraugst ereignete. Unsere Vierzimmerwohnung in Rheinfelden war zum Bersten voll, alle muslimischen Gäste sollten der Qira'at al Fatiha, der Rezitation der Eröffnungssure des Korans, beiwohnen. Mit diesem religiösen Akt werden in Ägypten Verlobungen gefeiert. Ein im Koran versierter Freund meines Verlobten besiegelte mit dem Vorlesen der Eröffnungssure die Verlobung. Andächtig lauschten wir der Fathia, der Koranrezitator sass zwischen meinem Vater und dem Bräutigam an einem Ende des Sofas, ich und meine Mutter sassen am anderen. Vater und zukünftiger Ehemann gaben sich die Hand, womit sie die Nachhaltigkeit der Verlobungsvereinbarung bestärkten. Nach Beendigung des männlichen Handschüttelns schwenkte die Aufmerksamkeit auf mich, soeben von väterlichen Gnaden in den Verlobungsstand entlassen. Meine Mutter reichte das auf einem Kissen ruhende Schmuckschächtelchen mit den Ringen dem Verlobten, welcher mir als Erster den Ring überstreifte. Ich tat es ihm daraufhin gleich, wir gaben uns einen Wangenkuss, und die Zeremonie war zu Ende. Alle klatschten, es folgten die ersten Gratulationen, aus Kairo riefen Verwandte an: «Herzliche Gratulation!», es wurden Fotos geschossen, und wir machten uns auf den Weg ins Restaurant.

An der Feier wurde auf ausdrücklichen Wunsch des Bräutigams kein Alkohol gereicht. Mein Vater willigte unwirsch in die ihm zuwiderlaufende Forderung ein; er und seine ägyptischen Freunde tranken bei jedem Fest, mehrheitlich waren Nichtmuslime anwesend, aber erstaunlicherweise setzte sich der nichtzahlende Zukünftige durch. Vielleicht aus schlechtem Gewissen, dass er eben doch kein so gottgefälliges Leben führte, wie er sollte, erklärte sich Vater bereit, eine alkoholfreie muslimische Verlobung zu zelebrieren. Ich war indifferent, fand es aber recht seltsam, dass sich meine geselligen Eltern diesem Diktat zähneknirschend unterordneten.

Ein neuer, bislang unbekannter islamischer Wind kam auf in der Schweiz und traf unsere Familie ins Herz. Denn trotz konservativer Werthaltung pflegten die Eltern eine westliche Lebensart, jenseits von Alkoholverbot und ähnlichen Vorschriften.

Es kam der Tag ‹danach›, nach den Glückwünschen, den Geschenken und meinem Gefühl, ich sei im Vorhafen der Ehe gelandet. Und dieser Tag danach legte die ersten Ungereimtheiten offen.

Die Verlobung – ob der 1. November ein schlechtes Omen war, sei dahingestellt – wurde ebenso abrupt aufgelöst, wie sie besiegelt wurde.

Was war geschehen mit dem vielversprechenden Bund? Nun, wir konnten uns nicht einigen, so einfach ist das. Der Verlobte schickte sich an, mich mit Vorschriften zuzukleistern, die ich seiner Ansicht nach als gute Muslimin und seine Ehefrau zu befolgen hätte. Was uns schliesslich auseinanderbrachte – ich hatte mich übrigens mittlerweile sogar schon ein wenig in den Mann verliebt –, war furchtbar einfach: Mein Zukünftiger wollte mich nicht in einem Badeanzug an einem öffentlichen Strand wissen. Natürlich war es nicht der einzige Grund. Der Mann entpuppte sich nämlich auch nicht so ‹standesgemäss›, wie es auf Anhieb den Anschein gemacht hatte, denn plötzlich ergaben sich zwischen meinem Vater und ihm Uneinigkeiten über die in Ägypten üblichen Heiratsmodalitäten wie der Shabka (Brautgabe), ein Schmuckstück, das der Braut als offizielles Hochzeitsgeschenk überreicht wird, über Mitgift und Hochzeitsfest. Und dann kamen die doch unterschiedlichen Ansichten dazu, die mich von ihm trennten.

Es war dies das erste Mal, dass ich so direkt mit fundamentalistischem Islam konfrontiert wurde. Mit dessen Inhalten und der Art und Weise, wie er an mich herangetragen wurde, konnte ich mich nicht identifizieren. Der Fokus lag plötzlich viel mehr auf Äusserlichkeiten: Kleidung, Benehmen, tägliche Lebensführung kreisten um diesen einen ‹Islam›. Aber auch alle anderen Bereiche des Lebens wie Kunst, Musik, Literatur, ja, selbst ganz einfache Gesten des Alltags wurden auf ihre Islamtauglichkeit hin geprüft. In der Verbindung mit diesem Mann lag all das, was wir derzeit in der islamischen Welt erleben, in einem sehr starken Masse angelegt: die Durchdringung des Alltags vom Islam, von dem Ägypten heute leider ganz besonders betroffen ist.

Und was blieb dann noch übrig? Nun, meine Eltern waren anstandslos auf meiner Seite, sie unterstützten mich in all meinen Forderungen, ja, sie bestärkten mich darin, nicht einen Schritt zurückzutreten von dem, was ich durch meine Erziehung mitbekommen hatte. Es kam also zum Bruch. Und es war der Mann, der sich von mir trennte, da ihm die Unterschiede zwischen uns unüberwindbar schienen.

Selbst in Anbetracht des Ausbleibens erhebender Liebesgefühle war ich enttäuscht und in meinem Selbstbewusstsein verletzt.

Nach dieser Episode löste ich mich langsam von meinem ‹Erbe›. Ich wollte leben wie alle anderen Frauen meines Alters auch. Die äusseren Umstände dazu erfüllte ich ja: Ich war finanziell unabhängig, hatte mittlerweile eine feste Stelle gefunden, ging gegen die dreissig zu und war begierig, mein Leben endlich selbst in die Hand zu nehmen. In jeder Hinsicht. Doch dieser Plan hatte seinen Preis.

Ich entschied mich für einen längst überfälligen Schritt: Auszug aus der Wohnung, die ich, nach meiner unfreiwilligen Rückkehr aus Wien, mit den Eltern teilte.

Zwar hatte ich in Wien während des Studiums ‹alleine› gelebt, jedoch war ich einer steten Kontrolle unterzogen. Selbst im tausend Kilometer entfernten Rheinfelden wussten meine Eltern immer über mich Bescheid. Ich musste regelmässig rapportieren, bekam Kontrollanrufe zu unmöglichen Zeiten, an denen ich, wenn ich Glück hatte, entweder gerade dabei war, das Haus zu verlassen und auszugehen, oder im Unglücksfall eben nicht mehr zu Hause und schon im Ausgang war. Meine Nichtanwesenheit wurde dann als unflätiger Lebenswandel interpretiert, und auch die Tatsache, dass ich zu den strebsamen Studentinnen gehörte und mit ausgezeichneten Prüfungsresultaten aufwartete, konnte dem nichts entgegenhalten. Mein ‹Vergehen›, das Verlassen der Wohnung zu nächtlicher Stunde, zog litaneiartige Telefonpredigten meines Vaters und seitenlange Moralbriefe meiner Mutter nach sich.

Es war also höchste Zeit, dass ich mit fast dreissig in jeder Hinsicht unabhängig wurde. Das Verhältnis zu meinem Vater hat sich dann, nach einer Annäherung – als Folge der unglücklich endenden Verlobung, für die er sich mitverantwortlich fühlte und deren ‹Liebesschmerz› er mit mir wirklich auch teilte –, dramatisch verschlechtert. Der Grund hierfür war sehr einfach: Ich hatte einen ganz ‹normalen› Schweizer Mann kennen gelernt und mich in ihn verliebt. Wie es bei allen anderen Frauen um mich herum üblich war. Dieser Mann erfüllte keinen einzigen Punkt des elterlichen Anforderungsprofils: Er war kein Muslim, kein Ägypter, kein Akademiker. Mein Vater tobte, und ich ging.

Was sich nun ereignete, entsprach genau dem Szenarium, das ich am Eingang dieses Kapitels geschildert hatte: der totale Eklat und Bruch mit dem Vaterhaus, weil ich mir als muslimische Tocher in der europäischen Art einen Mann nach meinen Vorstellungen ausgesucht hatte. Meine Mutter, die immer für die Erziehungswerte ihres Ehemannes eingestanden war, machte jedoch nun eine Kehrtwende um 180 Grad, zu meinen Gunsten. Ich bekam ihre volle Unterstützung. Die Verhältnisse zuhause uferten dadurch aus und gerieten aus der Balance. Zum ersten Mal brach das Dach über uns zusammen, das von uns allen, auch von mir, mit Hartnäckigkeit gestützt worden war.

In einer Nacht-und-Nebel-Aktion packte ich meine Habseligkeiten und verliess das Elternhaus; ich wollte den Umzug nicht unter den Augen des Vaters passieren lassen. Wir waren alle unfähig, mit dieser neuen Situation umzugehen, und ich wollte keinen Skandal und ihm auch irgendwie die Peinlichkeit ersparen. Ich hatte ja Mitgefühl mit ihm und konnte mich gut in seine Haut versetzen: das, was er all die Jahre zu verhindern gesucht hatte, den Auszug der Tochter in die Welt da draussen miterleben zu müssen. Seine Absicht war es nie gewesen, mich einzusperren oder mich zu etwas zu zwingen. Aber er konnte nicht anders, als seine Werte, die er für richtig hielt, so wie er sie mitbekommen hatte, mir auf den Weg zu geben. Das ist ja das Verständnis von Erziehung: Eltern tradieren, nach bestem Wissen und Gewissen, gewisse Vorstellungen an ihre Kinder weiter. Das Problem in unserem Fall lag darin, dass seine Vorstellungen nicht der Gesellschaft entsprachen, in der er lebte, und er es nicht geschafft hatte, gerade in Bezug auf seine Tochter, eine Anpassungsleistung zu vollbringen und gewisse Traditionen zu überwinden. Und dies, obwohl er mehr Lebenszeit in Europa als in Ägypten verbracht hatte. Auch er war damals in einem furchtbaren

Dilemma, für das ich Verständnis hatte und immer noch habe. Aber ich konnte nicht mehr bleiben.

Mein Schritt in die Selbständigkeit liesse sich als erfolgreiche Story umschreiben: ‹Muslimin auf der Flucht.› Und das Bild der unterdrückten, untergebenen Frau im Islam wäre bestätigt. Lebensberichte können bestens auf den Geschmack der Leserschaft hin umformuliert werden, vor allem wenn sie in schreierischen Schlagzeilen auf der Titel- oder besonders ‹pikant› auf der letzten Seite daherkommen. Ich möchte nichts inszenieren, keine Vorurteile bedienen, auch ‹meine› Wahrheit, meinen Weg in die Selbständigkeit unter die Lupe nehmen.

Ich bezog also eine eigene Wohnung. Zum ersten Mal in meinem Leben bezahlte ich Miete, richtete ein, räumte auf, lud Freunde ein – auch männliche, ohne dass sich irgendjemand daran störte. Riesenfreiheit auf 35 m^2 Wohnfläche.

Die Liebesgeschichte, die den endgültigen Auslöser für meinen Exodus aus dem Elternhaus bewirkt hatte, dauerte nicht lange. Unterschiedliche Anschauungen traten bald zutage. Mein Leben setzte sich fort.

In dieser Zeit der Loslösung kehrten sich Lebenskonstanten in ihr pures Gegenteil um: die Beziehung zu den Eltern, zur Religion, zu Ägypten. Ich machte Tabula rasa mit allem, was mir einst ‹sakrosankt› war. Entweder ich ersetzte ein Konzept durch ein radikal anderes, oder ich trennte mich von Überzeugungen, die ich jahrelang gehegt und gepflegt hatte.

Der elterliche Referenzrahmen, vor allem der väterliche, zerbröckelte, bis er in sich zusammenfiel. Wie die Berliner Mauer. Es brauchte Zeit, Geduld und Toleranz auf beiden Seiten, bis aus den Trümmern der zerstörten Vater-Mutter-Tochter-Beziehung etwas Aufbauendes entstehen konnte. Und es entstand etwas Aufbauendes.

Während die Normalisierung der Beziehung mit dem Vater längere Zeit in Anspruch nahm, schliesslich war ich ‹abgehauen› – mit fast dreissig zwar, aber immerhin –, nahm die Beziehung zwischen Mutter und mir die Gestalt einer Freundschaft an. Es war fast so, als hätte ich auch für sie die Spur ihrer ‹Befreiung› angelegt: Endlich, war sie ihrer mütterlichen Sittenwächterpflichten entledigt. Sie sah mich als Frau, nicht mehr nur als Tochter an und menschlich kamen wir uns dadurch näher. Oft verabredeten wir uns, stöberten in Buchläden, gingen ins Theater, in ein Restaurant oder auf Shoppingtour. Ich lud sie in ‹mein Heim› ein und im Freundeskreis diskutierten wir ‹schleierlos› über den Islam, über Ägypten, über die Unterschiede und blickten gemeinsam zurück auf unsere Zeit in der Schweiz. Ohne Tabus. Und sie befand, dass sie und der Vater es sich sehr schwer gemacht haben: Festhalten, Kompliziertheit, Verschlossenheit. Es wurde auf einmal leichter zwischen uns.

Die freie Frau in mir war getrieben von einer unbändigen Bewegungslust. Endlich die Welt entdecken, nicht nur in Büchern und im Fernsehen! Ich machte mich auf den Weg. Die Ägyptenbesuche stellte ich ab sofort ein. Ich hatte genug davon. Stattdessen bereiste ich Europa, Amerika, andere arabische Länder und die Schweiz. Mit einer unvergleichlichen Energie eroberte ich bisher unbewohnte Kontinente des Bewusstseins, des Wissens, der Existenz. Ich war begierig darauf, all das auszuprobieren, was ich so spät erst entdecken konnte. Ich verhielt mich wie eine (spät)pubertierende Teenagerin.

Während ich also intensiv gegen den Strom schwamm, gingen alle meine europäischen und Mischlingsfreundinnen an Bord des bürgerlichen Lebensschiffs, das ich so behände gekentert hatte. Sie lebten mit ihren Partnern zusammen – je nach kulturellem Hintergrund, offen die Europäerinnen, hinter verborgenen Türen die Mischlingsfrauen –, heirateten und bekamen Kinder. Die muslimischen Europäerinnen trafen beinahe ausnahmslos Männer, die – um die Vaterfamilie zu besänftigen – zum Islam konvertierten. Sie, die viel liberaler erzogen worden waren als ich und mich in meiner frommen, braven, gehorsamen ‹Phase› belächelten, fühlten sich jetzt der Tradition verpflichtet.

Ich stellte unangenehme Fragen: «Du hast dich doch nie um den Islam geschert, warum willigst du ein, dass dein Partner konvertieren muss?» Man winkte ab. Und als Antwort erhielt ich: «Du weisst ja, wie es bei uns üblich ist, du bist doch auch eine von uns. Du müsstest das doch verstehen, es ist ja nur eine Formsache.» Wie inkonsequent! Ich eckte mit meinen unkonventionellen Ansichten an, wo ich es nie gedacht hatte. Sie fanden mich aufwieglerisch; ich fand, sie würden sich ‹unterordnen›.

Religion wurde fortan aus meinem Leben verbannt. Ich kreierte einen religionsfreien Raum um mich herum, alles Islamische war mir ein Graus. In meinen Regalen stapelten sich Bücher über Frauen aus islamischen Ländern, die nicht zu ihrem Recht gekommen waren: ‹Verkauft und verheiratet›, ‹Unterm Schleier verborgen›, ‹Hinter Haremsgittern›. Die ausgedehnten Leseexkursionen in das Genre der Betroffenheitsliteratur führten zu einer Religionsabstinenz. Ganz loseisen konnte ich mich dennoch nicht. Ich gehörte immer noch dazu.

Dass sich meine Verbundenheit zum Islam dann doch noch in eine lebbare Mitte einpendelte, daran waren die lodernden Twin Towers vom 11. September 01 ‹schuld›. Ich wurde, ob ich es wollte oder nicht, auf meine Identität als Muslimin zurückgeworfen. Und ich entschied mich, die Herausforderung anzunehmen. Entlang der Identitätsfrage stellte sich die Wiederentdeckung des Islam ein, aber unter anderen Vorzeichen: Kritik offen aussprechen, den Islam der Moderne angleichen. Das machte ich zu meinem Ziel. Dran bin ich immer noch.

III

Tradition und Moderne

Kopftücher und Badeanzüge

Mein Ägypten ist das Ägypten der Sechzigerjahre: die europäisch geprägte Innenstadt Kairos Wust el Balad, das Haus meines Grossvaters im Nildelta-Dorf, die Strände von Alexandria und Ras el Bar. Von dort her kam ich in die Schweiz. Dorthin orientiere ich mich immer wieder zurück.

Es ist die Epoche des Nationalismus, der patriotischen Heldenlieder im Schulhof. Äypten ist unsere Mutter, Gamal Abdel Nasser unser Vater.

Einmal pro Monat, an einem Donnerstag, singt Umm Kalsûm, die Maria Callas des Orients, am Radio. Umm Kalsûm, strenge Hochsteckfrisur, schwarze Sonnenbrille in der Art der Jackie Kennedy, in der rechten Hand stets ein Taschentuch um einen Finger gewickelt, so als möchte sie die aus Liebesschmerz vergossenen Tränen ihrer Liebeslieder darin auffangen. Wenn sie singt, kehrt Stille ein in der Stadt. Unser Bawwab Am Hassan, der Hausmeister, zieht sich mit seinem abgewetzten Transistorradio in den Garten zurück, zündet sich eine Zigarette an, trinkt süssen Tee und meldet sich ab von der Welt, so dass selbst die ‹Madame›, meine Mutter, nicht wagen würde, ihm gerade jetzt eine Besorgung aufzutragen. In vielen ägyptischen Familien gehört das Konzert der Umm Kalsûm zum Programm, ein generationenübergreifendes kollektives Erlebnis. Freunde, Verwandte besuchen einander, um gemeinsam zu lauschen, bei Tee oder Kaffee, bei Stella-Bier und Fûl Sudani (geröstete Erdnüsse). Auch Gamal Abdel Nasser erliegt ihrem Zauber. Er ist ein brillanter Redner, und er weiss, dass die Herzen und Ohren der Ägypter nie so empfänglich sind für seine mit Pathos vorgetragenen Parolen über sein Land und die Errungenschaften der Revolution als unmittelbar nach dem Konzert der Umm Kalsûm. Musik und Politik im Duett. Umm Kalsûm trägt keinen Hijâb; nur ab und zu ein keckes Kopftuch, wie Brigitte Bardot, wenn die in ihrem flotten Cabriolet die Côte d'Azur entlangflitzt.

Der Sommer 1967 rückt näher. Ägypten führt die Arabische Nation an. Präsidenten und Monarchen der Schwesterländer kommen nach Kairo, sie blicken mit Bewunderung auf uns. Die samtene Stimme des Raïs (Präsident) wird donnernd, wenn er über den Feind spricht, den die ruhmreiche ägyptische Armee bald vernichten wird, damit unsere palästinensischen Brüder und Schwestern wieder heimkehren nach Palästina. Er ist der Einzige, der Israel Paroli bietet. Wir glauben an unsere Stärke. Wir glauben an Gamal. Wir glauben an die Armee. In den Zeitungen sehen wir Bilder von geschäftigen Generälen, die die Köpfe über Landkarten zusammenstecken. Gamal reist zu den Truppen, er macht den Soldaten Mut, es ist nur eine Frage der Zeit, wann Israel von der Landkarte verschwindet. Wir sind zuversichtlich. Das Fernsehen bringt Musicals, die an der Front ‹spielen›. Die Stimme Faiza Ahmads – blondgefärbter ägyptischer Schlagerstar mit luftig toupierter Frisur à la Shirley Bassey – untermalt die Kriegsspiele der Fernsehsoldaten. Aus voller Brust spornt sie die Jungs an; ihre Loblieder auf das Vaterland sind eine Mischung aus Militär- und Bauchtanzmusik. Der Angriff naht, seien wir bereit! Auch Faiza Ahmad trägt das islamische Kopftuch nicht, den Hijâb, dafür ein tief ausgeschnittenes Décolleté.

Ein ganz normaler Tag im Juni 1967. Mein Bruder Karim ist gerade ein paar Monate alt und ein allerliebstes Baby. Es ist sechs Uhr dreissig in der Früh, ich verlasse das Haus in meiner Schuluniform. Der Hausmeister Am Hassan und ich trotten, noch ein wenig müde, an die nächste Strassenecke. Er begleitet mich jeden Morgen, da ich Angst vor den streunenden Hunden habe, und er wartet mit mir auf den Schulbus. Ich bin eine der Ersten, die in den Bus steigen, niemand wohnt so weit weg vom Quartierzentrum wie ich. Neumaadi ist noch fast unverbaut.

Allmählich füllen blaue Faltenröcke und weisse Blusen den Bus, jedes Mädchen hat seinen Stammsitz. Im Bus sitzen fünfzig Spatzen, es trillert und piepst. Bis die Ordensschwestern zusteigen; sie wohnen im Schwesternheim in Maadi, dem auch ein Kindergarten angegliedert ist; etwa zehn deutsche Nonnen, in der grauen Tracht des Ordens des heiligen Borromäus, und ein paar scheue ägyptische Novizinnen; die Nonnen bestimmt, etwas weniger bestimmt die Novizinnen. Ein letzter Pfiff noch, und dann ist Schluss. Stille. Aus den Spatzen werden schweigende Maulwürfe.

Der Bus biegt in die Corniche ein, jetzt dauert es nicht mehr lange, fünfzehn Minuten, und der Schulalltag beginnt. Das Schultor in Bab el Luk (Stadtteil im Zentrum Kairos, in dem sich die Schule befindet) öffnet sich, wir bekommen Einlass. Hurtig, als könnten wir den Unterricht nicht mehr erwarten, stürzen wir aus dem Bus. Auf dem Schulhof stellen sich die Mädchen in Zweierreihen auf und nehmen den Fahnengruss entgegen. Die Oberschwester und der ägyptische Direktor stehen auf einem Balkon, eine Schülerin aus den höheren Klassen hisst die ägyptische schwarz-weiss-rote Trikolore mit den drei Sternen; Zeichen für das Anstimmen der Nationalhymne: «Biladi, biladi, biladi, laki hubi wa fuadi…», tönt es aus 300 Kehlen, von der ersten Volksschul- bis zur Maturaklasse. Nach Ende des Liedes läutet die Oberschwester mit einer riesigen Schulglocke den Unterricht ein. Wir ziehen im Militärmarsch ab in unsere Klassenzimmer. Ein ganz normaler Schulalltag. Doch dieser sollte anders werden.

Um die Mittagszeit, wir lassen gerade das Fach ‹Sozialkunde› über uns ergehen, ein Fach, in dem wir eingetrichtert bekommen, was unser Präsident für das ägyptische Volk geleistet hat. Eine Mitschülerin steht vor der Klasse und plagt sich ab mit der wortwörtlichen Wiedergabe des auswendig gelernten Textes aus dem Schulbuch ‹Die ägyptischen Bauern und Arbeiter›. Sie hat ihre Aufgaben nicht gut gemacht, ein paar Mal bleibt sie stecken, oder ist es die Aufregung? Schon wird die Lehrerin ungeduldig. Bald wird sie die Unglückliche mit einer ungenügenden Note und einem Rüffel an ihren Platz entlassen. Ich bin jedes Mal froh, wenn dieser Kelch an mir vorübergeht. Obwohl ich den Text perfekt kann, ist immer Angst dabei, vor der Klasse zu stehen. Dort vorne bin ich Freiwild, da kann mir alles passieren. Die Lehrerin ist ohne Gnade.

Doch meine Kameradin wird erlöst. Es klopft an der Tür, und ohne ein «Idchul» (Herein) abzuwarten, stürzt ein Schuldiener in die Klasse. «Befehl von der Schwester Oberin, alle Schülerinnen gehen sofort in den Keller!» Die Lehrerin will nicht so recht, die Tortur der Schülerin ist noch nicht zu Ende. Wir übrigen zwanzig Mädchen aber reissen sie weg vom Lehrerpult und rennen, erlöst von den Errungenschaften der Sozialistischen Republik, in die Untergründe des würdevollen Baus unserer Schule. Und in diesem Juni des Jahres 1967 drängen sich alle Schülerinnen mit den ägyptischen und deutschen Lehrerinnen und Lehrern zusammen; die Einzigen, die ihr Haupthaar bedecken, sind die Ordensschwestern des heiligen Borromäus.

Es ist Krieg und wir wissen nichts davon. Wir wissen nicht, dass die ägyptische Armee in einem verheerenden Blitzkrieg innerhalb von sechs Tagen durch Israel gebodigt wurde. Wir wähnen uns stark, wir glauben an den Sieg, wir glauben an die Vernichtung des Feindes.

Das Regime setzt alles daran, die Wahrheit so lange wie möglich zu verschleiern. Die Gesänge von Faiza Ahmad und die nationalistischen Hymnen von Umm Kalsûm sehen wir jetzt mehrmals täglich. Und zwischendurch wiegen die Stars des orientalischen Tanzes im ägyptischen Staatsfernsehen geschmeidig ihre Hüften. Zuheir Zaki, Nagua Fuad betören uns mit ihren wunderschönen Bewegungen; die Ernüchterung hinausschieben, solange es geht! Doch der Tag der Offenlegung kommt unweigerlich. Rückzug. Rücktransport der Soldaten gen Kairo. Besorgte Briefe aus Alt Aussee: «Wie geht es euch? Seid ihr wohlauf? Ist euer Haus auch nicht bombardiert worden?» Die Erwachsenen hören BBC: «Egyptian army, defeated in six days!» Wir sind gelähmt, erstarrt, sinken in uns zusammen. Wie konnte es so weit kommen? Der Präsident spricht zu uns. Er spricht langsam; die Worte fallen ihm wie Steine aus dem Mund, schwer und schwerer mit jedem Satz. Er sagt die Wahrheit und kann sie selbst nicht fassen. Ägypten ist am Ende!

Abdel Nasser stirbt im September 1970 völlig unerwartet an einem Herzinfarkt. Die Nation weint, wochenlang hören wir Koran am Fernsehen.

Wie soll es mit Ägypten weitergehen? Uns Kinder freuts, die Schule schliesst für zwei Wochen. Wir sind zu Hause und trauern, das Begräbnis des Raïs verfolgen wir am Fernsehen. Aus der gesamten arabischen Welt sind die Führer angereist, in Reih und Glied stehen sie hinter dem neuen starken Mann. Anwar as-Sadat, Nassers Vizepräsident, übernimmt das oberste Amt im Staat.

Noch befinden wir uns in den Nachwehen der Naksa, der Niederlage gegen Israel. Ägypten beginnt sich zu verändern, bisher nie Dagewesenes kommt zutage. Aus Frust und verletztem Stolz, als Nation vom Erzfeind Israel so vernichtend geschlagen worden zu sein, wenden sich die Menschen dem Islam zu.

Aus losen Fäden webt sich ein Schleier über dem ägyptischen Himmel zusammen, langsam senkt er sich auf das Décolleté der Sängerin Faiza Ahmed, auf den Bauchnabel der Tänzerin Zuheir Zaki, auf die Häupter der Schwestern meines Vaters. Bald wird er voll auf dem ägyptischen Boden landen, der Schleier vom Himmel, er passt sich den Köpfen der Frauen an. Und bald tut man uns kund, dass dies Allahs Wille sei. Er nennt sich Hijâb, der Schleier, und sie sagen, dass er uns Frauen Allah näherbringt. Der orientalische Tanz am ägyptischen Staatsfernsehen wird seltener.

Wir verlassen Kairo im Juni 1971 und kommen von nun an nur noch in den Sommerferien zurück. Das erste Mal im Jahre 1974.

Am Flughafen empfangen uns viele Familienangehörige. Ich bin glücklich, wieder hier zu sein. Sogar die Grosseltern aus dem Dorf sind zu unserer Begrüssung angereist. Mein Grossvater, Gidu el Omda (Grossvater Bürgermeister), hochgewachsen, roter Tarbush, von der Sonne gebräunte Haut, tiefe Furchen im Gesicht, aber eigentlich immer noch genau so, wie ich ihn verlassen habe. Auch meine Grossmutter, Nena Sania, unverändert, sie strahlt; der verlorene Sohn, mein Vater, ist für kurze Zeit bei ihr. Sie trägt immer Schwarz, auf ihrem Kopf liegt ein loser durchsichtiger Schleier in der Art der Frauen vom Land; ihre schwarzen Haare sind durchbrochen von einzelnen Silbersträhnchen. Ich kann sie durch den Tüll erkennen. Immer wieder fällt er runter, machmal legt sie ihn zurecht, manchmal lässt sie ihn auf ihren Schultern liegen, es ist nicht wichtig. Ich erkenne sie alle wieder, aber meine Tante ist eigenartig gekleidet. Was ist nur aus der modebewussten Frau in den schicken Deuxpièces, Schuhen mit Bleistiftabsätzen, eng anliegenden Kleidern ohne Ärmel geworden? Perfekte Frisur, perfekte Maniküre und Pediküre. Ihr Kopf ist streng in ein langes Tuch eingerollt, dadurch wirkt ihr Gesicht wie das eines Babys. Sie hat ihren Kleiderstil gewechselt, der etwas füllig gewordene Frauenkörper steckt in einem bis an den Fussboden reichenden farbigen Kaftan. Einzig die Handtasche hat etwas Keckes beibehalten, erinnert noch an die flotte Tante von früher. «Ich war auf der Pilgerfahrt, chalas (Schluss, fertig), genug mit dem Firlefanz. Ich trage jetzt den Hijâb.» Er ist vorerst eine Seltenheit auf Kairos Strassen.

Meine Cousinen kleiden sich wie ich. Wir wetteifern mit unserem Äusseren, gehen zum Salon Vert in der Sharia Kasr el Nil, der Einkaufsstrasse in Downtown Kairo, suchen Stoffe aus, die wir zu modischen Kleidern schneidern lassen. Der Coiffeurbesuch einmal pro Woche ist ein Muss. Wir wollen attraktiv aussehen, jetzt im Sommer. Meine Lieblingscousine Marwa ist sechzehn und inzwischen verlobt, sie macht sich ganz besonders schön für ihren Prinzen, den sie später heiraten wird. Sie ist sehr in ihn verliebt. Ich bin eifersüchtig, weil sie stundenlang mit ihm telefoniert, statt mit mir, wie früher, die Zeit zu verbringen. Es gibt nur noch ihn. Die Hochzeit ist in zwei Jahren geplant. Ich will unbedingt dabei sein.

Wir fliegen wieder zurück in die Schwei. Jedes Mal ist der Abschied mit Schmerz verbunden, ich möchte bleiben.

Die Frauen im Hijâb beschäftigen mich. Ich verstehe nicht, warum ich nie etwas darüber in der Schule gelernt habe, warum es plötzlich so zu sein hat, dass mein Haar bedeckt sein soll und mich dies zur guten Muslimin macht. Meine Eltern sind davon nicht betroffen, ihr Kommentar ist eher eine Verlegenheitsäusserung: «Das ist nur äusserlich, du musst von innen her rein sein und nichts Schlechtes machen.» In der Schweiz ist der Hijâb noch unbekannt, bis auf die Mutter einer türkischen Nachbarin, die ich von unserem Küchenfenster aus erspähe. Sie weilt gerade auf Besuch bei ihrer Tochter, einer Gynäkologin aus Istanbul; ich beobachte, wie sie auf dem gegenüberliegenden Balkon die Herbstsonne geniesst, mit einem Kopftuch.

Bei jedem unserer Urlaube in den Siebzigerjahren ist ein weiteres weibliches Familienmitglied in die Reihen der Muhajabât, der Kopftuchträgerinnen, gestossen. Zuerst die Tanten, dann die Cousinen. Cousine Marwa hat sich nach dem rauschenden orientalischen Hochzeitsfest, an dem ich Brautjungfrau sein durfte, und den Flitterwochen ebenfalls eingekleidet. Das finde ich seltsam, und ich frage sie, was sie zu diesem Schritt bewogen hat. Sie ist nicht mehr die, die ich kannte. Gebetet hat sie immer und gefastet, aber jetzt ist alles viel salbungsvoller, Allah kommt in fast jeder Redewendung vor. Sie zitiert Koranverse und versichert mir, dass Er es so befohlen hat.

In ihrem rosa tapezierten Schlafzimmer mit pompösen goldbesetzen Möbeln stehen wir gemeinsam vor dem Spiegel. Aus Jux probiere ich ihre Tücher aus, stecke sie mit einer strassbesetzten Nadel um den Kopf zurecht, achte darauf, dass ja kein Härchen rausschaut. «Nein, das steht dir gar nicht! Möge Allah mir verzeihen, zieh es wieder aus!» Und wir prusten los und amüsieren uns so wie früher. Die frischverheiratete zwanzigjährige Cousine und ich benehmen uns wie Teenager – was ich ja auch noch bin.

Die türkische Grossmutter ist wieder in ihre Heimat abgereist.

Auf meinem Glaubensweg ist der Hijâb kein Stolperstein. Manchmal kokettiere ich damit, male mir aus, wie die Mädchen meiner Klasse reagieren würden, die Lehrerinnen und Lehrer, wenn ich plötzlich mit einem Kopftuch in die Schule käme. Oder die Familie in Alt Aussee?

In der Schule ist der Islam noch unbekannt. Alles, was meine Klassenkameradinnen davon mitbekommen, ist das Fasten im Ramadan und wie ich in den Lagern meine Gebete verrichte. Und dass es so etwas wie

Islam gibt. Selten wird nachgefragt, es herrscht eher Desinteresse. Die Mädchen sind mit sich beschäftigt, der Islam ist weit weg, keine Bedrohung wie nach dem 11. September. Auch die Iranische Revolution des Ayatollah Chomeini, über die ich im Geschichtsunterricht einen Vortrag halte, findet im Fernsehen statt, fernab des Basler Holbeingymnasiums. Aber ein Schleier auf meinem Haupt, das würde sie durchrütteln; sie würden aufhorchen, hinter meinem Rücken tuscheln oder mir diskrete Fragen stellen. Es würde sich niemand gegen mein Kopftuch wehren, auch die Schulleitung nicht. Höchstens Tante und Oma in Alt Aussee wären entsetzt! «Bist du verrückt geworden, das gehört in den Harem, dort unten!» Und sie würden ihre schlummernden Vorbehalte gegen die Muselmanen und Ägypten zum Leben erwecken. Die grösste Sorge meiner Grossmutter wäre wahrscheinlich der Umstand, dass das Kofptuch nicht zum Dirndl passt!

Von alldem ist nichts geschehen, es bleibt bei einem Spieglein-Spieglein-an-der-Wand-Zeremoniell, das ich ab und zu in meinem Zimmer duchführe. Ich finde Gefallen daran, mich in Tücher zu wickeln und wage die wildesten Accessoirekombinationen zur Verschönerung des Schleiers, sogar der Trachtenschmuck aus Alt Aussee wird ‹islamisiert›. Es ist ein Spiel, währenddem ich mich mit Allah auf Zwiegespräche einlasse. «Willst du das wirklich von mir fordern?»

Seine Antwort bleibt aus. Ich muss sie mir selber geben, und ich sage «nein».

Ich bin Anfang zwanzig, studiere an der Universität Basel Romanistik. Im zweiten Semester muss ich in einem Proseminar eine Explication de texte, eine Textinterpretation eines Ausschnitts aus ‹Candide› von Voltaire, dem wichtigsten Autor der französischen Aufklärung, abgeben. Nach strikten Regeln der Textanalyse, aufgestellt vom gestrengen Professor der Literaturwissenschaft, der Scharen von Studentinnen und Studenten durch sein unfreundliches und arrogantes Verhalten die Freude an der französischen Sprache vermiest hat.

Die Textanalyse hat den Segen des Dozenten gefunden, mein Geist jedoch ist von der Essenz Voltaires meilenweit entfernt. Ich kann den

Text sezieren, aber wirklich verstanden habe ich ihn nicht. Es braucht eben alles seine Zeit.

In jenen Tagen, als ich Voltaires ‹Candide› ad acta legte, unternahm ich einen für mich bahnbrechenden Besuch in einem der islamischen Vereine Zürichs.

Es ist wieder einer jener Samstagnachmittage. Die Eltern sind in Kairo, mein Bruder und ich sind für zwei Wochen allein. Aufatmen, ein wenig Freiheit, den Alltag selbst bestimmen, aufbleiben, telefonieren, mit wem man möchte, Freunde einladen, mein Bruder seine Teenagerkumpels, ich meine Unikollegen, Jungen und Mädchen aus meinem Semester. Kein Erklärungsbedarf, wir sind entspannt.

Auch den Besuch in Zürich muss ich nicht begründen. Ich kündige meiner ägyptischen Freundin, der Arabischlehrerin Huda, meinen Besuch an. Sie ist erstaunt über meinen Trip nach Zürich. «Et ton père, il n'objecte pas que tu viennes?» (Dein Vater hat nichts dagegen?) – «Les parents sont partis en Egypte pour deux semaines.» (Die Eltern sind für zwei Wochen nach Ägypten gereist). Mehr sage ich nicht, Huda hat verstanden. Ich war lange nicht mehr bei ihr, und wir haben uns viel zu erzählen. Wir sprechen einen Mischmasch aus ägyptischem Dialekt und Französisch, Huda ist Abgängerin des Sacré Coeur, einer französischen Nonnenschule in Kairo.

Im Frauenbereich des Zentrums fällt mir eine Schweizerin, islamisch gekleidet, sofort auf. Sie spricht mit ihrem Kleinkind ägyptischen Dialekt. Huda merkt mir meine Neugier an; sie macht uns bekannt. Die Zürcher Endzwanzigerin ist mit einem ägyptischen Studenten verheiratet und zum Islam konvertiert. Damit ihre Kinder die Sprache des Vaters von klein auf lernen, spricht sie mit ihnen ausschliesslich Ägyptisch, das sie wirklich sehr gut beherrscht. Ich muss furchtbar unhöflich gewirkt haben, denn ich starre sie mit fragenden Augen an; ihre islamische Kleidung, der Hijâb nach ägyptischer Art, verwirrt mich vollends. Hier in der Schweiz? Und noch dazu eine Schweizerin? Ich kann mich nicht zurückhalten und provoziere sie, ein wenig vorlaut, wieso sie den Hijâb trage. Sie antwortet weit freundlicher, als ich sie frage, wahrscheinlich ist sie es gewohnt. Sie sagt nicht mehr als das, was ich von Ägypten her kenne: Es sei Allahs Wille, und sie habe sich entschieden, ihm zu folgen. Ihre Worte lösen Wut aus in mir. «Zeig mir die Verse. Ich will sie sehen!», fahre ich sie an, ich will es nicht zulassen, dass sie frommer ist als ich, und benehme mich so, als hätte ich als ägyptische Muslimin ein Exklusivrecht auf den Islam.

Da mühe ich mich ab, zu verbinden, zusammenzubringen und Brücken zu bauen zwischen zwei Welten, und plötzlich gelten die Regeln der Verhüllung, und die Verhüllten sind Allah am nächsten! Klar – ich bin eifersüchtig auf sie, weil sie es ‹schafft› und ich nicht. Sie, die Schweizerin, die den Islam nicht so mitbekommen hat wie ich! Ich zeige weder Toleranz noch Verständnis.

«Ihre Meinung ist mir zuwider, aber ich bin bereit, mich dafür totschlagen zu lassen, dass Sie das Recht haben, sie zu äussern.» Ich hätte diesen Satz, der im Zusammenhang mit den dänischen Mohammedkarikaturen (2007) erwähnt wurde und angeblich Voltaire zugeschrieben wird, in diesem Moment damals in Zürich bitter nötig gehabt, denn ich war nicht im Geringsten bereit, über diesen neuen Stil auch nur nachzudenken. Ich fühlte mich von so viel religiöser Zurschaustellung bedroht und irgendwie ‹beschissen›. Der Schleier überforderte mich, ich lehnte ihn kategorisch ab.

In der Zwischenzeit habe ich Voltaire wieder ausgegraben, und ich glaube, er hat mir dabei geholfen, toleranter zu werden, meinen Horizont zu erweitern und den Hijâb als Variante anzuerkennen, selbst wenn ich ihn selber nie tragen würde.

Wie sich die Dinge doch verändern! Die nichthijâbtragenden Frauen in meiner ägyptischen Familie sind mittlerweile in der Minderheit, ihre Anzahl übersteigt nicht die Finger einer Hand. Es ist mir gelungen, damit zu leben. Der Schleier wird Ägypten nicht verlassen. Dabei führen diese Frauen ein recht selbstbestimmtes Leben, sind top ausgebildet, berufstätig, mit und ohne Kinder, sprechen neben Arabisch perfekt Englisch, Deutsch oder Französisch. Sie gehören zur McDonald's-Internet-Handygeneration; i-Pod und Handtaschenkoran liegen nebeneinander im Gucci- oder Louis-Vuitton-Bag. Islam als Lifestyle. Wenn meine Tanten dem Schick der Sechzigerjahre folgten, so folgen nun ihre Enkelinnen den islamischen Modedesignern. In Tausenden von Kombinationen verflechten sich Foulards aus Seide, Baumwolle, Chemiefasern, je nach Geschmack, Alter, Bedürfnis der Trägerin. Meine jungen Nichten sind besonders cool, sie kreieren eine Art islamische Street Wear, farbenfroh und frech, sexy und züchtig zugleich. Ein Trend von Allahs Segen.

In der Kairoer Metro lässt sich am besten ablesen, was gerade hip ist. Ich benütze sie immer, wenn ich stadtwärts fahre. Die Frauenwagen in der Mitte des Zuges sind ein interessantes Feld in Sachen Mode. Hier ist zu beobachten, wie sie an sich herumzupfen und in der Intimität des ‹Untersichseins› auch mal ihr Make-up auffrischen. Daneben die Frauen der ärmeren Schicht, im grauen, schwarzen oder dunkelbraunen Umhang. Manchmal sehe ich auch eine Frau, die aus einer ländlichen Gegend in die Hauptstadt eingereist sein muss, wie damals meine Grossmutter: Der schwarze Tüll sitzt locker auf dem Kopf. Frauen mit offenen Haaren sind selten geworden; sie werden meistens gleich als Koptinnen ausgemacht.

Und ich? Ein Relikt aus alten Zeiten, eine Übriggebliebene, eine Nichtüberzeugbare, eine Ungläubige? Ich weiss nicht, was sie von mir denken, jedoch fühle ich mich nie unwohl in meiner Haut. Ich errege höchstens ein wenig Aufsehen, weil sie mich für eine Chawagaia, eine Fremde halten und überrascht sind, wenn ich ihr «Hello, what's your name?» auf Arabisch beantwortete. Sie lachen mich an und wenden sich wieder ihren eigenen Geschichten zu, die Islamgirls aus der Kairoer Metro.

Mittlerweile sind neunzig Prozent der Frauen mit dem Hijâb bekleidet, nicht immer der Religion wegen. Der gesellschaftliche Druck ist enorm. Die Heiratschancen würden ebenfalls mit dem Tragen eines Kopfturbans steigen, wie ich im Artikel ‹Die Muhagabât, zwischen Coiffeur und Paradies› in der Wochenzeitung Al Isbua (Die Woche, Ausgabe 4. März 2010) zum Thema lesen konnte. In der Stadt und auf dem Land, vom nördlichen Delta bis ins südliche Nubien, ist der Hijâb zur ägyptischen Nationaltracht geworden, fast schon wie das Ausseer Dirndl.

Manchmal allerdings kann man noch staunen!

Eines Abends in Kairo. Mit einer Freundin gehe ich ins Restaurant Felfela im Stadtzentrum, ein lustiges Lokal, fast ein wenig wie im Urwald: Tische aus Holzstämmen, viele Pflanzen, schummriges Licht. Es ist bei Einheimischen und Touristen gleich beliebt, vor allem wegen seinen Fûl-Spezialitäten. Wir freuen uns auf den Abend.

Am Eingang empfängt uns der Oberkellner, um uns einen Platz zuzuweisen. Wir schauen uns nach einer gemütlichen Ecke im Inneren des Dschungelkulinariums um, und da halten sich unsere Blicke an einem Tisch fest. Wir schieben den sehr höflichen Oberkellner beiseite, denn wir haben eine Kuriosum entdeckt, das unsere Aufmerksamkeit voll in Anspruch nimmt.

An einem der asymmetrischen Holztische sitzen drei Frauen, zwei mit Kopfbedeckung, eine ohne. Sie amüsieren sich, das hört und sieht man. Was jedoch gar nicht zum Décor passt, sind die drei halb leeren Bierflaschen auf dem Tisch. Die jüngere der beiden Frauen bestellt gerade eine neue Flasche. Uns bleibt die Spucke weg, biertrinkende islamisch gekleidete Frauen! Zu unserem Glück erhebt sich die Gesellschaft am Nebentisch – wir mit Riesenschritten hin, wollen wir doch Zeuginnen dieses bizarren Spektakels sein. Und da wir uns vor Neugierde beinah überschlagen, klüngeln wir Strategien aus, wie wir mit diesen Frauen Kontakt aufnehmen könnten. «Geh hin, zünde deine Zigarette bei ihnen an, schliesslich sitzen nur Männer rund um uns, es versteht sich von selbst, dass du dafür zum Frauentisch gehst.» – « Nein, geh du, ich trau mich nicht.» Schliesslich fasst sich die Freundin ein Herz, dreht sich um und erbittet höflich Feuer. «Darf ich euch etwas fragen?» – «Ja klar», meint die Unbedeckte unter ihnen, «du willst wissen, warum sie den Hijâb tragen und Bier trinken, stimmts?» Die Freundin nickt verlegen. «Du bist nicht die Erste, die diese Frage stellt.» Die Frauen plaudern es sich von der Seele, Ägypterinnen sind sehr leutselig, Privatsphäre, wie man sie in der Schweiz kennt, gibt es wenig. Die Information aus dem Zeitungsartikel bestätigt sich: Der Hijâb der Frauen, es handelt sich um Mutter und Tochter, hat nichts mit Religion zu tun. Es ist Gewohnheit, ganz einfach, und der Ehemann will es so. Einmal pro Woche gehen sie mit der Freundin aus, angeblich, um in der Stadtmitte einzukaufen. Das

Kopftuch als Cover-up! Sie kehren bei Felfela ein und machen sich einen schönen Abend, das kühle Blond, ganz unislamisch, eingeschlossen.

Zugegeben, der Anblick ist ungewöhnlich, und praktizierende Muslime würden ihn verurteilen. Eigentlich sind sie Rebellinnen, ihr Akt ist ein Akt des Ungehorsams. Mit ihrer zur Schau getragenen Normübertretung führen sie die Verschleierung ad absurdum. Gleichzeitig entlarven sie die Doppelmoral der religiösen ‹Gebote›, die in Ägypten um sich greift. Es scheint sie wenig zu kümmern, was die Menschen über sie denken.

Wir haben kein Problem damit und gönnen den Frauen die kleine, gänzlich unislamische Freiheit, die sie öffentlich praktizieren, ohne Scheu, ohne sich zu genieren, die biertrinkenden Kopftuchträgerinnen vom Felfela! Und es freut uns, dass sie sich nicht komplett dreinreden lassen, wie sie ihren Glauben leben wollen.

Manchmal wird es schwarz in der Metro, wenn die Munaqabât, die Vollverschleierten, zusteigen. Ihre Augen lugen aus einem klitzekleinen Spalt hervor, die Hände stecken in eng anliegenden synthetischen Handschuhen. Ganzkörperverschleierung ist der neuste Schrei in Ägypten, und es werden immer mehr, die sich für diesen Schritt entscheiden.

Meine Hijâbspiele, um nachzuempfinden, wie es sich anfühlt sich zu bedecken, waren naive Versuche dagegen: Der Niqâb reizte mich dermassen, dass ich mich für ein Experiment in der Öffentlichkeit entschied. Ich wollte lange schon die Welt durch den Niqâb, den Schleierblick, entdecken, und so kam es, dass ich an einem angenehm kühlen Kairoer Aprilabend das lange geplante Vorhaben in die Tat umsetzte.

In einem Kleidergeschäft für Hijâbmode an der Sharia Kasr el Nil, einer der Shoppingmeilen der Innenstadt, erwerbe ich – europäisch aussehende Halbägypterin und Muslimin – das Gewand einer Munaqaba. Der Niqâb verlangt, gemäss streng orthodoxer Interpretation der koranischen Verse, die vollständige Körper- und Gesichtsverhüllung der Frau.

Manal, meine ‹Modeberaterin› – selbst ‹normale› Kopftuchträgerin –, die mir flink, professionell, unpragmatisch bei der raffinierten Umhüllung behilflich ist, wird vom Geschäftsführer für ihre ‹gute Tat› mit lobenden Worten bedacht. «Gut gemacht, Manal, ich möchte, dass jede Kundin, die unser Geschäft betritt, es so» – damit war mein neues Outfit gemeint – «verlässt.» Anprobe und Kaufberatung im ersten Stockwerk, für ‹Munaquabât› reserviert, dauern eine gute halbe Stunde. Die komplette Ausstattung, eine Tunika mit eingearbeitetem Kopf- und externem Gesichtsschleier, kostet umgerechnet fünfzig Euro. Die Rechnung begleiche ich mit meiner Mastercard. Als westlich gekleidete Frau betrat ich den Laden, als Munaqaba verlasse ich ihn.

Eine Schleiererfahrung. Die Neugierde darüber, wie es sich wohl anfühlen mag, sich als vollverschleierte Frau in der Öffentlichkeit zu bewegen, schlummerte schon länger in mir. In der Megacity Kairo gehören die ‹BMO's›, die Black Moving Objects, wie sie eine meiner ägyptischen Freundinnen verächtlich nennt, schon selbstverständlich zum Strassenbild. In der Metro, im Supermarkt, in ärmeren und in eleganteren Stadtteilen, sogar in Fünfsternehotels gelingt es ihnen, mit eingeübter Fingerakrobatik die Teetasse unter dem Gesichtstüll gekonnt, aber züchtig zu den Lippen zu führen. In Maadi, wo ich wohne, bewegen sich die schwarzen Silhouetten zwischen den eher leichter bekleideten Französinnen, Amerikanerinnen und Engländerinnen recht selbstbewusst.

Sonderbar. Auf einmal werden die exotischen Bilder der Künstler aus dem letzten Jahrhundert, die im Orient eine Gegenwelt zum prüden Europa imaginierten, wieder lebendig. Der Schleier und vor allem die darunter verborgene Odaliske, welche ein den fleischlichen Begierden in Permanenz zugetaner Scheich das Privileg enthüllen zu dürfen hatte, wurden im 19. Jahrhundert zu ‹Topmotiven› schlechthin. Heisseste europäische (Männer-)Fantasien entbrannten rund um den Müssiggang im Harem, die sexuelle Verfügbarkeit und Unterwürfigkeit der Frauen. Szenerien aus längst vergangenen Zeiten, und dies in einem für arabische Verhältnisse relativ liberalen Land wie Ägypten. Was ist geschehen? Die Gründe hierfür sind vielschichtig.

Politischer Islam, zunehmender Einfluss fundamentalistisch-orthodoxer Kreise aus den reichen Golfstaaten, allen voran Saudi-Arabien, Zuflucht zur Religion, Folge der zunehmenden Verarmung der Menschen, Mangel an Demokratie, der Einfluss beredter Fernsehprediger und nicht zuletzt der Zeitgeist. Ich will mehr darüber erfahren. Ich will wissen, warum Frauen aus allen sozialen Schichten und Altersgruppen diesen Weg einschlagen. Fragen, auf die ich durch meinen ‹Selbstversuch› Antworten zu bekommen hoffe.

Sofort halte ich ein und überprüfe meine Beweggründe auf deren politische Korrektheit: Bin nicht auch ich gerade im Begriff, jenem Exotismus zu verfallen, den ich Nichtarabern und Nichtmuslimen oft zum Vorwurf mache? Ist es pure Neugierde, wie eingangs erwähnt, oder gar Voyeurismus? Sind Blasphemie oder Spott im Spiel? Ich merke, wie unwohl mir wird. Aus lauter Ethnisierungswahn werde ich mir selber untreu. Es behagt mir nicht im Geringsten, zuzugeben, dass mich der Niqâb, obwohl ich gegen jede Form der weiblichen Verhüllung bin, fasziniert. Ich, die ich mich als emanzipierte, vermeintlich befreite, säkularisierte Muslimin bezeichne und darüber hinaus jegliche äussere Manifestation religiöser Zugehörigkeit strikte ablehne.

Den Blick hinter den Schleier und aus dem Schleier hervor wage ich nichtsdestotrotz, selbst auf die Gefahr hin, mich dem Vorwurf der verherrlichenden Romantisierung vormoderner Sitten auszusetzen. Und so nimmt eine recht eigenwillige Entdeckungsreise ihren Anfang, Ausgang vorläufig unbekannt. Ich bin bereit.

Unverständige Blicke seitens des Verkaufspersonals eskortieren mich in diese Welt da draussen. Traut man mir doch nicht so recht? In einigen Sekunden werde ich die Schwelle in eine neue Dimension des Daseins überschritten haben. Das fantasiere ich zumindest so vor mich hin. Ich versuche, mich in meinem blickdichten schwarzen Gewand zurechtzufinden. Schwarz ist eigentlich eine meiner Lieblingsfarben. Ich fühle mich erstaunlich wohl.

Ich schreite. Eine Aura umschliesst meinen Körper; ich sehe die Marienstatuen aus der Alt Ausseer Kirche, den steirischen Katholizismus meiner Mutter vor mir. Ich weite mich aus. Schreitend und schwebend bewege ich mich fort, nicht mehr nur gehend. Eine unsichtbare Mauer macht mich irgendwie erhaben. Plastisches Niemandsland. Seltsam. Wie kann ich mich erhaben fühlen, wo ich doch im Grunde genommen eingeschlossen bin? Freiraum. Die eiligen Passanten umgehen mich, ich nehme sie kaum wahr. Es gibt nur mich. Und plötzlich ergibt sich ein Zusammenspiel von Freiheit, Anonymität, Macht. Eine molluske, formlose Masse, flink, agil, zur Unkenntlichkeit neutralisiert; durch den meterlangen Umhang von den Menschen abgehoben. Ich bin stark. Dieses Gefühl der Stärke unter dem Niqâb, davon habe ich schon gelesen. So weit, so gut. Ziemlich peinlich ist mir jedoch die Tatsache, dass ich mich schön finde. Bei jeder Spiegelgelegenheit, die sich mir bietet, suche ich mein Konterfei. Ich erinnere mich an die Verkäuferinnen im Geschäft; sie meinten, der Niqâb stehe mir gut. Wirklich ernst genommen habe ich das nicht, ich verstehe nicht, wie etwas, das mich zum Neutrum macht, ästhetisch sein kann, ist doch der Hauptzweck des Niqâbs die Auslöschung alles Femininen zwecks Verhinderung männlicher sexueller Begierde. An diesem Punkt muss ich dezidiert widersprechen. Denn wenn mein Selbstversuch etwas widerlegen konnte, dann die Behauptung, die weibliche Anziehungskraft auf das männliche Geschlecht, das es zu schützen gilt, würde unter dem Schleier erlöschen. Mitnichten. Das Weib, ewig lockt es! Willig nehmen Männer mit mir Augenkontakt auf, wenn mein Blick auf sie fällt. Ich suche sie aus, betrachte sie eine Weile und lasse wieder von ihnen ab, je nach Lust und Laune. Ihre Blicke verfolgen mich, und ich stelle mir vor, was sie sich vorstellen. Vertauschte Rollen. Ich, die Frau, mutiere zur aktiven Jägerin und Sammlerin, der Mann hütet das Gralsfeuer, nach einem Beutestück von mir lechzend, das ich ihm hochmütig zuwerfe oder nicht. Bizarr. Langsam wird mir unbehaglich. Soll dies die ideale Lebensform sein, die der islamische Gott für uns, seine Geschöpfe, vorgesehen hat? Welche Extreme und Einseitigkeiten, dieses ständige Kreisen um die Herbeiführung bzw. Verhinderung von Kopulation!

Die Allmachtsfantasien von vorhin verpulverisieren sich. Plötzlich stürzt meine Schleierwelt wie ein Kartenhaus in sich zusammen. Noch nie fühlte ich mich mehr als Objekt der Begierde als hier, nach Vorschrift mustergültig vermummt, zum stolzen Preis von fünfzig Euro.

Die Realität, meine Realität, ruft mich zurück. Ich will wieder ich selber sein. Ausserdem bekomme ich keine Luft mehr, ich will atmen. Im wahrsten Sinne des Wortes. Das um meine Nase gebundene Tuch wiegt Tonnen. Und nun verfluche ich sie alle. Die bescheuerten Prediger, die muslimische Frauen auf ihre Weise formen wollen. Die Frauen selber, die diesen Unsinn mitmachen. Den meschuggenen Ladenbesitzer, der daraus Profit zieht. Mich selber, die ich unbedingt auf diesem absurden Selbsterfahrungstrip bestanden habe und zwischenzeitlich dem Ganzen gar noch auf dem Leim gegangen bin. Hätte ich doch das Geld einem Waisenhaus gespendet!

Die Reise ist zu Ende. Der Vorhang fällt. Und ebenso unspektakulär wie sich meine Verkleidung vollzogen hat, kleide ich mich wieder um, nun in der Damentoilette eines Nobelhotels im Zentrum Kairos, das ich als Munaqaba betreten habe und als freie Frau verlasse.

Alexandrien ist immer anders als Kairo, es riecht anders. Das Meer versalzt die Luft, macht sie frischer. Was in Kairo zu viel ist, ist in Alexandria ertragbar: weniger Menschen, weniger verschmutzte Luft, Verkehr und Abfall sind akzeptabler. Und es schwingt immer Nostalgie mit. Sommer in Alexandrien. Lebensfreude.

Wir nehmen unsere Badesachen und mieten uns am öffentlichen Strand von Sidi Bishr einen Sonnenschirm und zwei Liegestühle für die Erwachsenen. Wir Kinder brauchen so was nicht, wir sind ohnehin die ganze Zeit im Wasser. Meine Mutter und ihre Freundinnen tragen Badeanzüge, auch ich, aber bei mir fällts nicht auf, ich bin noch keine Frau. Die Männer sind nicht so fleissig, sie haben Holzschemel zusammengerückt und unterhalten sich gut gelaunt bei einem Bier, dazu essen sie Erdnüsse oder knabbern Kürbiskerne.

«Kommt, Kinder, zieht euch um, wir gehen mittagessen!» Und auf gehts nach Abukir, dort wählen wir den Fisch aus, der dann in der Küche nach Anweisungen des Vaters und des Onkels zubereitet wird. Nachher fahren wir wieder zurück zum Strand.

Unsere Väter legen eine kleine Siesta ein, die Damen lesen oder plaudern, und wir bauen Pyramiden und Burgen aus Sand, die unter den Wellen in sich zusammenstürzen.

Wer ist zuerst im Wasser? Schon ist die Trauer über das mit Sorgfalt errichtete Märchenschloss vergessen, und schon werfen wir uns wieder in die Fluten. Es sind Ferien, es ist Sommer, ich bin glücklich.

Ehe ich michs verseh, ist die Sonne untergegangen. Und dann gehen auch wir, müde vom Rennen und Lachen, vom Wind und der Sonne, wohlig nach Hause.

Und der Tag ist noch nicht zu Ende. Am Abend steht Mamura auf dem Programm. Da bin ich besonders gern, denn das Strandgebiet etwas ausserhalb Alexandriens ist auch für Kinder ein kleines Nachtparadies. Eine Kirmes, Tag für Tag, den ganzen Sommer lang.

Wir fahren zu einer Tante auf Besuch, dort gibt es Kinderschleckereien und Freunde und Verwandte sind da. Die geräumige Wohnung am Meer ist schon zum Bersten voll, aber die Hausglocke läutet ununterbrochen. «Ahlan wa sahlan» – herzlich willkommen – «wie schön, dass ihr gekommen seid. Wie geht es? Ahmed, hol Bier für die Gäste und Eis für die Kinder.»

Spät in der Nacht, irgendwann ist der Tag zu Ende, fahren wir in unserem roten Mercedes heim, und ich bin auf dem Hintersitz eingeschlafen. Der Vater trägt mich die Stiegen hinauf. «Bis morgen, dann sehen wir uns wieder, aber diesmal in Montaza. Gute Nacht.»

Und nun bin ich erwachsen. Längst sind die Kinderspiele am Strand Vergangenheit. Und selbst wenn ich an die Strandgeschichten anknüpfen wollte, ich könnte es nicht mehr. Weil es keine öffentlichen Strände mehr gibt, an denen ich ganz selbstverständlich, wie noch bis in die frühen Siebzigerjahre hinein, das Meer geniessen könnte. Eine Stadt am Meer, in dem man nicht mehr schwimmen kann. Eine Stadt am Meer, und das Meer ist weit weg. Und trotzdem kommt Nostalgie auf in mir. Alexandrien lächelt mir zu – weisst du noch? Auch Alexandrien ist unterm Schleier. Mädchen und junge Frauen werfen sich in Galabias, langen Gewändern, in die Meereswogen. Sie sind fröhlich und guter

Laune. Aber das Prickeln auf der Haut, auch bei milden Mittelmeertemperaturen, zu spüren, mit Siebenmeilenschritten gegen die Kraft des Wassers anzukämpfen, langsam vorwärtszuschreiten, unterzutauchen und wild um sich zuschlagen, das bleibt ihnen verwehrt. All das, was Lust macht, erleben sie nicht voll. Vielleicht empfinden sie anders. Mir ist das sehr fremd. Und es überkommt mich die Gewissheit, dass ich hier nicht hingehöre. Die bunten Farben der Wasserkleider stimmen mich ein wenig traurig.

Baden im Mittelmeer in Alexandrien, schwimmen im eiskalten Alt Ausseersee, im Krapfenwaldbad oberhalb von Grinzing bei Wien, im Strandbad in Rheinfelden ... Stationen in meinem Leben. Das Badekostüm ist Mittel zum Zweck, ich besitze immer einen Ganzkörperanzug.

In der Schweiz tragen die Mädchen Bikinis, das darf ich nicht. Ohne darüber zu reden, weiss ich, dass es mir nicht gestattet ist. Dabei würde ich so gerne einmal einen anprobieren!

Ich wage einen Akt des Ungehorsams. Mit vierzehn oder fünfzehn kaufe ich mir mit dem Taschengeld heimlich einen weiss-braun getupften Bikini. Vorsicht ist geboten, damit die Mutter nicht fündig wird. Es ist ein komisches Gefühl, plötzlich den Bauch freizulegen. Ich bin nicht so gertenschlank wie die anderen Mädchen, meine Figur ist weiblicher; ich geniere mich. Eigentlich habe ich keine Bikinifigur; aber das ist jetzt nebensächlich. Als endlich die zwei teuflischen Stückchen Stoff in meinen Besitz übergehen, verschwindet die heisse Ware zwischen meinen Schulbüchern. Dort sieht Mutter bestimmt nicht nach. Was werden meine Freundinnen, was werden die Leute sagen beim nächsten Badibesuch? Noch zweifle ich, soll ich, soll ich nicht? Der Mut verlässt mich nicht; ich habe so lange auf diesen Moment gewartet.

Im Schwimmbad fühle ich mich nackt und wähne die Augen aller auf meinem Bauchnabel. Nach ein paar Schwimmzügen ist die Aufregung jedoch dahin, und sogar beim Sonnenbaden räkle ich mich gekonnt auf dem bunten Badetuch. Ich bin sehr stolz auf meinen Mut. Und niemand störts, niemand meldet sich zu Wort.

Meine Freude ist von kurzer Dauer. Als ich eines Tages aus der Schule komme, empfängt mich die Mutter fauchend an der Haustür und beschimpft mich als ‹leichtes Mädchen›. Ich, die muslimische Tochter, meint sie als katholische Mutter, sei verloren; ich sei unehrlich und würde sie betrügen. Sie hält den nassen Bikini in den Händen. Pech gehabt! Mutter hat sonst nicht die Angewohnheit, in meinen Sachen herumzuspionieren, jedoch ein feuchter Geruch ist ihr beim Betreten meines Zimmers entgegengeströmt. In meinem Taumel habe ich vergessen, den Bikini zu trocknen. Oder aus Verlegenheit, denn wo und wie hätte ich ihn unbemerkt aufhängen können?

«Wenn das dein Vater wüsste!» Es ist klar, der Bikini muss verschwinden! Ich verabschiede mich wehmütig vom grossen, kleinen Freiraum auf meinem Körper, wage keine Widerrede, Mutter ist zu mächtig, und ich habe Angst, sie würde Vater einweihen, sie ist immer auf der Seite des Vaters.

Jahrzehnte später, als sich der Krebs in ihr eingenistet hatte und ich sie auf ihrem Sterbeweg begleitete, bat sie mich um Verzeihung, dass sie mich zu wenig gesehen hat. Nur der Islam, nur der Vater mit seinen Vorstellungen waren für sie überzeugend. Diese Worte, ausgesprochen angesichts des Todes, haben mich für vieles entschädigt. Sie hat mir etwas von dem zurückgegeben, was sie mir als Heranwachsende oft verwehrt hat, Unterstützung und Verständnis.

So kam es, dass ich den weiss-braun getupften Zweiteiler aus meinen Träumen und meinem Kleiderschrank ‹entsorgte›. Meine Mutter hatte insofern ein Nachsehen mit mir, als sie den Vater nicht in Mitwissenschaft zog. Eine Bikiniaffäre hätte unnötig Staub aufgewirbelt. Ich griff also wieder auf meine alten Badeanzüge zurück, und die Welt war zurechtgerückt.

Wo immer ich die Gelegenheit hatte zu schwimmen, tat ich es mit Lust und Freude, vorausgesetzt, mein Bauch war züchtig bedeckt. Ich konnte damit leben.

In den Sommerferien fuhren wir immer auch an den Strand von Montaza, der ehemaligen Sommerresidenz des Königs Faruk.

Nach der Revolution der Freien Offiziere im Jahre 1952 waren Palast und Park in den Besitz der Republik Ägypten übergegangen, wie alle

Besitztümer der Königsfamilie und des enteigneten Adels. Die Offiziere und diejenigen, die dem neuen Regime nicht im Wege standen und es sich leisten konnten, erwarben eine Tageskabine oder sogar ein kleines Strandhäuschen im nunmehr volkseigenen Montaza. Der Präsident, so hiess es, verbrachte ebenfalls seine schwer verdienten Ferientage in diesem edlen Gehege. Es schien den Revolutionären nichts auszumachen, sich die Ländereien des Königs, den sie aus dem Land vertrieben hatten, anzueignen.

Im Park von Montaza, zwischen Mangrovenbäumen, französisch angelegten Blumenbeeten, Palmenhainen und dem smaragdblauen Meer, liegen die schönsten Erlebnisse meiner Kindheit und Jugend. Freunde meiner Eltern besassen in der nunmehr nach pseudosozialistischen Gleichheitsprinzipien erweiterten Strandsiedlung eine solche Tageskabine, in der auch wir immer willkommen waren.

Ein Tag in Montaza war eine Reise in eine untergegangene Welt. Das am Haupttor eingemeisselte ‹F›, für ‹Faruk›, die vorrevolutionäre ägyptische Fahne, eine Mondsichel mit drei Sternen, die Königsvilla im mediterranen Palazzostil an den Ufern des Mittelmeers führten mich weg von der Gegenwart. Ab und zu hatte ich Fotografien des Königs und seiner Familie aus ägyptischen und europäischen Klatschspalten der damaligen Zeit gesehen: ‹Les princesses et leur nany suisse à Montaza›, ‹La reine-mère Nazli à un banquet officiel›, ‹La famille royale lors d'un pique-nique à Montaza›. Ich stellte mir vor, wie die bemitleidenswerte Königin Farida, erste und sohnlos gebliebene Ehefrau König Faruks, mit ihrer Hofdame durch die üppigen Bougainvillea-Sträucher schlenderte und in dieser paradiesischen Umgebung vielleicht auf Eingebung hoffte, wie sie dem Königreich doch noch einen Thronerben gebären könnte.

Hier erwachten sie alle zum Leben. Obwohl die Monarchie verpönt war und der korrupte Faruk und seine Clique aus den Geschichtsbüchern verbannt wurde, hatte ich zu alldem ein ganz anderes Verhältnis; meine Vorliebe für alles Monarchische überwog.

Dies habe ich meiner österreichischen Grossmutter zu verdanken, die mich zu ihrer Lebzeit reichlich mit Geschichten über Kaiser Franz Joseph und Kaiserin Elisabeth versorgte. Sie hatte Seine Apostolische

Majestät, den Kaiser von Österreich, und seine exzentrische Gattin Sissi höchstpersönlich zu Gesicht bekommen, anlässlich eines hochwohlgeborenen Besuchs in Alt Aussee. Der Kaiser kam oft vom nahe gelegenen Bad Ischl zur Jagd nach Alt Aussee, und währenddem er Rehböcke erlegte, kletterte die sportliche Sissi zwecks Erhaltung ihrer Wespentaille auf den Loser. In Montaza liess ich mich von der Atmosphäre der Vergangenheit inspirieren: Schloss Schönbrunn und die Alleen von Montaza; Kaiser Franz Joseph und König Faruk der Erste; Bals masqués (Maskenball), Galadiners in der Wiener Hofburg und im Kairoer Abdin-Palast verschmolzen in meiner Fantasie zu einem riesigen Königreich. Ein Tag in Montaza beinhaltete all dies.

Die Kabine der Freunde lag an einem Privatstrand. Den ganzen Tag gingen Gäste und Freunde ein und aus, junge und alte Menschen, Kleinkinder und Teenager. Wir alle genossen diese heissen Alexandriner Sommertage am Meer, jeder auf seine Fasson.

Gegen Ende der Siebziger-, Anfang der Achtzigerjahre nahm die Anzahl der weiblichen Badenden deutlich ab; die ersten hijâbtragenden Frauen wurden sichtbar. Sie sassen an den Strandtischchen, spielten sogar Ball oder Strandtennis, liefen barfuss im Sand, das Meer jedoch liessen sie links liegen. Eine nicht den Hijâb tragende, junge Frau blieb dem kühlen Nass ebenfalls fern. «Ich bin seit ein paar Monaten verlobt. Die Zeit des Schwimmens im Meer ist für mich vorbei.», sagte sie. Ihr Verlobter, der Sohn unserer Freunde, verlangte es so. Die an der Amerikanischen Universität in Kairo ausgebildete und auf den ersten Blick sehr westlich orientierte Frau schien sich dem Verdikt des Verlobten widerspruchslos anzupassen, so war es eben Sitte. Ein Frauenkörper in einem Badeanzug? Nicht in der Öffentlichkeit. Entweder gebietet es Allah oder der Zukünftige! Dieser Paradigmenwechsel erstaunte mich sehr, hatte aber auf mich keinen Einfluss. Die Auseinandersetzung mit dem ‹Nein zum Badeanzug› sollte jedoch auch mir ein paar Jahre später nicht erspart bleiben. Ich verdanke sie dem ägyptischen Mann, mit dem ich dank Vaters Segen für sehr kurze Zeit verlobt war (Kapitel: Drum prüfe, wer sich ewig bindet).

Meine Eltern hatten beide ein ungebrochenes Vertrauen in diesen Verlobten, sie erlaubten sogar, dass er bei uns das Wochenende verbrachte. Damit stellten sie ihre Fortschrittlichkeit unter Beweis; als in der Schweiz lebender Ägypter gab man sich moderner als die Menschen dort. Meinem Vater eilte in seiner Familie dieser Ruf sogar voraus; im Vergleich zu seinen Familienangehörigen, die nie ausserhalb Ägyptens gelebt hatten, galt er als aufgeschlossen. Den Verlobten der Tochter bei sich in der Wohnung übernachten zu lassen, in getrennten Zimmern zwar, war immerhin ein von Europa her kommendes Gedankengut. Ich begleitete meinen Verlobten auch in seine kleine Garçonnière in einem Studentenwohnheim in Zürich. Wir verbrachten viel Zeit in diesen vier Wänden und diskutierten, schliesslich sollten wir uns ja näher kommen. Wir berührten uns auch körperlich. Wir hielten Händchen und wir schlenderten eng umschlungen an der Zürichseepromenade entlang, oft küssten wir uns leidenschaftlich. Wir sprachen auch über Sexualität, und mein Verlobter fantasierte recht freizügig darüber, was er alles mit mir im Ehebett ‹anstellen› würde, wären wir erst einmal verheiratet. Aber ein vorehelicher Beischlaf kam nie in Frage. Weder wollte ich das, noch hätte er es gewagt, mir eine solche Bitte anzutragen. Es blieb also beim Austausch von kleinen Zärtlichkeiten und sehr viel Sextalk. Der Mann, um einige Jahre älter als ich, war bereits geschieden und hatte seine sexuellen Erfahrungen in und jenseits seiner Ehe gemacht. Die Sexpläne, die er mit mir hatte, erschreckten mich auch ein wenig; ich fühlte mich zurückversetzt in meine Zeit als Primarschülerin, als mir Annalisa recht fleischlich erzählte, wie ein Kind entstand. Noch hatte ich das Gefühl, mein Verlobter sei liberal, traditionell zwar, aber in seinen Ansichten wie meine Eltern. Dass er keinen Alkohol trank, damit konnte ich leben. Dass schliesslich mit dem Badeanzug der definitive Schlussstrich unter unsere Beziehung gezogen wurde, empfand ich angesichts seiner sexuellen Gedankenreisen durch meinen jungfräulichen weiblichen Körper damals schon als sehr ironisch.

Der Plan war, dass wir uns nach Beendigung seiner Fachausbildung an der Uni in seiner Heimatstadt Alexandrien niederlassen würden. Ich war damit einverstanden; ich hatte keine Vorbehalte, in Ägypten zu leben. Ich sah mich schon als Lehrerin an der deutschen Schule, im Collège Saint-Marc oder im Lycée Français von Alexandrien. Und so kam es rein zufällig, dass ich ihm von Montaza erzählte und wie sehr ich mich freute, an den Ort meiner Kindheit und Jugend zurückzukehren. Diese Stadt am Meer und wie sehr ich es liebte, mich in die Fluten zu werfen.

«Was? Du willst in Alexandrien schwimmen? Wie stellst du dir das vor?» In unendlicher Naivität erklärte ich ihm, dass die Kabine unserer Freunde immer für uns zugänglich sei, und ausserdem sei da noch Agami, mit seinen kilometerlangen Sanddünen am Wasser.

Im Verlaufe des Gesprächs wurden seine Vorstellungen immer deutlicher. «Als verheiratete Frau kannst du keinen Badeanzug tragen, du weisst, dass das haram ist. Selbst jetzt solltest du keinen tragen. Ich kann das nicht akzeptieren, das musst du verstehen. Du handelst gegen Allahs Willen.» In meiner anfänglichen Verdutztheit fing ich an, ihn auszulachen, ich dachte, er mache Spass. Mitnichten. Und je dezidierter er in seiner Meinung verharrte, umso mehr verhärteten sich sein Gesicht und sein Körper zu einer Maske. Seine Argumente wurden intensiver, er redete auf mich ein, automatisierend, robotermässig prasselte es Koranverse auf mich herab. Ich wurde zugekleistert. Das war also der gleiche Mann, der mir noch kürzlich ohne Scheu seine kühnsten sexuellen Träume kundgetan hatte? Und einem lustvollen Bad im Meer musste ich entsagen? Das passte nicht. Und ich sollte in dieser Stadt, in der ich Jahr für Jahr meine Sommerferien verbrachte, nicht ‹baden› gehen können bzw. dürfen? Das wollte mir nicht in den Kopf, wie konnte Allah das gewollt haben? Hiess das womöglich, dass ich bis anhin bei jedem Bade gesündigt hätte? Kam es nicht auf die inneren Werte und die gute Lebensführung an?

Selbst meinen Eltern war dies unverständlich, und vor allem meine Mutter liess sich auf heisse Diskussionen mit ihm ein. Es war das erste Mal, dass sie mir den Rücken stärkte.

Er bliebt hart, war nicht gegen das Schwimmen an und für sich, dagegen hatte er nichts, nur nicht in der Öffentlichkeit und in Anwesenheit anderer Männer, die Frau sei schliesslich nackt im Badeanzug. Und dieser Anblick sei dem Ehemann vorbehalten. Er sprach von ‹privaten› Stränden oder Frauenstränden, wo ich ohne Weiteres im Beisein anderer Frauen im Meer schwimmen könne. Diese Art Strände, die er als Lösung für mein unwiderrufliches Bedürfnis ansah, gab es damals noch nicht. Heute sind sie üblich, nicht in Alexandrien selber, aber in den Feriendörfern entlang der Nordküste, wo es für Frauen reservierte Strände gibt. Unter Ausschluss der männlichen Öffentlichkeit.

Und so kam es, dass ich mich, trotz ein paar vergossenen Trennungstränen, frei fühlte, als das Eheversprechen aufgelöst wurde. Unter anderem wegen eines Badeanzugs.

Moscheen und andere Gotteshäuser

Im Osten Kairos erhebt sich die Zitadelle des Salah ad-Din Yusuf bin Ayyub Qalat el Gebel. Der imposante Schutzwall aus dem 12. Jh. steht in der architektonischen Tradition der syrischen Schutz- und Trutzburgen, die die Levante vor den blutrünstigen Kreuzrittern schützen sollten. Der weise Saladin aus Lessings ‹Nathan der Weise›, aus der Dynastie der Ayyubiden, ein toleranter Moslem in der Literatur, war ein nicht minder erfolgreicher Kriegsherr, der die Kreuzritter besiegte und somit die christliche Übernahme des ‹Beit el Islam› – die Gebiete, in denen der Islam Mehrheitsreligion ist – verhinderte. Die abwehrenden Türme und Mauern dienten den Folgedynastien, den Mamelucken und Osmanen, als Herrscherresidenz, und einige Herrscher hinterliessen, je nach politischer Bedeutung, Spuren ihrer Machtentfaltung. So auch Mohammed Ali Pascha, der Begründer des modernen Ägyptens.

Die Alabastermoschee wurde in seinem Auftrag erbaut, im osmanischen Stil, mit barocken Elementen von einem Architekten aus Istanbul, Youssef Boschna. Die Kuppelmoschee überragt die Qalat el Gebel, sie ist ein Muss für Besucher und längst ein Wahrzeichen der Stadt Kairo geworden.

An Freitagen gehört das Areal der Zitadelle den Ägyptern. Für zwei ägyptische Pfund (ein paar Cents) entfliehen die Kairoer mit ihren Familien dort oben der Umweltverschmutzung für ein paar Stunden und geniessen die kleine Freiheit auf der Zitadelle des Saladin.

Die Mohammed-Ali-Moschee ist die erste Moschee, die ich betreten habe. Im Jahre 1969 im Alter von acht Jahren war es, anlässlich des Besuches von Tante Pepi bei uns in Kairo.

An diesem sonnigen, aber windigen Tag im April stehen wir auf dem Aussichtsbalkon der Zitadelle, hinter uns die Weite der Stadt. Auf dem Foto hält Mama den zweijährigen Karim im Arm, neben ihr Pepi in einem Kleid im geometrischen Stil der Sechzigerjahre; ich trage noch die Schuluniform, den dunkelblauen Rock und die weisse Bluse, wahrscheinlich fand der Familienausflug anschliessend an die Schule statt. Wir unternahmen damals viele Besichtigungen.

Eigentlich lernte ich die Stadt zum ersten Mal von einer anderen Perspektive als der mir bekannten kennen, verliessen wir doch dank Pepi die europäisch geprägte Umgebung Maadis, um für ein paar Stunden in eine mir bis anhin unbekannte Welt einzutauchen.

Die Paläste und Kirchen aus vergangenen Zeiten, die Friedhöfe, Museen und Märkte Kairos faszinierten mich. Wahrscheinlich wurde damals der Grundstein für mein profundes Interesse für Geschichte gelegt – Zurück zur Moschee.

Wir betraten also den Sakralbau, zogen, wie es sich gehört, am Eingang die Schuhe aus, weder Mutter noch Tante wurden angehalten, den Kopf zu bedecken. Drinnen schauten wir uns um. In mir regten sich keine spirituellen Gefühle, dafür war ich sicherlich noch zu klein; ich fand es allerdings beeindruckend, nie zuvor hatte ich einen so grossen Raum betreten. Dieser Moscheebesuch hatte etwas Museales, nichts im Alltag Verankertes, eigentlich etwas Unbekanntes. In der Schule hatte ich im Religionsunterricht gelernt, dass das Freitagsgebet für Männer – Frauen konnten zu Hause beten – ein fester Bestandteil des moslemischen Wochenkalenders ist, ein wenig mit dem sonntäglichen Kirchgang vergleichbar. Aber wiederum verlief in unserer Familie alles ein wenig anders: Der Moscheegang war bei uns nicht verankert, und auch in der weiteren familiären Umgebung kann ich mich nicht an Männer erinnern, die in die Moschee gingen.

Um diese offensichtliche Diskrepanz zwischen Theorie und Praxis zu erläutern, möchte ich an dieser Stelle etwas über die Glaubensausübung im Ägypten der Sechzigerjahre, der Regierungszeit Gamal Abdel Nassers, anfügen, so wie ich sie als Kind wahrgenommen habe. Die Religion und Religionspraxis, sowohl die moslemische als auch die christliche, lag im Kleinen, Privaten, manifestierte sich nicht öffentlich. Wohl in Anlehnung an das sozialistische Modell, das in der Religion ‹Opium fürs Volk› sah, spielte sie in der damaligen ‹Sozialistischen Republik Ägypten› keine massgebliche Rolle. Heute ist der ägyptische Alltag ein islamischer Alltag geworden, der Geist der Sechzigerjahre mit seiner liberaleren und lockeren Lebensart ist längst Vergangenheit. Leider.

Nun, auch ich habe die Religion aus diesem Blickwinkel erlebt, und in diesem Sinne war der Moscheegang, heutzutage ein Muss, nicht so üblich wie heute. Nach dieser eher touristischen Moscheebegehung meiner Kindheit und in einer Zeit des ‹Islam ausserhalb der Moschee›, wie ich ihn damals erlebte, betrat ich erst in der Schweiz wieder das Innere einer Moschee.

An einem Sonntag des Jahres 1972 feierten wir das Opferfest in der Mahmud-Moschee der Stadt Zürich, der damals einzigen Moschee mit Minarett auf Schweizer Boden. Ein ägyptischer Freund meines Vaters, der bereits länger in der Schweiz lebte und mit einer Schweizerin verheiratet war, hatte uns zu dieser Feier mitgenommen. Dort also, in der Schweiz und nicht in Ägypten, betete ich zum ersten Mal in meinem Leben als Muslimin im Frauenabteil einer Moschee das vom Imam geführte Opferfestgebet. Ich betrat Neuland.

Von Ägypten her kannte ich keine Geschlechtertrennung; die Moschee figurierte als zum Stadtbild gehöriger Bau mit religiösem Charakter.

Was mir hier in Zürich besonders auffiel, war, dass sich die Segregation nicht nur aufs Beten beschränkte, nein, auch das Feiern an und für sich, also das Beisammensein und die Mahlzeiten wurden getrennt durchgeführt. Ich fand dies sonderbar, nicht einmal im traditionellen Haus meiner Grosseltern im Nildelta-Dorf waren Männer und Frauen so vehement voneinander abgeschirmt.

Die Mahmud-Gemeinde hatte den Anlass bunt und belebt gestaltet. Daran lag es nicht. Die Fremdheit ergab sich aus der Konfrontation mit einem Islambild, das meinen ägyptischen Erfahrungen nicht entsprach.

Auch war die nichtarabisch geprägte Form des Islam für mich ein Novum, weil die Ahmadiyya-Bewegung aus Indien stammt. Entsprechend stellten indische und pakistanische Muslime die Mehrzahl der anwesenden Besucher. Ich hatte bis anhin gar nicht gewusste, dass es im Islam verschiedene Richtungen gab. Und so nahm ich das Phänomen Moschee langsam als festen Bestandteil meiner Religion zur Kenntnis.

Im Gegensatz zur Moschee war mir die Kirche viel vertrauter. Für mich war sie das ‹wirkliche› Haus Gottes. Dass ich mich darin heimisch fühlte, verdanke ich meiner österreichischen Grossmutter. In den dreimonatigen Sommerferien, die wir, noch in Ägypten wohnhaft, jährlich in Alt Aussee verbrachten, nahm mich die Grossmutter am Sonntag immer in die Kirche mit. Dieser Kirchgang war sehr aufregend, weil ihm ein Ritual vorausging. Grossmutter zog nämlich ihr Sonntagsdirndl aus Taftrock samt Seidenschürze und Seidentuch an. Sie nahm handgefertigten Silberschmuck aus ihrer Schmuckschatulle und steckte sich Broschen aus Blumen- oder Tiermotiven an, Ohrgehänge mit lilafarbenem Amethyst und eine Kette aus rubinroten böhmischen Granaten. Ihre langen, mittlerweile ausgedünnten weissen Haare frisierte sie zu einer kunstvollen Hochsteckfrisur. Wenn es regnete, zog sie sich den Wetterfleck über, eine Pelerine aus Loden. Und als besondere Krönung kam der Steirerhut mit Gamsbart aufs Haupt, der bei einem Sonntagsdirndl nicht fehlen durfte. Diese kleidungsmässigen Ausstaffierungen zogen mich in ihren Bann, ich wollte es ihr gleichtun. Also schlüpfte auch ich in mein Ausseer Kinderdirndl, in den Farben Grün, Rosa, Lila, das sich im Vergleich zu demjenigen meiner Grossmutter jedoch viel bescheidener ausnahm. Aber ich war ja schliesslich noch ein Kind.

«Komm, Jasmin, wir gehn», sagte sie, und wir spazierten ans Ortsende, wo in der gotischen Kirche des Sankt Ägid aus dem späten 12. Jh. um zehn Uhr vormittags die Sonntagsmesse gelesen wurde.

Der Kirchgang war nicht nur eine religiöse Angelegenheit, meine Grossmutter, die fast ihr ganzes Leben im Dorf verbracht hatte, traf dort Nachbarn, Bekannte und Sommergäste, die ihr ‹Grüss Gott› oder, wenn es sich um Einheimische handelte, ‹Griesti› zuriefen. Meine Grossmutter war zwar schon eine ältere Dame, aber das mit Stolz getragene Dirndl verlieh ihr eine majestätische Würde. In der Kirche angelangt, links und rechts mit Kofpnicken grüssend, nahmen wir ‹unseren Platz›, die Bank der Familie, ein. Oma war schon mit ihrer Mutter, meiner Urgrossmutter, auf diesem Stammsitz gesessen, und nun war ich es, die die Tradition weiterführte, ihre muslimische Enkelin, auf Sommerfrische aus Kairo.

Die Glocken läuteten, und das Spektakel begann. Ich liebte die katholische Messe. Von den biblischen Gestalten und Geschichten in der Predigt des Herrn Pfarrer kannte ich einige aus dem islamischen Religionsunterricht in Kairo. Viele Gleichnisse, Personen und Legenden sind in Bibel und Koran identisch. Die Feierlichkeit, mit der der Pfarrer und seine Ministranten hinter und vor dem Altar die Riten absolvierten, glichen einer Theateraufführung. Auch ins Singen der Lieder stimmte ich mit ein. Einzig dem heiligen Sakrament entzog ich mich instinktiv, entwickelte ich doch ein Gespür dafür, dass dieser Teil des Aktes nicht für mich vorgesehen war. Dabei hätte ich so gerne daran teilgenommen, um wie die anderen Messebesucher mit langsamen Schritten, in nachdenklicher Pose, vom Klang des Orgelspiels begleitet, nach vorne zu schreiten. Wie gerne hätte ich dem Pfarrer meine Zunge entgegengestreckt und dieses runde Stück Brot empfangen! «Oma, warum essen die Menschen dieses Brot?» – «Das ist der Leib Christi.» Näheres erfuhr ich nicht, aber die knappe Erklärung machte das ganze Prozedere noch geheimnisvoller. Ich dachte nicht weiter darüber nach, es gefiel mir, selbst wenn es mir eigenartig erschien, den Leib Christi in ‹Crackerform› zu verspeisen. Meine Grossmutter nahm nie an der heiligen Kommunion teil, sie winkte ohne Begründung ab. Ich glaube, dass ihr das heilige Sakrament letztendlich doch als zu akribisches Praktizieren erschien, denn sie machte sich oft über die Allzuheiligen lustig, die salbungsvoll den Gang zum Altar antraten. Ausserdem hätte sie ja vorher zur Beichte gehen sollen, und dazu hatte sie «keine Zeit». Die Aussagen über Jesus als Sohn Gottes hätten für mich eigentlich Häresie sein sollen, denn im Islam ist Jesus nur ein Prophet, Gott hat keine Kinder. Aber auch diese Unkompatibilität der katholischen mit der muslimischen Lesart beunruhigte mich nicht weiter. Ich nahm an, das würde alles schon seine Richtigkeit haben, es tat meiner Freude keinen Abbruch. Am Ende der Messe zog einer der Ministranten mit einem langen Stab, an dessen Ende eine Holzbüchse steckte, von Bank zu Bank, um die Spende einzuziehen. Klirren der eingeworfenen Ein- oder Fünfschillingmünze, leises, aber hörbar gemurmeltes ‹Vergelts Gott› als Dank. Für mich ein Mysterium. Die Messe war zu Ende.

Beim Verlassen der Kirche bekreuzigte sich meine Grossmutter mit dem Weihwasser, und wir machten uns auf dem Heimweg. Zu Hause wartete ein mit Semmelbröckel gefülltes Sonntagshendl, es wurde pünktlich um zwölf zu Mittag gegessen. Mutter kam nie mit in die Kirche. Sie gab vor, das Mittagessen vorzubereiten und auf meinen kleinen Bruder aufpassen zu müssen. Ich habe sie nie danach gefragt, aber da ihr das Religiöse nicht so wichtig war, machte das Auslassen des Kirchgangs Sinn. Vater hatte auch nie etwas dagegen, dass ich ‹in die Kirche› ging; wahrscheinlich wusste er es gar nicht, wir verbrachten den Grossteil des Sommers in Alt Aussee meistens ohne ihn; er kehrte nach zwei oder drei Wochen nach Kairo zurück. Aber selbst wenn er davon Kenntnis gehabt hätte, hätte er sich nie dagegen ausgesprochen; das Christentum war schliesslich eine Buchreligion und noch dazu der Glaube meiner Mutter, in den Kirchbesuchen ruhte keine Gefahr für mich. Religion war Nebensache in unserer Familie.

Als Kind hatte ich aufgrund der beschriebenen Erlebnisse zu beiden Gotteshäusern eine unterschiedliche Beziehung. Zur Moschee eine distanzierte, zur Kirche eine emotionale. Es mag eigenartig anmuten, aber ich ging öfter in die Kirche als in die Moschee. In der Kirche fühlte ich mich zu Hause, in der Moschee hingegen fremd. Auf mein Glaubensselbstverständnis als Muslimin hatte das nie einen Einfluss; ich bekannte und bekenne mich zum Islam. Aber wenn sich so etwas wie Gottesnähe einstellte, dann spürte ich sie eher in der Kirche.

In der Schweiz entstanden die ersten Moscheevereine bzw. islamischen Gemeinschaften Ende der Siebziger-, Beginn der Achtzigerjahre. Die Räumlichkeiten unterschieden sich in zweierlei Hinsicht von den

Moscheen in Ägypten, in der Funktion und in der Bauweise. Waren die Moscheen in Ägypten reine Gebetsstätten – auch das hat sich im Zug der Islamisierung Ägyptens verändert –, hatten die islamischen Vereine oder Gemeinschaftsräume eine Aufgabe, die über das reine Beten hinausging: Sie zielten auf die Gemeinschaft ab. Man hatte das Bedürfnis festzumachen, was es bedeutet, als Muslim in einem nichtislamischen Land zu leben. Es ging um Orientierung und Identitätsfindung für Menschen gleichen Glaubens, die ihre Feste feiern und sich über das neue Leben in der Diaspora austauschen wollten.

Was den baulichen Aspekt betrifft, waren es minarettlose Moscheen, mit Ausnahme der Mahmud-Moschee in Zürich.

In den Anfängen mietete man sich in recht bescheidenen Wohnungen ein, bestehend aus einem Männerraum, in dem auch das Freitagsgebet stattfand, einem für Frauen vorgesehenen Trakt und einem Gemeinschaftsraum, vorwiegend von Kindern und Männern benutzt. Diese Zentren waren im Begriff zu entstehen, als ich ein Teenager war. Mit Ausnahme der Gründungssitzung jenes islamischen Zentrums in Zürich gingen wir jedoch nie in eins.

Warum suchten meine Eltern nicht die Gesellschaft anderer Muslime in der Schweiz, wo sie doch Interesse daran hatten, dass gerade ich als Mädchen ein islamisches Savoir-faire entwickeln sollte? Ich glaube, aus Bequemlichkeit und Desinteresse oder Skepsis darüber, wer in diesen Zentren verkehren könnte, und vielleicht auch aus einem gewissen Dünkel. Mein Vater gehörte einer Art Elitemigrantengruppe an; Akademiker in guter Position. In den islamischen Zentren verkehrten jedoch Muslime mit geringerem Sozialstatus, und die arabischsprechenden Muslime waren in der Minderheit. «Wir wissen nicht, wer dort ein- und ausgeht!» Meine Eltern vermuteten ‹unlautere› Motive für mein ‹islamisches Erwachen›; sie befürchteten, ich würde dort einen Mann unter meiner gesellschaftlichen Stellung kennenlernen, dieser würde mir den Kopf verdrehen, und ich wäre verloren. Wiederum ein Antagonismus: Da ja von ihnen aus nur ein muslimischer Mann für mich in Frage kommen durfte, hätten sie diese Plattform durchaus als Möglichkeit des Kennenlernens evaluieren können. Das Gegenteil war der Fall, ein islamisches Zentrum als Heiratsvermittlungsinstitut, dies schien ihnen obsolet! Vaters Misstrauen, dass dort muslimische Männer mit diffusen Anschauungen – eine Tatsache, die in den Folgejahren zum Teil zutraf – verkehrten, war nicht auszumerzen. Ausserdem waren Samstag und Sonntag ‹heilige› Tage, man ruhte sich aus oder besuchte sich gegenseitig unter ägyptisch-europäischen Familien.

Ägypter sind in der arabischen Welt bekannt für ihr ausgeprägtes nationales Selbstbewusstsein, sie halten sich für Leader in politischer und kultureller Hinsicht. Sie blicken auf eine reiche Geschichte zurück und gerade zu Beginn des 20. Jahrhunderts wurden Künste, Literatur, Musik, Politik, Religion als Folge der Nahda, der Renaissance, von neuen Ideen belebt. Mittlerweile haben die Golfstaaten, allen voran Saudi-Arabien, mit ihren Petrodollars Ägypten seiner Führerrolle beraubt. Über den Arabern zu stehen ist jedoch jedem Ägypter ein wenig angeboren. Deswegen genügte man sich selbst und das Bedürfnis, sich mit anderen zu ‹mischen›, selbst im Namen Allahs, bestand nicht. Meine Eltern sahen deshalb mein Interesse, an diesem aufkommenden islamischen Leben in der Schweiz teilzunehmen, mit Unbehagen, und sie verstanden es immer, den geplanten Samstagnachmittagsausflügen nach Zürich etwas entgegenzusetzen, bis ich dann ganz davon abliess. «Wenn du etwas über den Islam wissen willst, kannst du ein Buch lesen oder mich fragen», so mein Vater. Aber gerade den väterlichen Ausführungen, die auf meine Sittenhaftigkeit als Tochter ausgerichtet waren, wollte ich ja entkommen. Ich wollte Diskussion und Austausch und versprach mir Antworten auf offene Fragen. Und manchmal schaffte ich es dann doch; ich war mittlerweile ja schon an der Universität, und eine Zugfahrt von Rheinfelden nach Zürich konnte mir nicht mehr ohne Weiteres verwehrt werden.

Ich gehe in Gedanken an jenen Samstagnachmittag zu Beginn der Achtzigerjahre zurück, an dem ich auszog auf der Suche nach Gemeinschaft und Gleichgesinnten.

Um 15 Uhr herrscht bereits reger Betrieb im Zentrum. Ich trete ein; begrüsse alle Anwesenden auf Arabisch: «As salamu aleikum» (Friede sei mit euch), man antwortet mit: «Wa aleikum as Salam» (Und der Friede sei mit euch). Eine ägyptische Bekannte, Huda, die mich erwartet hat, kommt auf mich zu. «Ahlan biki ja Jasmin (Herzlich willkommen). Je suis contente que tu sois venue.» Kinder spielen im Entree, Männer trinken Tee oder unterhalten sich, einige lesen. Die Stimmung ist fröhlich, locker. Huda zeigt mir die Räume des Zentrums, dann ziehen wir uns in den Frauenbereich zurück.

Es ist ein wenig wie in einem Haramlik, dem Frauenwohnbereich eines osmanischen Hauses. Die anwesenden Frauen sitzen auf Kissen, Säuglinge und Kleinkinder purzeln am Boden herum. Ich fühle mich recht wohl, obwohl es mich sonderbar anmutet, wie schon in der Mahmud-Moschee einige Jahre zuvor, dass Frauen und Männer getrennt sind. Die Frauen stammen aus der Türkei, aus Ägypten oder aus der Schweiz. Huda, mit einem Ägypter in Zürich verheiratet, unterrichtet im Zentrum Arabisch. «Raconte-moi, comment ça va à l'université?» Wir tratschen über dies und das, nicht aber über Religion, und allmählich gesellen sich andere Frauen zu uns. Es ist eine recht gemütliche Runde, wie ich sie auch mit meinen Freundinnen pflege, ausser dass wir uns hier ausschliesslich unter Frauen befinden. Männer stehen draussen vor der Tür.

Zum Zeitpunkt des Nachmittagsgebets unterbricht der Gebetsruf eines Mannes von nebenan unsere Plaudereien, einige Frauen begeben sich in den Gebetsraum, wo sie hinter den Männern ihren Platz einnehmen, um das Gebet zu verrichten. Alles in diesen Mauern läuft nach einer festgesetzten Ordnung ab. Huda und ich schliessen uns den betenden Frauen nicht an, wir setzen unsere Gespräche fort, als wäre nichts geschehen, als sässen wir im Nadi Heliopolis, dem Club in Heliopolis, dem Quartier, in dem Huda aufgewachsen ist.

Es ist Zeit aufzubrechen, ich verabschiede mich von Huda. «Est-ce que tu vas revenir un de ces samedis?» – «Je verrai.» Ich ziehe meine Schuhe an und gehe hinaus in die Welt. Es ist dunkel geworden über Zürich, den Weg zum Bahnhof lege ich zu Fuss zurück, um nachdenken zu können. Ich war also losgezogen, um über den Islam zu diskutieren und um Rat zu holen, wie man das Leben in der Schweiz mit den Prinzipien des Islam vereinbaren könnte, und bin im Herzen eines mikroislamischen Kosmos mit festen Regeln und Ritualen gelandet, welcher meinen ägyptisch-islamischen Erfahrungen diametral entgegengesetzt ist. Mir lagen virulente Fragen auf der Zunge: «Warum darf eine Moslemin nur einen Muslim heiraten? Warum müssen wir Frauen hinter den Männern beten? Warum erben Frauen nur die Hälfte? Ist Ballett haram (verboten), weil die Körper der Frauen beim Tanzen sichtbar sind? Warum müssen Frauen plötzlich ihre Haare bedecken?» Konnte ich sie stellen? Nein. Warum nicht? Weil ich eine geistige Enge empfand, in der meine Anliegen keinen Raum hatten.

Warum habe ich nicht versucht, mich über diese Enge hinwegzusetzen und vielleicht provokant mit jemandem ins Gespräch zu kommen? Weil ich mich nicht getraute, weil dort eine Atmosphäre des Festhaltens und nicht des Infragestellens herrscht. Ich war selber noch Suchende und nicht gewohnt, meine Gedanken klar zu formulieren. Auch hatte ich immer noch Angst vor den Höllenqualen, sollte ich fehltreten.

Ich bestieg den Zug von Zürich nach Rheinfelden und zog unverrichteter Dinge von dannen, in der Gewissheit, meinen Wissensdurst wohl woanders befriedigen zu müssen.

Ein letztes Mal nach Beendigung meines Studiums im Jahre 1986 sollte ich dorthin zurückkehren. Das Zentrum hatte sich vergrössert und war in ein geräumiges, zweistöckiges Einfamilienhaus gezogen. Diesen Besuch unternahm ich mit meinem ägyptischen Freund in unserer kurzen Zeit als Verlobungspaar. Im Gegensatz zu mir ging er als praktizierender Muslim oft ins Zentrum zum Freitagsgebet. Auf dem Programm stand der Vortrag eines in der Schweiz ansässigen ägyptischen ETH-Professors. Der Vortragende, der in der Schweiz seine akademische Laufbahn bestritten hatte, war eine Koryphäe auf seinem Gebiet. Die ägyptische Community in Zürich war nicht ohne Grund stolz auf ihren erfolgreichen Landsmann. Der international renommierte Wissenschaftler war auch im Islam sehr bewandert und deswegen als Autorität und Wissender respektiert. Der Titel des Referats ist mir entfallen, ich weiss nur noch, dass es sich um ein sehr theoretisches, theologisches Thema gehandelt hat und ich es schade fand, dass ein so belesener Mann sich nicht lebensnaher Probleme annahm. Mein Vater und der Professor waren miteinander bekannt, und unsere Familien haben sich sogar gegenseitig ein paar Mal besucht. Ich war sehr von ihm beeindruckt. Nun, all dies war eigentlich unerheblich.

An diesem Tag ist jedoch etwas vorgefallen, was die Grundfesten meines Glaubens einmal mehr erschütterte und den Beginn einer zeitweiligen Ablehnung alles Islamischen in Gang setzte.

Mein Verlobter und ich kamen also in hoffnungsvoller Erwartung der Worte des eminenten Redners. Wir waren nicht die Einzigen. Das Zentrum war zum Bersten voll. Dass das Haus räumlich nach Geschlechtern getrennt war, wusste ich ja bereits, ich war darauf vorbereitet. Fast schon mechanisch zog ich mich kurz vor Beginn der Veranstaltung zu den Frauen zurück und hielt nach bekannten Gesichtern Ausschau. Huda, die ehemalige Freundin, war wieder in Ägypten. Sie konnte ich also nicht erwarten. Ich gesellte mich trotzdem zu einer Gruppe Frauen, allesamt den Hijâb tragend, und wurde herzlich begrüsst. Die Zeit des Referats war angebrochen, und ich erkundigte mich bei meinen Glaubensschwestern, wo es denn stattfinden würde. Bei dem herrschenden Gedränge wollte ich mir einen guten Platz sichern und vor allem neben meinem Verlobten sitzen. «Wir Frauen hören von hier aus zu.» Ich verstand nicht recht und fragte nach, was damit gemeint sei. «Ja, wir hören von hier aus zu. Siehst du diese Schiebetür? Wir öffnen sie einen Spalt, so dass wir den Herrn Professor sehen. Er sitzt bei den Männern, dort haben wir Frauen keinen Zugang.» Tatsächlich bewegte sich von der Männerseite her die Mauer wie ein lautloses Sesam-öffne-dich in eine Richtung zu und gab den Blick auf den Professor frei. Dieser sprach die Worte «Bismillahir-rahmanir-rahim» (Im Namen Gottes des Allerbarmers, des Barmherzigen). Er begrüsste die «Brüder und Schwestern» und hob in deutscher Sprache zu seinen Ausführungen an.

In diesem Moment zerbrach etwas in mir. Nach ein paar Minuten des inneren Monologs und der Orientierung war ich wütend und zerstört in einem. Diesen Mann, in dessen Wohnzimmer meine Eltern und ich weilten, wo wir uns von Angesicht zu Angesicht unterhalten haben, der mit seiner Frau und seiner Tochter bei uns in Rheinfelden zum Fastenbrechen zu Gast war, diesen Mann sollte ich jetzt durch einen Schlitz im Profil zu Gesicht bekommen, um ihm durch eine Plastikschiebetür getrennt zuzuhören? Ich wusste nicht, wie mir geschah. Mein Herz raste vor Aufregung und Erregung. Was war passiert? Ich wollte am liebsten aufstehen und fluchtartig den Raum verlassen. Nichts wie raus hier, aus diesem Gebäude, aus diesem Zentrum, weg von diesen Gebräuchen, die ich nicht kannte, die ich ablehnte, denen ich mich unterzuordnen hatte, die mir aufgezwungen wurden! Ich hätte es tun sollen, mich höflich verabschieden und einfach gehen. Damals fehlte mir der Mut dazu. Statt also auf dem Absatz kehrtzumachen, liess ich es über mich ergehen und versuchte, meine inneren Wogen zu glätten. Hatte das alles noch mit mir zu tun? Ich konnte auch nicht verstehen, wie ein gebildeter Mann in ein solches Arrangement hatte einwilligen können. Er, der jeden Tag vor Hunderten von Studentinnen und Studenten an der ETH Vorlesungen hält, wie konnte er zulassen, zu Frauen und Männern zu sprechen, die durch eine Wand getrennt waren?

Jahre später habe ich erfahren, dass es in Saudi-Arabien längst Sitte ist, was ich hier im Islamischen Zentrum von Zürich erlebt hatte: Universitätsvorlesungen werden vor Studenten gehalten und via Grossbildschirm den Studentinnen übertragen.

Hier in diesen Wänden regierten Regeln, die mit der Aussenwelt nichts zu tun hatten. Zwei Leben, zwei Universen.

Nach der Anhörung verliessen mein Verlobter und ich den Ort des Geschehens. Ich ärgerte mich über die Trennung der Geschlechter, die ihn nicht weiter genierte; er ereiferte sich über thematische Ungereimtheiten im Vortrag des Professors, was mich wiederum kalt liess. Der Graben war ausgehoben.

Ich habe für dieses Kapitel bewusst den Titel ‹Moscheen und andere Gotteshäuser› gewählt, um zu zeigen, dass ich die Steine überwunden habe, um mich Gott zu nähern. Moscheen, Minarette, Kirchtürme, Kuppeln, Altäre, all dies sind historisch gewachsene Orte des Rückzugs, in denen sich aber nicht zwingend eine Spiritualität herstellen lässt. Zwar sind mir Kirchen, von meiner Kindheit her emotional an meine Grossmutter gebunden, liturgisch näher als Moscheen, aber Gott kann ich, wenn ich will, überall erfahren. Selbst in der überfüllten Metro von Kairo.

Ich habe über all die Jahre ein vertraulicheres Verhältnis zu Moscheen entwickelt, ich liebe die architektonische Vielfalt und die Präzision der islamischen Kalligrafie, die die Wände ziert. Die Brunnen und Nischen, die Türmchen und Holzarbeiten. Kairo, die Stadt der tausend Minarette! Wenn ich in der islamischen Altstadt entlang der Sharia Muezz el Din Allah schlendere, entfaltet sich die Kunst des Moscheebaus in ihrer ganzen Pracht und Schönheit. Ich suche meine Lieblingsmoscheen in Kairo immer dann auf, wenn ich Stille suche, hinter den Mauern dämpft sich der lärmige Alltag. Die Ibn-Tulun-Moschee mit dem geschwungenen Minarett; die Sultan-Hassan-Moschee des mächtigen Mameluckensultans El Nasr El Hasan; die kleinere Aqsunqur-Moschee auch ‹Blaue Moschee› genannt wegen der blauen Fliesenwand.

Durch meine Reisen habe ich andere Gotteshäuser wie buddhistische und hinduistische Tempel und Synagogen kennengelernt. Die Tempel aus dem asiatischen Raum sind durch ihre Buntheit und Friedfertigkeit sehr ansprechend, kulturell sind sie mir fremd. In den Synagogen, die ich besucht habe und die ich ebenfalls historisch sehr interessante Gebäude finde, fühle ich mich ein wenig eingeengt, auch dort beten Männer von den Frauen getrennt, zumindest in den orthodoxen Synagogen.

Das Sakrale möchte ich im Leben finden.

Konzentrierung und Beschränkung auf Rituale zum Zwecke der Gottesverehrung, wer auch immer dieser Gott ist und wie er beschaffen sein mag, sprechen mich nicht mehr an.

Wenn das katholische Gotteshaus in dieser Auslegeordnung ein wenig besser abschneidet, dann hat das nur mit meiner Oma aus Alt Aussee zu tun. Und mit dem Eis, das ich nach der Messe von ihr erbettelt habe.

Ist Allah eine Frau?

Guten Abend, gut Nacht. Mit Rosen bedacht, mit Näglein besteckt, schlupf unter die Deck...» Mit diesem Gutenachtlied sang mich Mutter als Kleinkind in den Schlaf. Der Schlussvers ‹Morgen früh, wenn Gott will, wirst du wieder geweckt› flösste mir Angst ein. Was, wenn Gott befindet, mich nicht ‹wieder› zu wecken? Würde ich dann die Oma, die Tante nie mehr wiedersehen, womöglich das Kasperltheater am Mittwochnachmittag im Fernsehen des Kaffeehauses für immer verpassen? Ich war verunsichert, flüchtete mich in den mütterlichen Schoss. «Schliesst mir der liebe Gott eines Tages für immer die Augen?» – «Das ist nur ein Lied, du wirst morgen wieder aufstehen, denn die Kindergartentante wartet doch auf dich. Schlaf jetzt.» So versuchte sie, mein Vertrauen in die Welt und in die Gottheit wiederherzustellen. Es überkam mich aber jeden Abend bei diesem Lied eine leichte Ungewissheit: Werde ich am folgenden Tag noch bei den Erdenbügern sein?

Ich besass ein Bilderbuch mit einer Gottesabbildung. Ein greiser Mann mit langem Bart und gesenktem Blick stand inmitten luftig aufgeblasener, weisser Wolken, über den Schultern ein langer blauer Schlafrock mit gelben Sternen. Diese Abbildung und das Gutenachtlied waren meine ersten Begegnungen mit der Institution ‹Gott›. Der ‹liebe Gott› bzw. der ‹Herrgott› in der Version meiner Grossmutter fand recht früh Einzug in mein Leben. Er sorgte für uns, begleitete uns auf all unseren Wegen, er war lieb und nachsichtig, lächelte immerzu, ein guter Kumpel, ein verlässlicher Freund. Gott war ein Mann, das stand fest.

Als Gott dann auf Arabisch übersetzt zu ‹Allah› wurde, änderte dies nichts an seinem äusseren Erscheinungsbild. Selbst später, als ich lernte, man dürfe sich von Gott/Allah kein Bild machen, blieb er der Mann im

Schlafrock. Ich fand es normal, dass ein Mann über die Welt und die Geschicke der Menschen bestimmte. So war es in Wien, in Alt Aussee, in Kairo, im Nildelta, in Basel, in Rheinfelden. Der Grossvater, der Vater, der Präsident, der Bundeskanzler, der Herr Bürgermeister, der Bundesrat, der Herr Doktor, der Herr Professor, der Herr Ingenieur, der Herr Kommerzialrat, der Soldat, der Nikolaus, der Imam, der Muezzin, der Mufti, der Sheikh al-Azhar, der Papst, der Pfarrer, sogar der Osterhase, sie wussten, wos langging. War man brav, hatten sie Worte des Lobes übrig, war man schlimm, Worte des Tadels. Sie standen ‹höher› als die übrigen Menschen. Sicherlich höher als ich. Ich nahm die Lehrmeinung, wonach Gott/Allah über den Geschlechtern stehe, zur Kenntnis, in meinem Verständnis neigte er trotz aller Neutralitätsbestrebungen mehr den Männern zu als den Frauen. Dass er eine Frau hätte sein können, war von vornherein ausgeschlossen.

Kein anderes Thema wie ‹Die Position der Frau im Islam› ist so umstritten, sorgt weltweit für erhitzte Polemiken, auch in den islamischen Ländern selbst. Nichtmuslime werfen dem Islam vor, die Frau sei dem Mann untergeordnet; die Muslime kontern darauf, dass erst der Islam der Frau Rechte zugestanden habe. Beide Seiten haben Recht, Muslime und Nichtmuslime.

Im Prolog des vorliegenden Buches habe ich unterstrichen, dass es die Muslimin, den Muslim nicht gibt. Wir sind kein einheitlicher Block, auch wir Musliminnen nicht. Oft sind unsere Verhaltensweisen in weit grösserem Masse von Traditionen, psychischen Dispositionen oder ganz einfach unseren Lebenssituationen bestimmt, mehr als nur durch Religion. Wenn ich mich in diesem Kapitel des Themas annehme, dann aus einer dreidimensionalen Perspektive: Zuerst bin ich Mensch, dann bin ich Frau und schliesslich Muslimin.

Ich mache mich auf die Suche nach Frauen, die mir begegnet sind, die mich begleitet und Einfluss auf meine Existenz genommen haben. Musliminnen und Nichtmusliminnen gleichermassen. Denn ich glaube an das, was Lebensgeschichten offenbaren. Vielleicht verschmelzen dann die Religionsgrenzen, und die Barrieren fallen, vielleicht wird der Blick weicher, die Beurteilung dessen, was wir nicht verstehen können vom anderen, milder. Vielleicht wird Allah ein wenig weiblicher?

‹Die Entpuppung›, ein Entwicklungsroman der algerischen Autorin Aïsha Lemsine, war das erste Werk, das ich zum Thema ‹Frau und Islam› gelesen habe. Die Geschichte spielt in einem algerischen Dorf. Khadidja, die Protagonistin, durchlebt ein schweres Schicksal. Sie wird jung vom Vater verheiratet und wegen angeblicher Unfruchtbarkeit vom Ehemann ständig mit Nebenfrauen konfrontiert. Das Erlebte macht sie stark, und sie setzt durch, dass ihre Stieftochter Faiza zur Schule gehen und Medizin studieren darf. Der Roman beinhaltet alle Ingredienzen eines vermeintlich typisch muslimischen Frauenlebens, nämlich das in zigfacher Version bediente Bild vom unterdrückenden Mann und der unterdrückten Frau. Ich war natürlich auf Khadidjas Seite; empfand Wut auf ihren Vater und den ihr anerzwungenen Ehemann. Ich war zu diesem Zeitpunkt etwa 15 Jahre alt und konnte nicht für wahr halten, was ich da zu lesen bekam. Während der Lektüre hatte ich ständig Ägypten und meine Familie vor Augen. Solche Zustände gäbe es bei uns nicht, redete ich mir ein, das waren sicher die Sitten im wilden Algerien! Gewissenhaft unterzog ich die Frauen unserer Familie einer näheren Sichtung, und soweit ich es damals zu beurteilen vermochte, war keine einzige Khadidja darunter. Was mich allerdings sehr verblüffte, war, wie im Roman den Frauen im Namen Allahs Handlungen abverlangt oder verboten wurden.

Ich las noch sehr viele Romane und Lebensgeschichten in der Folge und konnte mich immer herausreden, dass das alles in Ägypten ganz anders sei als im Jemen, in Marokko, geschweige denn in Saudi-Arabien, wo die Sharia, die islamischen Gesetze, noch galten.

Bis ich auf Nawal Saadawi, die streitbare Ärztin, Autorin und Feministin, gestossen bin. Ihre Romane kommen aus dem Herzen der ägyptischen Dörfer und Städte, sie erzählt von weiblicher Genitalverstümmelung, von sexuellem Missbrauch, physischer und psychischer Gewalt gegen Frauen, von ungleichen Chancen aller Art. Es sind hoffnungslose Geschichten, in denen Frauen letztlich immer Verliererinnen sind.

Nawal Saadawi sass als Oppositionelle unter Präsident Sadat drei Monate im Frauengefängnis von Qanantir. Auch diese Erfahrung hat sie in Buchform verarbeitet. Im Gefängnis haben sich ihr Frauenwelten, die wirklichen Parias der ägyptischen Gesellschaft, in noch drastischerer Form eröffnet. Eines war allen Frauen gemeinsam: ihr Opferstatus. Die Totschlägerinnen, Verbrecherinnen, Diebinnen, Regimegegnerinnen begingen ihre kriminellen Taten sehr oft aus Verzweiflung.

Ich hatte die Gelegenheit, mehr als dreissig Jahre später das Frauengefängnis von Qanatir mit einer Wohltätigkeitsgruppe zu besuchen. Die Damen, alle aus der besseren Gesellschaft, kümmerten sich um Anliegen der ärmeren Insassinnen und deren Resozialisierung. Die Gespräche, die ich dort geführt habe, deckten sich mit den Beschreibungen Nawal Saadawis. In dieser patriarchalen Gesellschaft hat auch Rechtssprechung ein männliches Gesicht; somit haben es vor allem mittellose Frauen sehr schwer, zu ihrem Recht zu kommen. Da sie sich niemals einen kompetenten und gewissenhaften Anwalt leisten können, wird ihnen – wenn überhaupt – ein Pflichtverteidiger zugeteilt, der lediglich ein Gerichtsurteil mit seiner Unterschrift bestätigt; Interesse, die wahren Hintergründe eines Totschlags zu eruieren, wird ein schlecht bezahlter Staatsdiener nicht aufbringen. Auch nicht im Namen der Gerechtigkeit.

Natürlich sitzen auch Frauen zu Recht langjährige Strafen ab, wenn sie beispielsweise öffentliche Gelder unterschlagen – im heutigen Ägypten ein Kavaliersdelikt, Pech, wer sich dabei erwischen lässt.

Die Lektüre über die Frauen von Qanatir erweiterte meinen recht nationalistisch geprägten Blickwinkel, wonach Ägypten das ‹Licht› der arabisch-islamischen Zivilisation sei, so wie es uns in der Schule in Kairo vermittelt und im ‹temporären› Schweizer Migrationsexil von meinen Eltern hochgehalten wurde.

Wie war es wirklich? Meine Familie stammt aus dem dörflichen Milieu. Die meisten Frauen lebten mittlerweile mit ihren Familien in den Städten Kairo, Alexandrien, Mansura oder in den Golfstaaten.

Waren die Frauen ‹unseres Kreises›, des gut situierten Mittelstandes, besser dran als die Romanfiguren Saadawis? Und wie stand es mit meinem Status als Jugendliche und Heranwachsende? Gab es Bezüge von der Romanwelt zu mir? Ich habe das Gelesene nie direkt auf mich bezogen, ich war immer besser dran, ich hatte Glück. Mein Leben war ganz anders, mit einigen Einschränkungen zwar, verglichen jedoch mit den Entbehrungen, die mir in Buchform entgegenschrien, hatte dies nichts zu tun. Und dennoch, weit hinten in meinem Bewusstsein kritzelte die Frau in mir mit zittrigen, etwas undeutlichen Buchstaben in die Seiten eines Tagebuches. Die Eintragungen trugen Züge von Lemsine und Saadawi. Auch ich war eine von ihnen.

Kindheitserinnerungen sind die immergrünen Wiesen meines Gedächtnisses. Jetzt, in Zeiten der Suche, des Innehaltens, pflücke ich die Blumen und das Unkraut, die darauf gewachsen sind. Und wenn ich von dieser Wiese hinausblicke, von klein an bis heute, dann sehe ich mich umgeben von Frauen. Sowohl die österreichische als auch die ägyptische Hemisphäre ist ein Kontinent der Frauen, Männer stehen am Wiesenrand. Dies mag angesichts der Autorität und der Stärke, mit der sie sich manifestieren, widersprüchlich klingen, aber so ist es in mir angelegt. Männer sind hart, Frauen sind weich. Männer befehlen, Frauen führen aus. Und jetzt muss ich erzählen.

Am Donnerstagabend gingen meine Eltern in Kairo manchmal ins Kino. An diesen Abenden übernachtete ich bei meiner Tante. Meine Tante hatte zwei Söhne und eine Tochter. Sie bewohnte eine Wohnung in einem Haus aus der Jahrhundertwende, wie in den ägyptischen Filmen der Dreissigerjahre mit Nagib el Rihani und Tahia Karioka: hohe Decken und die typisch hölzerne Eingangstür mit zwei eingelegten Fenstern, umrandet von einem kunstvoll geschmiedeten Gitter. Diese Fenster konnten unabhängig von der Haustüre geöffnet werden. Die Dame des Hauses kommunzierte durch die floralen Gitterstäbe mit den fliegenden Händlern, die damals noch an die Haustür klopften und ihre Waren feilhielten. Der Makwagi, Bügelmann, läutete mehrmals wöchentlich:

«Fi Makwa enaharda, ja Madam?» (Gibt es heute etwas zu bügeln, gnädige Frau?) Der Mann meiner Tante war bei der Polizei, und seine Uniform verlangte täglich nach schneeweissen Hemden mit strengen Bügelfalten. Dann war da noch der Milchmann, der Gemüsemann, der Messerschleifer, ab und zu eine mittellose Bekannte, die eine Mahlzeit erbat. Und der Altwarenhändler, der Roba vecchia. Gegen ein kleines Entgelt nahm er mit, was im Haushalt nicht mehr zu gebrauchen war. Meine Tante war eine sehr geschickte Hausfrau, die die Preise immer zu ihren Gunsten neu aushandelte. Manchmal ging ihr hitziges Temperament mit ihr durch und sie benutzte unanständige Worte. «Ja ibn el kalb» (Du Sohn einer Hündin), «Ja Harami» (Du Dieb), «Ich bezahle keinen Melim mehr!» In den Sechzigerjahren musste man jeden Millîm und jeden Qirsh zusammenhalten. Der Wohlstand kam erst später.

Ich ging sehr gerne zu dieser Tante auf Besuch, es war immer etwas los, und ich verstand mich gut mit meinen Cousins. Da ich um einige Jahre jünger war als sie, verwöhnten sie mich, und diese Sonderstellung gefiel mir.

Wieder einmal war es so weit! Meine Eltern setzten mich auf dem Weg in ihr Donnerstagabendvergnügen bei meiner Tante ab. Diese Übernachtungen waren Höhepunkte in meiner Kinderwoche. Denn es ging lockerer zu als bei uns zu Hause, wo meine Mutter einen österreichisch klinisch-sauberen Musterhaushalt führte, mit Pünktlichkeit und Ordnung als absoluten Parametern. Bei meiner Tante war alles ein wenig schlampiger, nachlässiger, vielleicht orientalischer? Ich kam also mit einer Tasche voller Reinlichkeitsutensilien und einem Code an Verhaltensregeln bei meiner Tante an, so als würde ich mich zwischenzeitlich aus der Zivilisation verabschieden. «Benutze immer dein eigenes Handtuch und wasch dir schön die Hände nach und vor dem Essen. Ich habe dir noch Bettzeug eingepackt, für alle Fälle. Aber benutze es, ohne dass es die Tante merkt. Und wasch ja das Obst noch einmal, bevor du es isst. Bitte, keinen Salat, den mache ich dann wieder, wenn du zu Hause bist. Man kann nie wissen. Vergiss nicht, die Zähne zu putzen und dich in der Früh zu waschen. Die Tante macht dir auch einen Tisht (Blechwanne) mit warmem Wasser bereit. Und sei schön brav! Wir holen dich morgen Nachmittag wieder ab.» Ich liess die Mahnungen meiner Mutter geduldig über mich ergehen, ohne mich an eine einzige zu halten. Ausser vielleicht ans Zähneputzen.

Unser roter Mercedes hält also an der Sharia al Maqias an, wir verabschieden uns, und ich renne hastig die Treppen in den vierten Stock hinauf, voll der Freude auf die Zeit, die ich mit meinen Lieblingsverwandten verbringen darf. Ich läute. Aus der Wohnung dringt eine laute männliche Stimme in den dunklen Gang. Man scheint die Klingel nicht zu hören. Ich klopfe und bekomme sogar ein wenig Angst. Nach einigen Minuten öffnet meine Cousine endlich die Tür, sie ist sehr ernst. Ihr «Ahlan ja habibti» (Grüss dich, mein Schatz) klingt mechanisch, fast ein wenig unfreundlich. Ich habe das Gefühl, sie würde mich am liebsten wieder wegschicken.

Als ich die Wohnung betrete, verstehe ich sofort warum. Ich bin zu einem sehr ungünstigen Zeitpunkt erschienen, die Eltern haben Streit. Die zornige Stimme ist diejenige ihres Vaters. Wie ein hungriges Tier auf freier Wildbahn geht er im Wohnzimmer auf und ab, dabei schreit er auf meine arme Tante ein, die zusammengekauert auf einem goldenen Salonsessel seinen Tiraden ausgeliefert ist. «Ja mara ja wisha, hawadiki beit abuki! Ana ar-ragil fil beit, wa enti lazîm tismai kalami.» (Du schmutziges Frauenzimmer, ich schicke dich zurück ins Haus deines Vaters. Ich bin der Mann im Haus und du musst mir gehorchen.) Der Onkel ist nicht zu stoppen, meine Tante beschwört ihn zur Ruhe: «Bas ja sidi, ehda!» (Hör auf, beruhige dich.) Sie fleht ihn an, liebevoll, nicht in der aufmüpfigen Art, mit der sie die Strassenhändler abkanzelt, nein, unterwürfig und devot. Doch je mehr sie ihm zuspricht, umso lauter und heftiger wird er.

Irgendwann ist auch bei ihm die Luft raus, und er lässt von ihr ab. Meine Ankunft hat ausser meiner Cousine niemand bemerkt.

Ich, das sechs- oder siebenjährige Mädchen, bin in ein Gefecht mit ungleichen Partnern geraten. Meine Tante weint, es herrscht Stille. Allmählich bemerkt man meine Anwesenheit, die beiden Cousins kriechen aus ihren Zimmern hervor, sie machen den Eindruck, an solche Elternszenen gewohnt zu sein. Meine Tante nimmt mich in die Arme, an den Onkel erinnere ich mich nicht mehr. «Ahlan ja habibti, wahashtini» (Grüss dich, mein Schatz. Du hast mir gefehlt). Die Begrüssung fällt, angesichts der Umstände, recht herzlich aus. Man versucht, sich wieder in den Tag hineinzufinden.

Ich packe meine Siebensachen aus und richte mich auf dem Gästebett im Zimmer meiner Cousine ein. Der Abend neigt sich dem Ende zu. Niemand verliert mehr ein Wort über das Geschehene, der Sturm hat sich ebenso schnell gelegt, wie er ausgebrochen war. Nicht aber in mir. Ich war noch nie Zeugin eines solchen Streits gewesen. Auch bei meinen Eltern kamen ab und zu Scharmützel auf, aber nie hätte sich mein Vater zu solch verbalen Ausschreitungen hinreissen lassen. Meine Eltern gingen immer respektvoll miteinander um.

Was mich damals besonders irritierte, war die Drohung des Onkels, meine Tante ins Haus ihres Vaters zurückzuschicken. Und ich spürte instinktiv, dass dies für sie etwas sehr Schlimmes gewesen wäre, das sie um jeden Preis abwenden musste. Ich konnte diese ‹Ausschaffung› in keinen Kontext einbinden, war aber mit der ganzen Empathie, deren meine Kinderseele fähig war, auf ihrer Seite. Wie konnte dieser Mann, den ich als liebenswürdigen Menschen kannte, sich in eine solche Furie verwandeln und so böse Dinge sagen?

Als mich meine Eltern am folgenden Tag zur Teezeit abholten, war die ‹Idylle› wiederhergestellt. Meine Tante und ihr Ehemann spielten die perfekten Gastgeber. Auch das wollte mir nicht in den Kopf.

Mit der Zeit habe ich erfahren, dass das Abschieben der Ehefrau ins Haus des Vaters – es war immer das Haus des Vaters, nie das Haus der Mutter oder das Elternhaus – eine temporäre Strafe wegen ungehorsamen Verhaltens war, die auch zu einer Scheidung führen konnte. Und eine Scheidung wäre die grösste Schande gewesen, die einer Frau und ihrer Familie hätte widerfahren können. Meine arme Tante hätte es nie gewagt, ihrem Vater, meinem Grossvater, dem allseits gefürchteten ‹Omda›, unter die Augen zu kommen. Vom Ehemann verjagt! Er hätte sie sofort wieder zurückbeordert, ohne ihr zuzuhören oder sie zu trösten. Sicherlich hätte sie es verschuldet, dass ihr Mann so in Rage geraten war. Wie schon für ihre Mutter, meine Grossmutter, und deren Mutter, meine Urgrossmutter, war es ihre Pflicht zu gehorchen. Dies die landläufige Meinung. Ich empfand es als ungerecht und hatte Mitleid mit meiner Tante. Sie war die erste Khadidja, der ich begegnet bin.

Und die Jahre vergingen, und es zog mich immer wieder zu den Frauen. Über meine Tante habe ich Gutes zu berichten. Sie hat sich ‹entpuppt›. Mit zunehmendem Alter ist es ihr gelungen, den recht cholerischen Ehemann in seine Schranken zu weisen.

Ein äusserer Faktor hat diese verspätete Satisfaktion begünstigt. Nach dem Tode meines Grossvaters konnte sie ihren Erbanteil von ein paar Faddan (eine halbe Hektare) Land antreten. Sie vermietete das Land an einen Bauern im Dorf zur Bewirtschaftung. Das brachte ihr eine jährliche Pacht von einigen Tausend Pfund ein; sie verfügte also mit annähernd sechzig Jahren zum ersten Mal in ihrem Leben über ein Einkommen, das ihr Mann nicht anrühren konnte, und die teilweise finanzielle Unabhängigkeit veränderte die Beziehungsstruktur zwischen meiner Tante und ihrem Mann radikal; ihr Selbstbewusstsein kletterte fast zu Allah in den Himmel hinauf.

In ihren letzten Ehejahren vor ihrem Tode liess sie sich nichts mehr gefallen, sie wurde manchmal zu einer richtigen Xanthippe. Fast tat einem der Onkel jetzt leid, dessen Macht angesichts seines fortschreitenden Alters und des plötzlichen Geldsegens seiner Frau dahinschmolz wie Samna Baladi (Butterschmalz) in einer Bratpfanne. Er hatte nichts mehr zu melden. Ihre Zeit war nun gekommen.

Ich habe bereits vom Ausbildungsboom im Ägypten der Sechzigerjahren berichtet, der auch meine Cousinen erfasst hatte. Obwohl sie alle mit wenigen Ausnahmen eine universitäre Ausbildung genossen hatten und die meisten auch berufstätig waren, tragen sie alle ein Stück des ungelebten Lebens der Mütter und Grossmütter in sich; im Verborgenen, im Unbewussten dringt eine Stimme zu ihnen, die sie auffordert: «Du sollst folgsam sein.» Auch ich trage dieses Erbe in mir; es ist eine männliche Hand, die mich zurückhält. Khadidja ist nicht nur Muslimin und Vollägypterin.

Meine Cousine hat Medizin studiert. Sie war die erste Doktora in der Familie und der ganze Stolz meiner Tante. Neben den wissenschaftlichen Lorbeeren erfüllte sie auch ihre gesellschaftlichen Pflichten und heiratete standesgemäss mit achtzehn einen Offizier aus guter Familie, der gerade als siegreicher Held des Oktoberkrieges heimgekehrt war.

Eine Liebesheirat. Rauschendes Fest, bei dem ich zum ersten Mal die Vorbereitungen einer ägyptischen Hochzeit aus erster Hand mitverfolgen durfte, denn auch mir schwebte ja Ähnliches vor. Meine Cousine hatte bei ihrer Heirat mit dem galanten Gardeoffizier ihr Studium noch nicht abgeschlossen. Er willigte ein, sie bis zur Erlangung der Doktorats und der Fachausbildung voll zu unterstützen, so war es im Vorfeld ausgehandelt worden. Ein erstes Kind meldete sich an, und die Cousine war plötzlich, wie alle berufstätigen oder in Ausbildung befindlichen Mütter, einer Doppel- bzw. Dreifachbelastung ausgesetzt: erstens Ehemann und Haushalt, zweitens anspruchvolles Medizinstudium, drittens Kind. Natürlich oblag die Sorge um den häuslichen Herd und das Wohlbefinden des Gatten ganz allein ihr. Sie hatte dafür zu sorgen, dass alles wie geschmiert lief. Dazu verfügte sie über eine kleine Armada von Dienstboten und die Unterstützung ihrer Mutter, meiner Tante. Diese übernahm praktisch die Erziehung des ersten Kindes bis ins Einschulungsalter. Die Familie wuchs heran, ein zweites Kind wurde geboren, und die Cousine bewegte sich auf das Ende ihrer Fachausbildung zu. Und plötzlich drangen Gerüchte von Eheschwierigkeiten zu uns in die Schweiz. Warum, was war mit dem Liebes- und Familienglück geschehen? Es wollte niemand so richtig raus mit der Sprache, man wollte es unter sich ausmachen, die Familie in Ägypten liess nichts durchsickern.

Viele Jahre später, als ich auf den Spuren der Familienfrauen wanderte, hat mir meine Cousine ihre Geschichte selbst erzählt. Und ich fand darin ein Stück des Schicksals ihrer Mutter, meiner Tante, wieder.

Wir treffen uns in der Wohnung in Maadi an der 257. Strasse, in der ich aufgewachsen bin. Ich bin für zwei Wochen auf Urlaub in Kairo. Gelegenheit, Freunde und Verwandte zu treffen und wieder ein wenig reinzuschnuppern ins heutige Ägypten. Ich bin gerne mit ihr zusammen, wir haben viele Erinnerungen. Die Kinder sind erwachsen, leben aber noch zu Hause, wie es in Ägypten üblich ist. Sie ist Professorin geworden. Hat sich die Plackerei am Ende doch gelohnt? Es ist ein Prestigejob, das steht fest, verdienen tut sie trotzdem wenig; die Kinder sind noch nicht verheiratet und die Ausgaben werden immer höher. Ich schlage ihr vor, bei mir zu übernachten, wir könnten am Abend in den Club oder ins Kino gehen, so wie früher. «Ich muss zuerst meinen Mann fragen, er mag es nicht, wenn ich auswärts übernachte.» – «Ich bitte dich, ich bin so selten hier. Das ist eine Gelegenheit, und morgen ist Freitag. Lass mich mit ihm reden.» Am Telefon versuchen wir uns beide in Überredungskünsten, ich hab einen recht guten Draht zu ihm und ‹erbitte› hochoffiziell die Erlaubnis, dass seine Frau, Mittvierzigerin, Mutter erwachsener Kinder, Professorin an der Kairoer Universität, ausnahmsweise bei mir übernachten ‹darf›. Ich bringe ihn in Verlegenheit – mir, der Chawagaia (Ausländerin), kann er nichts abschlagen. «Sie kann selber entscheiden, ob sie bei dir übernachten will oder nicht.» Es sind diese Sätze, die genau das Gegenteil dessen aussagen, was sie beinhalten. Und mir ist klar, dass wir nicht wie früher stundenlang im Bett sitzen und miteinander geheime Gespräche führen und am nächsten Morgen beim Frühstückstee über die ganze Familie herziehen werden. Oft ist Ungesagtes mächtiger als Gesagtes. «Ich glaube, es ist besser, ich gehe heute noch nach Hause. Ich will keine unnötigen Scherereien.» Sie folgt ihrer inneren Stimme.

«Ich habe gehört, du hast grosse Schwierigkeiten gehabt mit deinem Mann, was ist geschehen?» Ich erfahre, dass ihr Ehemann, die dreimalige Formel «Enti talek!» (Du bist geschieden) ausgesprochen hat und sie daraufhin ins Haus ihrer Eltern gezogen ist, bis er sie nach Ablauf der dreimonatigen Karenzfrist – die Frau muss sichergehen, dass keine Schwangerschaft eingetreten ist – zurückgeheiratet hat. Ich war sprachlos. Warum?

Er hatte ihr das Leben schwer gemacht, weil sie während der Endphase ihrer Doktorarbeit den Haushalt und ihn vernachlässigt habe. So sind die Nerven mit ihm durchgegangen. «Und wie haben deine Eltern reagiert?» – «Sie waren natürlich auf meiner Seite, haben zwischen uns vermittelt, sie wollten auf keinen Fall, dass die Kinder in Mitleidenschaft gezogen würden. Und dann hat er mich wieder zurückgeholt.»

Soll ich sie daran erinnern, dass ihre Mutter vor genau dieser Situation bei jedem Ehestreit gezittert hat und deshalb alles tat, um sich ihrem Mann unterzuordnen? Soll ich die Bande aufzeigen, die sie weitergesponnen hat? Ich lasse es bleiben. Wer bin ich, um Lebensweisheiten zu erteilen, die Khadidja in mir hat sich noch nicht befreit. «Es ist schon zehn Uhr, ich muss jetzt aufbrechen. Um elf sollte ich gewöhnlich zu Hause sein. Ma salama, ja habibti.» (Auf Wiedersehen, mein Schatz.)

Die Zeit meines Studiums an der Wiener Univesität brachte mich wieder ein wenig mit dem ehemaligen Freundeskreis meiner Eltern zusammen. Ägypter, mit Österreicherinnen verheiratet, die nach dem Studium in Wien geblieben sind. Auch hier sind Mischlingskinder herangewachsen, junge Wienerinnen und Wiener, mit ägyptischen Wurzeln zwar, die man ihnen nur am Aussehen und an den ägyptischen Vor- und Nachnamen ablesen kann: Mona, Sherin, Karim, Fatma, Jasmin, Nadja, Sherif. Die wenigsten Familien hatten so intensiven Kontakt mit der Heimat des Vaters gepflegt wie wir. Die Kinder sprachen auch meistens kein Arabisch, kannten Ägypten nur von gelegentlichen Ferien alle paar Jahre. Ich hatte immer das Gefühl, die Familien seien viel integrierter in der österreichischen Gesellschaft, als wir es in der Schweiz waren. In Wien war es einfacher, an beiden Kulturen zu partizipieren. Schon aus historischen Gründen: Die erste ägyptische Community in Wien etablierte sich in der Nachkriegszeit und nahm ständig zu. Zu meiner Wiener Studentenzeit in den Achtzigerjahren war z. B. der Zeitungsstrassenhandel fest in ägyptischer Hand; diese Männer, die auszogen, um in einer europäischen Metropole ihr Glück zu probieren, haben es aus bescheidenen Anfängen zu selbstständigen Klein- oder Grossunternehmern gebracht. Ägypter der ersten, zweiten, dritten Generation besitzen Gaststätten, Reise- und Transportunternehmen, Lebensmittelgeschäfte, sind Anwälte, Ärzte, Apotheker, Übersetzer, Universitätsdozenten, höhere Verwaltungsbeamte in den internationalen Organisationen der Stadt Wien.

Meine Eltern pflegten den Kontakt zu ihren ehemaligen Freunden auch von der Schweiz aus. Bei dieser Gelegenheit lernten wir Kinder uns kennen, die Bande waren jedoch weniger stark als diejenigen unserer Eltern. Brisante Erziehungsthemen, besonders die heiklen Tochterfragen, wurden bei den Zusammenkünften nie diskutiert, jede Familie ‹wurschtelte› sich auf ihre Weise durch, man versuchte, zwischen Orient und Okzident zu jonglieren. Die Wiener Mütter schienen mir ein wenig forscher und fordernder und mehr hinter ihren Töchtern zu stehen als meine Mutter. Der Typ des väterlichen Sittenwächters jedoch, vor allem wenn es um die Töchter ging, fand sich auch im Umfeld der «Wiener», wie Vater seine ehemaligen Freunde nannte. Ich habe an einem dieser Freundestreffen eine solche Tochter kennengelernt. Sie war keine Khadidja.

Die sehr attraktive Wienägypterin schaute wohl eher zufällig an einer dieser Freundeszusammenkünfte vorbei. Im geräumigen Wohnzimmer der Gastgeber herrschte eine bereits feuchtfröhliche Atmosphäre. Die Männer diskutierten vom süffigen österreichischen Weisswein recht angeheitert die unverändert missliche Lage der ägyptischen Nation, die Damen sprachen über die neusten Theateraufführungen und Ausstellungen, über die letzten Ferien bei der ägyptischen Verwandtschaft, tauschten ein wenig Tratsch und Klatsch aus. Der kleine Clubtisch wurde immer wieder mit Schmankerln aus der Wiener Küche angereichert, die Jungs imitierten die Sprache der «Gscheaten», wie die weniger gebildete Schicht in Wien genannt wird. Der Österreich-Pop von Rainhard Fendrich und Wolfgang Ambros war gerade in Mode.

Das Telefon läutete, man reichte meinen Eltern den Hörer. «Was, ihr seid in Wien, ahlan, wann seid ihr angekommen? Wir müssen uns beim Heurigen treffen.» Und dann kam sie. Eine junge, selbstbewusste Wienerin, das war ihr sofort anzusehen. Ein Wirbelwind betrat die gute Stube. Es knisterte. «Du kannst ruhig mit mir Arabisch reden», entgegnete sie meinem Vater ein wenig schnippisch, der erstaunt zur Kenntnis nehmen musste, dass nicht nur er sich damit brüsten konnte, eine Arabisch sprechende Tochter hervorgebracht zu haben. Leider blieb sie nicht lange, wir kamen kaum miteinander ins Gespräch. «So, ich muss wieder weg, ein Freund wartet auf mich.» Und sie trat von der Bühne ab. Ich wusste sofort, das war keine Khadidja. Sie atmete Freiheit, mit der sie den anwesenden Ägyptern den Schneid abkaufte: «Mir hat niemand etwas zu befehlen, ich tue, was ich will.»

Als sie gegangen war, setzten einige Väter ernste Mienen auf; die Frauen sprachen über Kochrezepte. Ich war hin und weg. Wer war sie, dieses Wesen, das sich sogar öffentlich getraute, von einem ‹Freund› zu sprechen? Und es lag in der Luft, dass ihre Lebensform weder von den Männern noch von den Frauen goutiert wurde.

Wir fanden Jahre später den Weg zueinander und wurden Freundinnen. Sie hat den goldenen Käfig, in dem ich mich als ewige Tochter eingenistet hatte, aus Angst vor elterlicher Ächtung gesprengt. Sie war das pure Gegenteil von mir; ich gehorchte, sie rebellierte, ich blieb, sie zog aus. Sie ist viel früher als ich ihren Weg gegangen, hat ihre eigenen Entscheidungen getroffen. Ich habe sie dafür bewundert, und als auch ich soweit war und meine Unabhängigkeit endlich erlangt hatte, sind wir beide übereingekommen, dass es sich gelohnt hat. Ihr Auszug aus dem Elternhaus mit achtzehn, meiner Ende dreissig, ihre freie Partnerwahl jenseits der ägyptisch-islamischen Normen, meine innere Befreiung von gerade diesen Normen. Und dabei hat unsere Liebe zu Ägypten, die Suche nach unserem Islam nie abgenommen. Im Gegenteil, wir tragen den Orient im Herzen. Wir lieben es, arabisch zu kochen, ägyptische Musik zu hören, die Werke von Nagib Mahfuz, Celaleddin Rumi, Assia Djebar, Sahar Khalifa zu lesen. Wir suchen immer die Mitte, denn wir können nicht nur mit einem Teil leben. Vielleicht wären unsere Väter ein wenig milder gewesen, wenn sie das alles gewusst hätten.

Allah ist keine Frau.

Und der christlich-katholische Gott aus der sonntäglichen Predigt in der Alt Ausseer Kirche? Der alte Herr im Schlafrock meiner Kinderbücher? Ist er näher bei den Frauen? Ich möchte wissen, wie es in seinem Reich aussieht. Ob es einfacher ist, unter seiner Schirmherrschaft geboren worden zu sein.

Ich nehme das tiefblaue Familienalbum aus der Kredenz unserer Alt Ausseer Wohnstube. Bei einem Glas heissem Jagatee reise ich ins Ende des 19. Jahrhunderts. «Magst du einen Nussstrudl? Habe ich extra für dich gemacht!» Eine gute Wegzehrung kann nicht schaden, ein weiter Weg durch die mit einem Goldstreifen umrandeten Seiten des Albums steht an. Und den Nussstrudel meiner Tante reichen sich die Engel im Himmel, so gut ist er.

Meine Grossmutter wurde 1892 ins Ende des Alten Österreich geboren, ihr Vater war Bäckermeister aus Mähren, der heutigen Tschechischen Republik, damals Oesterreich-Ungarn, die Mutter kam aus Bayern. Die Eltern zogen im Zuge des aufkommenden Fremdenverkehrs zu Beginn des 20. Jahrhunderts nach Alt Aussee und eröffneten eine Bäckerei. Bald kam der Erste Weltkrieg, dem österreichischen Doppeladler der Habsburger wurden die Flügel gestutzt, und er landete im Schrumpfösterreich der Ersten Republik.

Ein erste vergilbte, aber deutliche Fotografie: Meine Grossmutter trägt ein Matrosenkostüm, die langen Mädchenhaare schon damals zu einer Hochsteckfrisur geflochten, die Hände brav gefaltet, vor ihr türmt sich ein Korb mit ovalen Brotlaiben aus der Backstube, den sie sich gleich an den Rücken schnallen wird. Sie lächelt nicht, posiert eher besorgt vor der Vitrine des väterlichen Geschäfts, der Bäckerei ‹Wagner›. Die Sechzehnjährige geht in die sechste und letzte Klasse der Volksschule Alt Aussee. Es ist fünf Uhr morgens. Bevor sie den Schulweg antritt, muss sie noch das Brot ausführen. In der Saison, im Sommer, müssen alle ran. Auf den Frühstückstischen der Sommergäste stehen Körbe mit knusprigen Kaisersemmeln, Kipferln, Weinbeerlkipferln, Salzstangerln und Mohnweggerln und dem würzigen Schwarzbrot.

Auf der anderen Seite des Mittelmeers das Dorf im Nildelta, meine ägyptische Grossmutter ist zum zweiten oder dritten Mal schwanger. Im Alter von elf Jahren verheiratet, steht sie mit sechzehn einem Haushalt vor, ist Mutter. Meine Grossmutter ist Analphabetin. Sie kann nur die Gebete auswendig rezitieren. Es tut mir weh, wenn ich dran denke. Ihr Mann ist Bürgermeister und Grossgrundbesitzer, der Landbesitz wächst, wie die Familie. Frühmorgens galoppiert er auf einem Araberhengst durchs Dorf, die Felder müssen inspiziert werden. Respektvoll grüssen ihn die untergebenen Bauern. Die Grossmutter verbringt den ganzen Tag im Haus, zur Mittagszeit muss alles für die Ankunft des Omdas bereit sein; meistens hat er Gäste, Verwandte oder wichtige Männer von der Regieurung. Sie tafeln im Esssaal, die Dienstboten tragen die Speisen herein, die meine Grossmutter mit ihren fleissigen Helferinnen den Tag über zubereitet hat: Reis und Mahshi (mit Reis gefülltes Gemüse), Molochia (eine Art Spinat), gebratenes Huhn und Kabab halla (eine Gulasch-Art), allerlei Sorten Gemüse in Tomatensauce, eingelegte Auberginen, Gurken und Gargir (Rucola), selbst gebackenes Brot. Grossmutter isst nie mit, auch nicht, wenn die Familie zum Fest aufs Dorf gefahren ist. Grossmutter ist nie an der Seite des Grossvaters, sie ist in der Küche oder im Speicher, sie bäckt Baladibort im alten Backofen im Hühnerstall, sie hockt im Schneidersitz auf einer Matte im bedeckten Vorhof des Hauses und klaubt Reis oder Linsen aus oder schlachtet einen Truthahn.

Am Abend öffnet der Grossvater den Majlis (Versammlungszimmer), die Männer des Dorfes kommen zur Konsultation, jemand hat Streit mit dem Nachbar, jemand will einen Rat, ein hoher Regierungsbeamter macht seine Aufwartung. Die Grossmutter macht Tee und Kaffee, der Diener aus Oberägypten bedient die Gäste. Es wird spät im Hause des Omdas. Die Grossmutter schläft in einem kleinen Zimmer neben der Küche, ihr Tag ist nachts zu Ende.

Der Rumtee und der hauseigene Nussstrudel haben mich angenehm wohlig gestimmt, deswegen bin ich abgschweift nach Ägypten. Das Gläserkastl mit Devotionalien, Rosenkranz und angesammeltem Familienkrimskrams über die Jahrzehnte erinnert mich an mein Vorhaben, den Frauen des Herrgotts und ihren Wegen zu folgen. Dabei merke ich, wie sich beide Welten immer wieder berühren und miteinander eins werden: hier die Töchter meines Kindergottes, dort die Töchter Allahs.

Die Grossmutter geht in fremde Dienste. Herrschaften in Graz, in Wien, sogar im fernen Budapest nimmt sie eine Stellung als Ankleidedame bei einer gnädigen Frau an. Zum Sonntagsspaziergang in Budapest hat sie sich besonders elegant angezogen: eine hochgewachsene, schlanke Frau, im Fin-de-Siècle-Outfit, schwarzer Federhut, Spitzenbluse, beiges Lodenkostüm, enganliegende Weste, die Schultern leicht gepolstert, handgefertigte Lederhandschuhe, der Sonnenschirm zum Kokettieren, eine bestickte Pompadour am Handgelenk. Ein Tableau von Gustav Klimt. Sie geht ins Theater, liest Modemagazine, manchmal gönnt sie sich einen Kaffeehausbesuch.

Es zieht sie wieder zurück ins Ausseerland, nun reich an urbaner Raffinesse, sie spricht sogar nach der Schrift. Mit dreissig ist sie schwanger, von einem Salzbergarbeiter aus Alt Aussee. Es wird geheiratet, denn die katholische Frau Wagner, ihre gestrenge Mutter und Bäckersgattin, mittlerweile Witwe und Geschäftsführerin, würde nie ein lediges Enkelkind dulden! Wer bestimmt über sein Leben, wer hat Wahlmöglichkeiten, wer ist freier? Ich habe keine eindeutige Antwort.

Und dann der Krieg, die Nazis, Angst, Lebensmittelknappheit. Der Ariernachweis ‹passt›, wir sind nicht jüdisch. Aber gegen die Nazis, solidarisch mit den Opfern, für ein freies Österreich; der Grossvater ist aktiver Sozialdemokrat. Nach Alt Aussee kommen keine jüdischen Sommergäste mehr. Der Grossvater trinkt. Im Wirtshaus schimpft er auf die Nazis, er muss weg, mit 50 strafhalber zur OT, Organisation Todt, Minenräumen, dort schicken sie die Regimegegner, die Entbehrlichen hin, in der Hoffnung, dass eine Mine sie in die Luft jagt. Meine Mutter und Tante sind Kriegszeitkinder.

«In Alt Aussee sah man das nie so eng mit der Moral, bei uns gings immer locker zu. Sogar der Herr Pfarrer hat a ledigs Kind ghabt. Bei uns sind die Frauen schon freier als in Ägypten», die Tante setzt sich zu mir. Sie polarisiert. Ich glaube, sie macht es sich zu einfach. «Und warum hat sich dann die Oma nicht scheiden lassen, wo doch der Grossvater so viel getrunken hat und ihr alle unter ihm gelitten habt?» – «Nein, eine Scheidung wäre nicht in Frage gekommen, wovon hätten wir auch leben sollen? Ja, und das Haus? Stell dir vor, eine andere hätte sich eingenistet. Wir sässen nicht hier mit Blick auf den Loser!»

Wie soll ich das verstehen? Blühte meine Kinderwiese nur deswegen so bunt, weil meine Grossmutter, meine Mutter und meine Tante einen

Ehemann und Vater als Alkoholiker ertragen haben? Den wutschnaubenden Grossvater, im Vollsuff vom Wirtshaus nach Hause torkelnd, ich sehe ihn vor mir. Die Angst lebt auf. Ich spreche nicht weiter über ihn, bei meiner Tante sind die Wunden bleibend, sie bluten immer ein bisschen, wenn er sich aus der Erinnerung meldet. Und schnell verbinden wir sie beide wieder. «Trinken wir noch eine Tasse Tee?» Ich umarme meine Tante, das braucht sie jetzt. Ich auch. Für heute schliesse ich das dicke, schwere Familienalbum.

Ist Allah eine Frau? Ich ziehe mich zurück in die verborgene Ecke meines Bewusstseins und öffne mein Tagebuch. Ich führe Selbstgespräche. Einen inneren Monolog.

Ich muss achtsam sein, damit ich nicht mit Füssen getreten werde, meine Gedanken nicht verbrannt werden, denn ich will weiterleben. Ich will es wagen Allah, dem Einen, symbolisch eine Frau zur Seite zu stellen. Es ist eine Fantasie. Ich denke sie trotzdem an. Ich habe Vertrauen, in meiner Welt ist der Geist frei. Sie würde ihn an der Hand nehmen und mit ihm durch die Welt ziehen und ihm zeigen, was alles geschehen ist in seinem Namen. Sie würde ihm von Khadidja und den Frauen im Gefängnis von Qanatir berichten, von meiner Tante, von meiner Cousine, von meinen Grossmüttern, von meiner Mutter und ihrer Schwester. Sie würde ihm erklären, dass es nicht richtig ist, mit der Angst vor Verstossung leben zu müssen, nicht lesen und schreiben lernen zu dürfen und als Elfjährige eine Ehe einzugehen, zur Heirat getrieben zu werden und sich nicht scheiden lassen zu können, als Kind Gewalt erleiden zu müssen, nur mit einem Muslim eine Partnerschaft eingehen zu dürfen. Sie würden auf die Erde herabsteigen, den himmlischen Wohnort verlassen, ein Schiff anheuern, es gemeinsam auf einen neuen Kurs bringen. Ein Mann und eine Frau. Ich schreibe schnell, versorge den ledernen Band im Regal. Denn ich will weiterleben.

Eine Sekunde halte ich ein. Wie steht es mit dem ‹Herrgott›? Hat er den Frauen ein besseres Los beschert? Sind sie freier, selbstbestimmter, selbstbewusster als die Töchter Allahs?

«Im Islam gelten Frauen weniger als Männer.» Diese Aussage ist zu einer unverrückbaren Tatsache in den Köpfen vieler geworden. Ein Katalog von Facts and Figures, der uns tagtäglich in den Medien entgegenschreit. Nachzuweisen im fernen Arabien, aber auch hier, unter uns, in der Schweiz, in Österreich, in Frankreich, wo wir von muslimischen Frauen und Töchtern hören, die unter ihren Ehemännern oder Vätern leiden. Wir solidarisieren uns, verurteilen, wollen helfend eingreifen und meinen, die Bürde von Religion und Tradition abgeworfen zu haben. Und wieder ist Einhalten geboten.

Ich blicke um mich und zweifle, ob es wirklich so ist. Ich stehe dazwischen, bin in zwei Welten hineingewachsen, die Welt des Islam, des ägyptischen genauer gesagt, später in der Schweiz in den ‹europäischen Islam› und das Christentum meiner Grossmutter, den Katholizismus österreichischer Prägung. Ich vereinige beides in mir.

Wie sie sich vertragen? Eigentlich ganz gut. Hier fünfmal am Tag beten, dort sonntags in die Kirche. Hier fasten im Monat Ramadan, dort Fischgericht am Freitag. Die Weihnachtsgeschenke unterm Weihnachtsbaum bekomme ich auch am Opferfest. Noch immer ist der Papst ein Mann, noch immer darf keine Frau zur katholischen Priesterin geweiht werden, geschweige denn eine Frau das Freitagsgebet leiten. Von Ungleichheit kann sich keine der Religionen so richtig freischaufeln.

Damals vor 1500 Jahren in der arabischen Wüste hat der Prophet Mohammed ein Regelwerk entworfen, das uns Frauen aus der Anonymität herausgeholt hat, uns Konturen gegeben und uns in die Gesellschaft eingebunden hat. Damals war das grossartig, heute genügt es nicht mehr. Ich bin erwachsen geworden; ich will mitreden. Ich will gleich viel erben wie mein Bruder. Ich will den Menschen lieben, den mein Herz begehrt, ob Muslim oder Nichtmuslim, ob Mann oder Frau. Und ich will mich trennen können, wenn wir beide das befinden, in gegenseitigem Respekt. Ich will in eine Moschee gehen, wo Männer und Frauen nebeneinander beten, wo auch eine Frau Imamin sein kann. Ich will, dass meine Aussage vor Gericht wie die eines Mannes zählt. Ich will

Präsidentin werden, wenn mich mein Volk dazu erwählt. Ich will nicht, dass ein Ehemann das Recht hat, vier Frauen gleichzeitig zu heiraten, weil es weh tut im Herzen.

Ich will leben.

IV

Reise ins Innere

Islam, wie ich ihn meine

Im Fernsehen schaue ich mir eine Sendung über reformierte jüdische Gemeinden in Europa und in den USA an, in denen Frauen das Amt einer Rabbinerin bekleiden. Eine amerikanische Rabbinerin wird dabei gefilmt, wie sie eine Bar Mizwa zelebriert. Ein kleiner junger ‹Mann› ist an der Reihe; mit seinem schwarzen Anzug und der Kippa sieht er schon sehr erwachsen aus. Der Junge soll erklären, was Glaube für ihn bedeutet und wie er sein Judentum versteht.

In Anwesenheit seiner Familie und vor versammelter Gemeinde in einer feierlich-wohltuenden Atmosphäre liest er folgenden Text vor: «Ich werde heute in die Gemeinschaft der Juden aufgenommen. Ich habe mir diesen Schritt lange überlegt, denn es war für mich nicht klar, ob ich ihn überhaupt begehen soll. Ich bin mir nämlich nicht sicher, ob es Gott überhaupt gibt. Eigentlich glaube ich nicht an ihn, ich zweifle an seiner Existenz und bin davon überzeugt, dass der Mensch selber Herr seines Schicksals ist. Ich glaube auch nicht, dass er uns erschaffen hat. Das ist alles, was ich dazu zu sagen habe.»

Die Rabbinerin bedankt sich bei ihm für die Ehrlichkeit, mit der er über sein Verhältnis zu Gott gesprochen hat. Sie ermuntert ihn, den Moment des Zweifelns nie aufzugeben, denn gerade das mache seine Einzigartigkeit als Mensch aus, mit der ihn Gott ausgestattet habe. Und sie trägt in einem leichten Singsang die Thorastellen vor, die diesen Initiationsritus liturgisch einbetten.

Nach Beendigung der religiösen Feier vergiessen Eltern und Grosseltern Tränen der Freude, umarmen das neue Mitglied der Gemeinde, man posiert gemeinsam fürs Familienfoto und freut sich. In einem Nebenraum der Synagoge geht man zum gemütlichen Teil über, es wird gesungen und getanzt und reichlich getafelt.

Die Existenz Gottes infrage stellen und trotzdem in die Gemeinschaft der Gläubigen aufgenommen werden? Zweifeln und dafür gesegnet werden, zumal von einer Frau? Zuspruch erhalten für ‹Unglauben›? Wie kann das zusammen gehen? Die Szene hat mich sehr beeindruckt, und sogleich blicke ich auf meine Religion und frage mich, ob Ähnliches auch hier möglich wäre. Warum eigentlich nicht?

Um darauf zu antworten, begebe ich mich, wie ich das oft als Kind und Jugendliche getan habe, auf eine Gedankenreise. Ich nehme Platz an meinem Schreibtisch, stelle eine Vase mit Paradiesvögeln vor mich hin, zünde eine Kerze an und freue mich auf die Auszeit. Denn nur dort, wo es keinerlei Beschränkungen gibt, kann ich einen Islam entwerfen, wie ich ihn meine.

Es ist Freitagmittag. In den Moscheen meiner Nachbarschaft rufen Muezzine zum Freitagsgebet. Mikrofone tragen die Stimmen überallhin, es gibt kein Entrinnen. Es ist sehr laut. Die Moschee ist zum Bersten voll, immer mehr Männer drängen sich unter die Kuppel, es wird eng im Inneren; die zuletzt Gekommenen weichen auf die Strasse aus. Der Imam thront auf seinem Mihrab und hält die Predigt; heute geht es um das Erbrecht und warum Allah die Schwester im Gegensatz zu ihrem Bruder nur hälftig berücksichtigt. Durch die Lautsprecher wirken die Erklärungen bedrohlich. Der Imam betont die Weisheit Allahs, die Grösse des Propheten und die Schönheit des Islam, der den Frauen schon vor 1500 Jahren in der Wüste Arabiens mit einem Erbanteil finanzielle Selbstbestimmung gewährt hat. Denn im Gegensatz zum Mann ist die Frau nicht verpflichtet, für den Unterhalt der Familie aufzukommen, ihr Besitz steht ihr zur alleinigen Verfügung. Er zitiert entsprechende Verse aus dem Koran und Hadithe des Propheten. Die Anwesenden rufen ehrfurchtsvoll im Chor ‹Amin› (Amen). Er schliesst seine Predigt mit der Erklärung, der Islam schätze und ehre und schütze die Frau. Er ist zu Ende gekommen, jetzt wird gebetet. Ich will vortreten, mich zu Wort melden. Es geht nicht! Ich bin im Frauenabteil und kann mich nicht durch die sitzenden Männerreihen durchschlängeln. Ich bin im Frauenabteil und habe kein Mikrofon, das mich durch die Trennwand zu der Männerversammlung sprechen lässt. Ich bin im Frauenabteil und muss schweigen. Ich will aber reden. Die Szene behagt mir nicht, und wie im Film arrangiere ich sie neu.

Es ist Freitagmittag, am Eingang der Moschee stehen zwei Jugendliche, ein Mädchen und ein Junge, sie laden abwechselnd in schöner Stimme die Menschen zum Betreten der Moschee ein. Ich gehe mit meinem Cousin zum Mittagsgebet. Wir betreten den Gebetsraum gemeinsam, ziehen zuvor die Schuhe aus. Ich bin dezent gekleidet, mein Haar ist unbedeckt. Wir suchen zwei leere Plätze auf dem farbenfrohen Teppichboden. Die Stille des Ortes erfasst uns sofort. Heute leitet eine Imamin das Gebet, sie spricht über das Erben im Islam. Ihre Stimme erklingt nur im Inneren. «Der Islam hat den Frauen Rechte zugesprochen, die Töchter erben von ihren Vätern, zwar nur halb so viel wie ihre Brüder, aber immerhin. Zur Zeit des Propheten war dies revolutionär. Und wie steht es heutzutage damit? Was meint ihr?» Die Imamin ist eine kluge Frau, sie lädt ein, uns zu beteiligen. Sie hat uns gelehrt, zuzuhören und uns gegenseitig zu akzeptieren. Eigentlich ist es gar keine Predigt, sondern ein ‹Workshop›. Sie will, dass wir ins Gespräch kommen. Deshalb komme ich so gerne her. In kleinen Gruppen diskutieren wir miteinander; wir spinnen den Faden weiter, stellen uns Fragen, machen Vorschläge. Am Schluss treten ein paar Männer und Frauen vor, die Imamin führt die Diskussion. Es entsteht eine lebhafte Debatte, wir sind nicht alle einer Meinung. Einige wollen beim alten Recht bleiben, andere wollen es reformieren. Jetzt kann auch ich mich melden, ich erhebe meine Hand und bekomme das Wort erteilt. Heute haben wir einen Konsens gefunden. Wir wollen den Gedanken weiterführen, also das Prinzip der Gleichbehandlung, nicht aber den wörtlichen Inhalt des göttlichen Gebotes. Frauen und Männer sollen gleich viel erben, denn in dem Land, in dem wir leben, gilt die Verfassung und vor dem Gesetz sind alle gleich. Allah ist so entlastet. Wir wollen ihn raushalten aus unseren irdischen Angelegenheiten und bei ihm spirituelle Kraft suchen. Wir bitten ihn, unser Mitgefühl für unsere Mitmenschen zu stärken, denen es nicht so gut geht wie uns. Wir beten gemeinsam, wir geben uns die Hand, das Gebet ist zu Ende. Wir verlassen die Moschee gestärkt im Geiste und voll neuer Ideen.

Fünfmal am Tag soll ich Allahs gedenken. Aus der Geschäftigkeit meines Alltags raustreten und mich besinnen.

Meine buddhistische Cousine nennt es Meditation. Sie praktiziert es mehrmals täglich, und oft fällt es ihr schwer sich zu sammeln. «Es ist alles Übungssache, du brauchst viel Geduld, um wirklich loszulassen, den Gedankenfluss einzudämmen und dich von innen her zu leeren.»

Meine Gebete sind genau vorgeschrieben, jede Bewegung, jedes Wort, der Ablauf steht fest. Wenn ich arbeite, halte ich die Zeiten nicht ein, aber Allah ist grosszügig, er verlangt nicht, dass ich unterbreche, ich kann auch später zu ihm. Er wartet auf mich. Auf und ab, Verneigung, sich zu Boden werfen, die Bewegungen sind mir im Blute. Heute aber ist mir der Sinn nach Luft, ich will Allahs in der Natur gedenken und ziehe los. Das Grün der Bäume, das dunkle Braun der Stämme, im Herbst das bunte Laub, es macht mich irgendwie frei. Ich schliesse die Augen, lasse los und bin Allah sehr nahe. Heute keine Worte, vielleicht morgen wieder.

Wenn ich menstruiere, bin ich vom Gebet ‹befreit› und muss das Versäumte nachholen, wenn ich wieder ‹rein› bin. Meine jüdische Freundin Ursula kennt das auch, die Unreinheit der Frau während der monatlichen Blutung. Viele Geschichten ranken sich um die Waschungen in der Mikwe, dem rituellen Bad, das habe ich bei jüdischen Autoren gelesen. Ich soll Allah nur ‹sauber› entgegentreten, heisst es. «Du bist nagisa» (unrein), sagt eine Verwandte, die in Ritualen sehr bewandert ist. Sie gibt sich wirklich Mühe, erklärt mir, dass Allah die Frauen liebt, weil er Rücksicht auf ihre schwächliche Disposition während ‹der Tage› genommen hat. Ihre Worte klingen einleuchtend, vor allem wenn sie von der Liebe Gottes zu den Frauen spricht. Ich halte mich zurück, es macht keinen Sinn, meine Sicht darzulegen. Die Familienbande würden unnötig strapaziert und ich würde als Ungläubige gelten. Ich mag sie nämlich, die warmherzige Frau. Und doch trennen uns Welten. Ich nehme ihre – die allgemein gängige – Version zur Kenntnis und komme darüber schnell mit mir ins Reine.

Ich bete als Muslimin zu Allah, so wie er mich erschaffen hat. Ich unterbreche den Alltag, tauche unter, sammle mich und kehre wieder zurück in die Welt. Und ich weiss, dass Allah meine Gebete auch dann entgegennimmt, wenn ich ‹indisponiert› bin, wie meine Mutter in ihrem Salonwienerisch es ausgedrückt hat.

Mekka, die Stadt, in der der Prophet Mohammed geboren wurde, liegt in Saudi-Arabien.

In einer Schweizer Zeitung lese ich einen Bericht über das Land: Gastarbeiter aus Pakistan, Bangladesh, Indien, von den Philippinen und auch aus Ägypten, Männer und Frauen, würden dort die minderen Arbeiten verrichten, wie einst in der Schweiz in den Fünfziger- und Sechzigerjahren die italienischen und spanischen Gastarbeiter. Sie verdingen sich als Bauarbeiter, Hauspersonal, auf den Ölfeldern, machen all das, wofür sich die Saudis zu schade sind, wohnen zusammengepfercht in Wohnbaracken, müssen ihren Pass abgeben, dürfen die ersten zwei Jahre das Land nicht verlassen. Ihre Arbeitszeit ist nicht geregelt, eigentlich sind sie dem Goodwill des Arbeitgebers ausgeliefert. Ihr Verdienst ist gering, aber allemal besser als in der Heimat.

Dann die einheimischen Frauen, wie in Hanan El Sheichs Roman ‹High Tech Harem› beschrieben, das Buch über das Leben saudischer Frauen der Oberschicht, es liegt in meinem Bücherschrank. Sie verlassen das Haus nur im Schutze des Niqâb; sie dürfen nicht Auto fahren.

Im Fernsehen sieht man vor allem Männer, wenn eine Dokumentation über das Land kommt. Die ehrwürdigen Scheichs aus der Wüste in ihren langen Umhängen haben etwas sehr Majestätisches, finde ich.

Dann die Mitglieder der königlichen Familie, die vielen Prinzen und Prinzessinnen mit ihrer Entourage; und die reichen Geschäftsleute, die London, Paris, Wien, Genf im Sommer überfluten.

Auch in Kairo sind Hotels und Mietwohnungen im Sommer voll saudischer Touristen. El Arab, die Araber, nennen Ägypter die Saudis verächtlich und machen sich unter vorgehaltener Hand über sie lustig, weil sie angeblich ‹kulturlos› und zu schnell zu Geld gekommen sind. Vornedurch jedoch bringen sie ihnen den Schmus; angesichts der dicken Notenbündel ist Kulturlosigkeit doch wieder kein Makel. Man ist auf den sommerlichen Geldsegen angewiesen.

Eigentlich sollte ich in meinem Alter nun die Pilgerreise antreten. Ich habe keine besonderen finanziellen Verpflichtungen und kann es mir leisten, es wäre also an der Zeit, auch diesen Pfeiler, den Allah von mir verlangt, zu erfüllen. Ehrlich gesagt, widerstrebt es mir. Ich mag nicht hin, zumindest vorläufig nicht. Ich will nicht in ein Land, wo so viel Ungleichheit herrscht zwischen Männern und Frauen, wo Fremdarbeiter wie Tiere gehalten werden, wo eine Religionspolizei über Recht und Ordnung wacht.

«Wir waren auf der Pilgerfahrt, es war wunderbar, das Hotel war super», eine Verwandte aus der Familie hat eine Pilgerreise für Wohlhabende gemacht, Ausführung de luxe, alles in sehr gepflegtem Rahmen, Verköstigung vom Feinsten und neben dem Abschreiten des Pilgerpfades blieb noch genug Zeit für Edelshopping! Auch das noch! Vor Allah sind wir doch alle gleich, haben mich meine Eltern immer gelehrt. Ich entscheide mich, das Geld, das mich eine Reise kosten würde, einer Organisation zu spenden, die sich in Kairo um Strassenkinder kümmert. Da wird jeder Cent gebraucht. Ich muss nicht nach Mekka, um mich Dir näher zu fühlen! Ausserdem darf ich als Frau gar nicht alleine reisen, ich muss mich einer Gruppe anschliessen. Und meine Freundin, die allem Islamischen so zugetan ist, die gerne mitkommen würde, könnte gar nicht mit. Sie ist Christin und darf Mekka nicht betreten. Wer hat diese Vorschriften gemacht? Warst Du es? Ich glaube nicht, dass ich Dich dort finden würde. Verzeih, aber ich bleibe hier.

Ramadan im Sommer ist eine wirkliche Prüfung. In Kairo geht dann alles langsamer, die Staatsstellen öffnen erst gegen zwölf, und um drei gehts wieder heimwärts. Auch die Schüler können früher nach Hause.

Wenn die erbarmungslose ägyptische Sonne herunterbrennt, ist der Verzicht auf Nahrung, vor allem aufs Trinken, eine Höllenfahrt, von Sonnenaufgang bis Sonnenuntergang. Vor dem Fastenbrechen kehrt fast Lähmung ein. Alle warten auf den ‹Madfa›, den Donnerschuss, der die Speisezunahme wieder erlaubt.

Dieser Moment ist meine Lieblingszeit auf Kairos Strassen. Der Verkehr nimmt ab, die Hausfrauen machen die Esstische mit den Ramadanspeisen bereit, die heissen Suppen mit den Lisan el asfur, klitzekleinen ovalen Teigwaren, die Süssigkeiten Konafa und Ataif, zuckersüsse Mehlspeisen, die nur im Ramadan gereicht werden. Riesentische aus Holz auch auf den Strassen, Ma'idat ar-rahman, Mahlzeiten für die Armen, von wohlhabenden Muslimen gespendet.

Im Haus herrscht eine der Seele wohltuende, friedliche Stimmung, von irgendwo hört man Koranrezitationen, und man döst vor sich hin, bevor es zu Tisch geht. Die Strassen sind leer gefegt, Hauptverkehrsadern könnten zum Eldorado für Radfahrer, Skater, Fussballspieler werden, doch jetzt, kurz bevor die Sonne am Horizont entschwindet, haben sich fast alle schon irgendwo verkrochen.

Ramadan ist ein Fest, einen Monat lang, ein Fest der Besinnung und des Verzichts. Wir sollen Mitgefühl lernen, am eigenen Leib spüren, wie es ist, nichts zu essen zu haben. Fasten macht auch den Verstand klarer, und man wird empfänglich für Höheres. In allen Religionen hat Fasten diese spirituelle Dimension. «Allahu akbar, aschhadu anna la ilaha illa llah, aschhadu anna Muhammadan rasulu allah, hajja 'ala-salat, hajja 'ala-l-falah, Allahu akbar, la ilaha illa llah» (Allah ist der Allergrösste. Ich bezeuge, dass es keinen Gott ausser Allah gibt. Ich bezeuge, dass Mohammed der Gesandte Allahs ist. Kommt her zum Gebet. Kommt her zum Heil. Allah ist der Allergrösste. Es gibt keinen Gott ausser Allah), tönt es vom Fernsehen aus vom Minarett der Moschee.

Endlich ist die Qual zu Ende, die nahrungslose Zeit ist mit dem Adan al Maghrib, dem Aufruf zum Sonnenuntergangsgebet, beendet. Die Frommeren nehmen zuerst eine Dattel und ein wenig Wasser zu sich – so hat angeblich der Prophet das Fasten gebrochen – und verrichten zuerst das Gebet, bevor sie sich an den voll gedeckten Tisch setzen. Überall sitzen Menschen beisammen und nehmen ruhig und besonnen die ersten, befreienden Bissen zu sich. Passanten werden eingeladen, sich dazuzugesellen und mitzuessen. Es sind wunderschöne Gesten der Gastfreundschaft. Und so langsam kommt wieder Leben in die Körper der Menschen und in die Stadt, der Hunger hat sich gelegt. Die Stille ist dahin, schon hupt es wieder um die Ecke. Die Männercafés füllen sich im Nu, und es ist Betrieb bis in die frühen Morgenstunden, bis zum Suhur, dem letzten Mahl vor Sonnenaufgang. Dann, ein neuer Fastentag. An die dreissig Tage jedes Jahr.

Der ägyptische Ramadan ist ein Ramadan der Widersprüche. Auf der einen Seite die totale Enthaltsamkeit, Koranberieselung nonstop, Gebete bis in die Nacht hinein, auf der anderen Seite hemmungsloses Konsumieren im westlichen Stil. Wie geht das zusammen?

Ramadan ist auch ein Monat des Überflusses, in jeglicher Hinsicht, man nistet sich vor dem Fernseher ein und zieht sich die eigens für Ramadan produzierten Soaps rein. Themen, die Zuschauerraten bringen: Eheprobleme, Liebesschmerz, Standesunterschiede. Hoch im Kurs sind in den letzten Jahren die historischen Serien über das Leben der Sängerin Umm Kalsûm oder über König Faruk.

‹Lifestylemuslime› spenden um die Wette, den Armen kommts zugute, wenigstens einen Monat lang müssen sie nicht ums tägliche Brot kämpfen. Der hippste Trend jedoch sind die Iftarpartys, wo das gesellschaftliche Leben, dessen man sich eigentlich enthalten sollte – wie allem Weltlichen –, in ein religiöses Gewand gekleidet wird, und schwupps, darfs wieder mondän sein! Stars und Sternchen gehen in diesem vergeistigten Monat nicht vergessen, am Tag danach ist ihr Foto in den VIP-Blättern abgelichtet.

Ich lasse all diese Reflexionen hinter mir, spaziere durchs Maadi-Quartier, ein paar wenige Autos rasen an mir vorbei, sie wollen zur Zeit zu Hause sein. Und als der Sonnenuntergang vom Muezzin eingesungen wird, werde ich Zeugin einer rührenden Szene, aus der für mich die Essenz des Fastenmonats spricht:

Vor einer stattlichen Jahrhundertwende-Villa, einer der zahlreichen ausländischen Vertretungen, die Maadi als Sitz gewählt haben, sitzen im Wärterhäuschen blutjunge Wachsoldaden, die Askaris des Amn Markasi, die Soldaten der zentralen Sicherheit, in ihren schwarzen, abgewetzten Uniformen. Die jungen Männer, oft Analphabeten aus dem fernen Said, Oberägypten, leisten ihren mehrjährigen Militärdienst fern ihrer südlichen Heimat in der Metropole ab. Und hier hocken sie nun, für einen Monatssold von 20 Pfund, umgerechnet 2.50 Euro. Ich zweifle daran, ob sie im Falle eines bewaffneten Angriffs in der Lage wären, die Botschaft zu schützen. Ich gehe an ihnen vorbei, beglückwünsche sie zum Ramadan: «Kulu sana wa entum taibin», sie breiten ihr bescheidenes Mahl aus; ein wenig Reis, ein paar Brocken Fleisch, in Tomatensauce gekochtes Gemüse, wahrscheinlich hat es ihnen ein Spender zukommen lassen. Wahrscheinlich ist es mehr als die tägliche Ration aus der Staatskantine, die sie übers Jahr bekommen. Die Leute wissen um die missliche wirtschaftliche Lage dieser Sicherheitshüter und fühlen sich mit ihnen solidarisch, gerade in einem Monat wie diesem. «Etfadali ja Madam» (Setz dich zu uns, iss mit). Ich bedanke mich höflich, wünsche ihnen guten Appetit und ziehe weiter.

In meinem Herzen spüre ich plötzlich viel Wärme; ich bin ruhig und voller Liebe und Zuversicht. Arm und Reich, Männer und Frauen, vereint in einem gemeinsamen Projekt, das eigentlich ganz einfach ist: sich ein wenig verabschieden von der Welt, die Nähe zu Allah suchen und für den bedürftigen Nächsten da sein.

Kairo im Ramadan. Nach dem Iftar ist, ehe man sichs versieht, in Windeseile wieder alles beim Alten. Der Hunger ist gestillt, das Leben erblüht von neuem. Wenn es Nacht wird über Kairo. Ein Stück Islam, wie ich ihn meine.

«Ma yinfa'sch!» (Das geht nicht). Kategorischer, unverrückbarer, definitiver spricht sich ein ‹Nein› nicht aus. Unmöglich, vorwärtszudenken, eine Idee weiterzuentwickeln. Inhalte werden wie übrig gebliebene Brotkrümel mit einem Wisch entsorgt. Ehe sie in die Welt ausstrahlen könnten, landen die embryonalen Ideen im ‹Friedhof der Gedanken›. Dort bleiben sie schadlos, bringen nichts durcheinander. Auf der Suche nach dem Islam, wie ich ihn meine, stosse ich immer wieder auf dieses

Nein. Ich bin es gewohnt, eigene Impulse auf diesem Friedhof verscharren zu müssen. Heute grabe ich sie aus und trage sie vor.

Freitagmittag. Ich bin mit Verwandten auf dem Weg nach Heliopolis, zu einer kleinen Familienrunde im Nadi Heliopolis. Meine Mutter ist vor Kurzem verstorben, ich suche Trost in Ägypten. Hier, auf ihren gelebten Spuren, geht der Abschied von ihr weiter. Die Trauerphase ist noch nicht zu Ende, ich fühle, dass sich viel verändern wird in mir.

Im März strahlt die Sonne lieblich über Kairo, meine Lieblingsjahreszeit, angenehm warm am Tag, kühle Brise am Abend.

Freitags lässt sichs in Kairo gut Auto fahren. An unserer Strasse liegen Wohnhäuser im Rohbau, dann die Totenstadt am Fusse des Mokkatam, das Dorf der Müllsammler, die Zitadelle, Minarette aus allen Epochen der islamischen Dynastien, die regiert haben, das Elendsviertel Manshiet Naser, die Mameluckengräber, der Azhar-Park. Der am Steuer sitzende Verwandte erklärt, warum er nicht an der Salat al-Goma, dem Freitagsgebet in der Moschee, teilnimmt. Er ziehe es vor, das Gebet zu Hause zu verrichten. Er fühle sich unwohl in den Menschenmassen und oft sagten ihm die Predigten nicht zu. Ich finde seine Haltung interessant, erzähle ihm spontan, dass auch ich nicht in Moscheen gehe, obwohl ich es gerne würde. «Warum? In der Schweiz gibt es doch sicher überall Gebetsmöglichkeiten, mit viel weniger Menschen als hier.» – «Ja, schon, aber ich fühle mich nicht wohl» – ich übernehme seine Wortwahl ganz bewusst –, «weil mir die Trennung der Geschlechter zu schaffen macht.» Ich entschliesse mich, während der Fahrt diesem Mann, einem erfolgreichen, viel gereisten Arzt, mein Unbehagen offenzulegen. «Ausserdem würde ich es schön finden, wenn eine Frau ein Gebet leiten würde.» Ob er von Amina Wadud gehört habe, der muslimischen Afroamerikanerin, die gerade in Amerika von sich reden macht, weil sie als erste Frau einem Gemeinschaftsgebet vorgestanden ist. «Ma yinfa'sch fil Islam!» (Das erlaubt der Islam doch gar nicht.) Die Worte schiessen wie aus einer Mitraillette aus seinem Mund. Meine Äusserung, die eigentlich mehr den Charakter einer Mitteilung hatte, sorgt nun für Aufruhr. Die gemütliche Freitagsatmosphäre ist gestört, dabei wollte ich keineswegs provozieren oder religiöse Sensibilitäten auslösen. Die Fahrt wird sichtlich unruhig, mein Verwandter steuert einhändig, die andere Hand benötigt er zur Untermauerung seiner schwerwiegenden Argumente ‹gegen› die Frau am Minbar (Kanzel in der Moschee). Durch den Rückspiegel sucht er Augenkontakt mit mir, deshalb gehts streckenweise langsamer voran. «Ach so, das wusste ich nicht», gebe ich vor und lenke das Gespräch ab mit einer familiären Lappalie. Bis wir ankommen, haben sich die Wogen geglättet. Im Nadi Heliopolis wartet ein reich gedeckter Mittagstisch, das heikle Dossier ist geschlossen. Nicht in mir. Ich will offen sagen, was ich denke. Warum wird es im Keime erstickt?

Der Fall Amina Wadud hat tatsächlich einen Sturm der Entrüstung in der islamischen Welt ausgelöst. Ihre Aktion wurde als Bida, Neuerung, als unislamisch und häretisch verurteilt. Amina Wadud plädiert für eine feministische Lesart des Korans, in ihren wissenschaftlichen Studien setzt sie sich für eine der Zeit angepasste Interpretation der Quellen ein, dabei bezieht sie sich explizit auf Koran und Hadith. Ich war von ihrer Initiative begeistert und wäre am liebsten gleich nach New York gereist, um diesem Gebet beizuwohnen. Amina Wadud hat jedoch nicht nur Gegner aus dem muslimischen Lager: Denker und Reformer wie Gamal Al Banna und Leila Ahmad unterstützen sie. Und das lässt hoffen. In meiner Fantasie gibt es sie längst, die Imamin in der Moschee.

Ich bin dabei, meine Religion zu hinterfragen. Wie stehe ich zu Gott, und wie will ich in Zukunft zu ihm stehen, zum Mann im weissen Gewand, dem Herrscher der Welten und des Jüngsten Gerichts, zum König, zum Allah der Männer? Immer wieder flüchte ich in mein ledernes Tagebuch und entwerfe heimlich auf dem Reissbrett, was ich zwar ansatzweise auszusprechen wage, aber nie zu Ende denke.

Immer wieder empfinde ich die geistige Enge, schnürt mich das Regelkorsett ein. Dabei will ich atmen, will selber zu Schlussfolgerungen kommen und diese wieder verwerfen; mich von Allah abwenden, mich ihm wieder zuwenden; eine individuelle Sicht entwickeln; den eigenen Verstand gebrauchen, ohne für Abweichungen von einer gängigen Lehrmeinung ausgeschlossen zu werden. Genau so will ich leben. Zweifeln und dennoch Muslimin bleiben. Ist aus dem Islam, aus dieser grossartigen Zivilisation, eine Religion der Unterdrückung des Geistes und der Intoleranz geworden?

Eine Lesereise in den Islam der Frühzeit ist angesagt. Darüber weiss ich viel zu wenig. Ich hoffe auf Perlen, die ich dann zu einer Kette fädeln könnte, wie ‹Das Halsband der Taube›, das wunderbare Buch über Liebe und zwischenmenschliche Beziehung des spanisch-arabischen Gelehrten Ibn Hazm.

Ich stosse auf die Kharijiten, eine Bewegung aus der Frühzeit des Islam, die, wie schon ihre arabische Bezeichung kharaja (hinausgehen) es ausdrückt, sich von der Gemeinschaft der Muslime distanzierte. Als fanatische Anhänger der Gleichheit aller Gläubigen lehnten sie eine Nachfolgeregelung aus der Familie des Propheten für das Haupt der Gemeinschaft ab. Ihrer Auffassung nach sollte nur der ‹Beste› unter den Gläubigen das Amt des Khalifa (Nachfolger) übernehmen.

Ich erfahre auch, dass das griechische Denken eine ungeheure Attraktivität auf die frühen Muslime ausübte und das griechische Vorbild im 8. bis 9. Jh. Für die Mu'atziliten, eine rationalistisch ausgerichtete Schule, am einflussreichsten war. Die Mu'atziliten hinterfragten die Authentizität des koranischen Textes, denn die zahlreichen historischen Ereignisse, die im Koran erwähnt sind und die erst nach dem Zeitpunkt der Offenbarung stattgefunden haben, liessen auf Hinzufügungen schliessen. Eine berechtigte theologische Frage. Der Koran sei nicht ewig, sagten sie, sondern zeitlich, von Gott für Menschen einer bestimmten Zeit unter bestimmten Umständen erschaffen, was wiederum die Möglichkeit von Kritik und Interpretation der Verse zulässt. Die Interpretation islamischer Prinzipien sollte allerdings im Lichte der Vernunft stattfinden. Die Anhänger dieser Glaubensrichtung distanzierten sich von der Orthodoxie, daher die Bezeichung Mu'atziliten (sich zurückziehen).

Es hat also in der Frühzeit des Islams bereits Debatten und Auseinandersetzungen um fundamentale Fragen des Glaubens gegeben. Dies lässt mich aufhorchen, und ich forsche weiter.

Überhaupt haben die Texte der griechischen Philosophen Sokrates, Platon und Aristoteles erst über die arabische Übersetzung ihren Weg nach Europa gefunden.

Al-Farabis Ideen dominierten die erste Hälfte des 10. Jahrhunderts.

In einem seiner Werke – ‹Al Madina al fadila› (Der Musterstaat) – basierend auf Platons ‹Republik› entwickelt Al Farabi eine Staatstheorie, wobei er die islamischen Begriffe Imam und Khalif durch neutralere wie Raïs (Oberhaupt) ersetzt. Ich lese darin einen Ansatz von säkularem Denken, der Trennung von religiöser und staatlicher Instanz. Es scheint, dass Philosophie und Wissenschaft in vielen Zentren der arabischen Welt kultiviert wurden.

Diesem fruchtbaren Klima des intellektuellen Austausches entspringt einer der wohl bedeutendsten Philosophen der arabischen Welt: der in Bukhara geborene Ibn Sina alias Avicenna. Angeblich begann der wissbegierige Knabe bereits im Alter von vierzehn mit dem Studium der Jurisprudenz, später Medizin. Auch Avicenna, der Philosoph und Wissenschafter war, liess sich vom aristotelischen Gedankengut inspirieren. Immer mehr wird ersichtlich, dass die geistige Grösse der islamischen Denker ein Resultat ihres Wissensdurstes und ihres Bestrebens war, tradiertes Gedankengut zu absorbieren und kreativ zu neuem Wissen weiterzuentwickeln.

Und dann die Sufis, die islamischen Mystiker, die sich auf einen inneren Sinn des Korans beziehen und insbesondere die individuelle Beziehung zu Gott suchen, dessen spirituelle Grösse entdecken wollen.

Bei Ibn Arabi, einem Sufi, habe ich in einem wunderschönen Gedicht aus dem ‹Tardschuman al Ashwaq› (Dolmetsch der Sehnsüchte), verfasst in Mekka um 1200, eine weitere Perle für meine Kette gefunden. Inspiriert von einer hochgebildeten Perserin, die für ihn die ähnliche

Bedeutung wie Beatrice für Dante beim Niederschreiben der ‹Divina Commedia› gehabt haben muss, verklärt Ibn Arabi eine irdische Liebeserfahrung zur mystischen Gottesliebe, welche alles Irdische übersteigt:

Oh, Wunder! Ein Garten inmitten der Flammen.
Mein Herz ward fähig, jede Form anzunehmen:
Es ist Gazellenweide und Kloster christlicher Mönche,
Götzentempel und des Pilgers Kaaba,
die Tafeln der Thora und Quran. Ich folge der Religion der Liebe,
wohin auch immer ihre Kamele ziehen.
Das ist meine Religion und mein Glaube.

Über allem steht bei Ibn Arabi die Liebe, sie hilft über Unterschiede hinweg. Sein Gedicht evoziert einen paradiesischen, idyllischen Zustand. Was mich besonders anspricht, ist die Gleichheit, mit der er über die Religionen spricht, sogar im ‹Götzentempel› kann er sich sammeln und Gott nahe sein. Ich verneige mich vor so viel Grösse. Ma yinfa'sch fil Islam, das auf der Fahrt damals nach Heliopolis meine Entwürfe wie ein Kartenhaus in sich zusammenfallen liess, höre ich bei Ibn Arabi nicht heraus. Im Gegenteil.

Warum liest diese Verse nie ein Imam an einer Freitagspredigt? Sie sind zwar nicht aus dem Koran, jedoch fest in der islamischen Tradition verwurzelt und als solche eine Botschaft der Toleranz, die ich in der heutigen islamischen Welt vermisse.

Ich beende meinen kleinen historischen Spaziergang durch die islamische Ideengeschichte und mache mich auf die Suche nach einem Ibn Arabi der Neuzeit. Ich habe ihn getroffen, er heisst Nasr Abu Zaid, auch er vertritt einen Islam, wie ich ihn meine.

Wir sind sehr aufgeregt, Elham und ich, an diesem Freitagvormittag im September 2007, als wir ihn auf dem Flughafen Zürich-Kloten erwarten, den ägyptischen Literaturprofessor im Anflug aus Amsterdam. Das ‹Forum für einen fortschrittlichen Islam›, in dessen Vorstand wir beide sitzen, hat Abu Zaid zu einem Referat in Zürich eingeladen. Elham Manca hat den Besuch organisiert.

«Da kommt er!» Der kleingewachsene Herr watschelt gemütlich zum Ausgang. Wir winken ihm entgegen. Doch unser Gefuchtel scheint ihn nicht zu kümmern. Auch aus der gläsernen Entfernung strahlt er ein Urvertrauen aus, seine Schritte sind gemächlich, fest in Bodenfühlung, so als könne ihn nichts erschüttern. Sein Gesichtsausdruck ist friedlich, freundlich, immer lächelt er ein wenig, auch als er endlich in der Ankunftshalle vor uns steht. «Hamdillah as-salama, willkommen in Zürich.» Er umarmt uns beide väterlich und bedankt sich für die Mühe, die wir uns gemacht haben. «Ich hätte auch alleine ins Hotel finden können, ich habe euch aufgehalten, verzeiht mir.» Er wolle uns auf keinen Fall weitere Umstände und Kosten verursachen.

Mit Elham entspinnt sich sofort ein Gespräch. Ich höre zuerst aufmerksam zu und mische mich dann ein. Als wir die Schnellbahn betreten, die uns nach Zürich bringt, sind wir schon inmitten einer Diskussion über den Istzustand der islamischen Welt und heben ab. Abu Zaid hat nicht nur Esprit, er hat auch Humor. Er beherrscht diese ganz besondes ironische, ja selbstironische Art des Anekdotenerzählens, die so einzigartig ist in der arabischen Welt. Sein liebenswürdiger Spott entlädt sich auch auf die religiösen Fundamentalisten. «Neulich hatte ich ein Gespräch mit einem Ägypter, der ohne Unterlass Allah dankte, als Muslim geboren worden zu sein. Ich erwähnte so nebenbei, ob er denn sicher sei, keine christlichen Vorfahren in der Ahnentafel zu haben. ‹Das ist unmöglich!› – ‹Natürlich ist es möglich›, erwiderte ich, ‹vielleicht sind deine Vorfahren Christen oder sogar Juden gewesen und zum Islam übergetreten, weil sie keine Dschizya (Steuertribut, den Juden und Christen unter islamischer Herrschaft zu entrichten hatten) bezahlen wollten.› Ihr könnt euch vorstellen, dass sein Selbstvertrauen arg zerstört war!» Unser Lachen schallt in die morgendliche Leere der S-Bahn. Bis wir in Zürich ankommen, haben wir schon die brennendsten Fragen angeschnitten: Wohin driftet die islamische Welt im derzeit herrschenden Klima der Stagnierung, der geistigen Lähmung?

Wenn jemand ein Lied davon singen kann, dann Abu Zaid.

Seine kritische Analyse des Korans führte zu heftigen Kontroversen und letztlich zum Vorwurf, ein Murtad, ein vom Islam Abgefallener, zu sein. Dies hatte die Ablehnung seiner Ernennung zum ordentlichen Professor an der Universität Kairo und die Zwangsscheidung von seiner Frau, der Romanistikdozentin Ibtihal Yunis, zur Folge. In Ägypten werden Ehe- und Scheidungsrecht von religiösen Gerichten verhandelt, wonach ein Apostat, ein vom Glauben Abgefallener, nicht mit einer Muslimin verheiratet sein darf. Die Ehe wurde also annuliert. Eine Inquisitionsgeschichte am Ausgang des 20. Jahrhunderts, geschrieben in einem Land, das seine jahrtausendealte Zivilisation mit Stolz vor sich herträgt.

Abu Zaid verliess Ägypten und lehrt seither an Universitäten in den Niederlanden, zunächst in Leiden, seit 2004 in Utrecht.

Am abendlichen Vortrag in Zürich wird er seine Thesen vorstellen, so war es ausgemacht. Bis es so weit ist, spazieren wir entlang des Zürichsees, und an dieser Herbstpromenade eröffnete sich mir eine völlig neue geistige Dimension.

Mein inneres Tagebuch kam aus der hinteren Ecke meines Bewusstseins hervor, und ich erhielt die Gewissheit, Abu Zaids Worten lauschend, dass die Heimlichkeit meiner Gedanken ein Ende haben werde. Ein Mensch stand vor mir, ein Muslim, ein Mann, der in aller Offenheit über den Islam nachdenkt und für sich in Anspruch nimmt, alles Islamische einer kritischen Sichtweise zu unterziehen. Und dennoch zu glauben. Sicherlich bezogen sich meine Fragen wie Erben, Heiraten, eben das, was ich im Laufe meiner Biografie als problematisch empfunden hatte, die zahlreichen Diskussionen über Haram (verboten) und Halal (erlaubt), auf konkrete Lebenssituationen. Abu Zaid jedoch setzt an der Wurzel an, er kennt die Koran-Texte genauso gut, wenn nicht besser als die bärtigen Fernsehprediger, die selbst ernannten Frommen, die allgegenwärtigen Religionsmänner. Er kann ihnen entgegentreten, bietet ihnen Paroli, schlägt sie mit ihren eigenen Waffen. Er spricht ihnen die Kompetenz ab, als Einzige über Koran und Allah Bescheid zu wissen und als die wahren Kenner und Vermittler des Islam aufzutreten, als Autorität, die sie aufgrund ihrer Posten für sich beanspruchen. Das gefiel mir. Ich war nicht mehr allein. Von Abu Zaid habe ich gelernt, dass es ein ‹Ma yinfa'sch fil islam› nicht gibt, dass ich das Recht habe, auch als einfache Muslimin alles zu hinterfragen. Befreit, beflügelt, ermuntert, kramte ich in einer feierlichen Geste mein Tagebuch aus der Unterwelt hervor, um mich fortan zu meinen Eintragungen zu bekennen.

Die Plaudereien an diesem Indian-Sommer-Tag hatten uns wohlig müde gemacht. Abu Zaid bat, sich vor seinem Referat zurückziehen zu dürfen. Wir verabschiedeten uns von ihm, voller Vorfreude auf den Abend. Elham und ich lagen uns in den Armen.

Ich zog sogleich in ein Papierwarengeschäft und kaufte mir ein neues Tagebuch, das ich von nun an immer mit mir tragen wollte, mir selbst gewidmet. Auf der ersten Seite notierte ich ein Zitat aus Abu Zaids Memoiren ‹Ein Leben mit dem Islam›:

> *Der Koran ist eine religöse Autorität, aber nicht der Bezugsrahmen etwa für die Erkenntnisse der Geschichte oder der Physik. Doch verstärkt sich heute die Tendenz zu meinen, der Koran enthalte bereits alle Wahrheiten, die die Vernunft je erkannt hat oder erkennen wird. Das ist gefährlich – gefährlich für die Vernunft und das Bewusstsein der Muslime –, denn es führt zu zweierlei: Zum einem wird die Bedeutung der menschlichen Vernunft herabgesetzt und damit die Rückständigkeit zementiert, und zum anderen verwandelt sich der Koran aus einem Offenbarungstext in einen politischen, wirtschaftlichen oder juristischen Traktat. Dadurch aber verliert der Koran etwas Wesentliches, nämlich seine spezifisch religiöse, spirituelle und in einem allgemeinen Sinne ethische Dimension.*

Abu Zaids Referat war gut besucht, dieser aufgeklärte, liberale Muslim zog an wie ein Magnet. Im Laufe des Referats legte er seine Notizen beiseite, und in einfachen Worten erklärte er das Wesen seiner komplexen Theorie:

Der Koran ist ein Text. Weshalb also kann man ihn nicht nach wissenschaftlichen Prinzipien der Textanalyse untersuchen? Die wörtliche

Bedeutung soll nicht ignoriert oder vereinfacht werden, sie dient als Grundlage für weitere Deutungen, die sich wiederum zum heutigen soziokulturellen Kontext hinbewegen sollen. Wenn die Botschaft des Islam wirklich für die gesamte Menschheit unabhängig von Zeit und Ort gültig sein soll, ist eine Vielfalt der Interpretation unvermeidlich.

In der angeregten Diskussion mit dem Publikum verliert Abu Zaid nie die Nerven. Selbst wenn der Fragende eine gegenteilige Meinung vertritt, wird er nicht laut oder unhöflich. Völlig konträr zu den Männern mit den langen Bärten und Talaren, den illustren Autoritäten, die ich im Fernsehen sehe, wenn sie ‹Unislamisches› verdammen und die Interpretationshoheit lebhaft gestikulierend verteidigen, so dass allein beim Zuhören das Höllenfeuer ins Knistern kommt und Vorgeschmack auf die Qualen des Jüngsten Gerichts sich einstellt. Abu Zaid kommt ohne Apokalypse aus, ohne geballte Fäuste.

Wie gut das tut, ihn zum Gegenüber zu haben. Er liebt das Leben und die Menschen, er ist ein wirklich Wissender, ein Vorbild. Er hört zu und antwortet in einer Sprache, die alle verstehen. Emotionale Erhebungen und Empörungen sind ihm fremd. Höchstens wenn ein Witz seine Rede würzt, der die Zuhörer zum Lachen bringt, was des Öfteren der Fall ist, um seine Theorien zu veranschaulichen, dann freut er sich.

Spitzbübisch weiht er uns nach dem Vortrag beim Imbiss in einer Beiz der Zürcher Altstadt in seine kleinen sprachlichen Streiche ein, mit denen er die frommen Männer mit den erhobenen Zeigefingern und den erhabenen Gesten in Verlegenheit bringt. Er mache sich manchmal einen Jux daraus, Koranverse ein wenig abzuändern und gewisse Inhalte darin zu verpacken, die es gar nicht gibt. Wie den Vers über das angebliche Rauchverbot im Koran z. B., den er glaubhaft einem kettenrauchenden Bekannten an den Kopf geworfen hat. «In Ägypten haben die Leute sehr viel Respekt, wenn jemand den Koran rezitiert, sie fallen vor Bewunderung in sich zusammen; sie glauben, ohne zu hinterfragen.»

Wir fühlen uns alle sehr wohl. Bis in die späte Nacht dauert der fröhliche zweite Teil. Elham und ich wollen ihn gebührend verabschieden und begleiten ihn am folgenden Tag an den Flughafen. Und auch auf dieser Fahrt hören unsere Gespräche nicht auf, wir können uns gar nicht von ihm trennen. Unsere Verabschiedung ist herzlich, wir umarmen uns wie Väter und Töchter. Am liebsten hätten wir ihn gar nicht gehen lassen, ich weine. «Ma salama, ja doktor, nischuf wishak becheir.» (Auf Wiedersehen, Doktor, auf dass ich dich gesund wiedersehe.)

Und Abu Zaid verlässt uns, zieht zurück in seine Welt des Lichts, der Vernunft, an der er uns hat teilhaben lassen. Immer ein Lächeln auf den Lippen.

Die Begegnung mit ihm hat meinen Blickwinkel auf den Islam radikal verändert. Ich wurde bestärkt, meinen Weg des Infragestellens weiterzugehen, vor allem hatte ich nicht mehr das Gefühl, abseits zu stehen. Ich verwandelte mich symbolisch in den jüdischen Knaben, meine ‹Bar Mizwa› würde jenseits der vorgegebenen Route stattfinden. Eine Gemeinde, die mich aufnehmen würde, musste sich erst finden.

Der Islam meiner Kindheit in Ägypten war auch der Islam des Abu Zaid. Nach der Lektüre seiner Biografie ‹Ein Leben mit dem Islam› entdeckte ich viele Parallelen. Wie ich war auch er in einer ländlichen Traditionen verankert, das hatten wir gemeinsam. Ich blicke zurück.

Meine ägyptische Grossmutter Nena Sania hatte eine gleichnamige Verwandte. Angeblich eine Cousine, die nähere Zuschreibung des Verwandtschaftsgrades liess sich nicht näher eruieren. Diese grossmütterliche Familienangehörige hatte etwas Geheimnisvolles. Zumindest für mich als Kind. Und das kam so.

Haga Sania, wie sie sich nannte, verbrachte immer nur ein paar Wochen im Jahr bei uns. Sie kam und ging. Unangemeldet, versteht sich. Weder wusste man, woher sie kam, noch wohin sie des Weges ziehen würde. Ich kam gewöhnlich gegen 14.00 Uhr von der Schule zurück. Die Heimfahrt im Bus dauerte eine Dreiviertelstunde. Da wir in Neumaadi, also fast in der Wüste lebten, war ich eine der Letzten, die abgesetzt wurden.

Die Heimfahrten waren meist sehr entspannt, erstens weil sich die Gelegenheit bot, den Schulalltag hier abzuarbeiten – es gab immer eine ganze Menge zu erzählen vom Tag; zweitens kamen wir im Bus mit Mädchen aus allen Klassen zusammen, vor allem mit den älteren Schülerinnen. In der Nähe dieser sechzehn- bis achtzehnjährigen jungen Damen schnupperten wir ein wenig an der Welt der Erwachsenen mit, etwas von ihrem Glanz fiel auch auf uns. Obwohl sie artig in Uniform gekleidet waren, gaben sie sich ‹cooler›, tauschten Lippenstift und Nagellack aus, steckten die Köpfe zusammen und tuschelten über ihre ‹Verehrer›. Das bekamen wir Kleinen mit, wenn wir unsere Ohren lang genug machten. Ausserdem würden sie bald die Schule verlassen, an die Universität gehen oder ins Ausland reisen. Und drittens waren wir endlich der Obhut der Schwestern entkommen, auf der Heimfahrt beaufsichtigte uns nur die ‹Busmadame›, meistens eine ältere ägyptische Dame, die sich durch diesen Posten ein kleines Taschengeld verdiente. Vor der Busmadame hatten wir keinen Respekt, sie wurde unser selten Herr, wir schwatzten und quatschten und lachten hemmungslos weiter. Ihre Ermahnungen zum Stillsein liessen uns kalt.

Haga Sania kam immer vormittags, zur Mittagszeit thronte sie bereits im Wohnzimmer. «Ahlan, ja helwa, hati busa» (Grüss dich, meine Schöne, gib mir einen Kuss), und sie schmatzte mich ab, was mir sehr unangenehm war, an ein Entrinnen war nicht zu denken, ich musste ihre nassen Küsse auf meinen Wangen über mich ergehen lassen.

Haga Sania war aus meiner Perspektive eine uralte Frau. Sie trug einen schwarzen langen Kaftan, die Haare unter einem Kopftuch, das im Nacken zusammengebunden war. Ihr rechter oder linker Arm war von mehreren Goldreifen umfasst. Diese Anhäufung von Gold, eine üppig zur Schau gestellte Sparanlage, faszinierte mich. Meine Mutter trug wenig bis keinen Schmuck und wenn schon, dann nur ein dezentes Armband, nie hätte sie sich so viel Gold auf einmal anhängen lassen, selbst wenn sie es besessen hätte.

Mit dieser Frau kam ein Stück echtes Ägypten in unseren europäischen Haushalt. Sie sprach nicht viel, sass meistens da und meditierte vor sich hin – manchmal half sie meiner Mutter bei den mühseligeren Küchenarbeiten wie Reis oder Bohnen ausklauben oder beim Gemüse schälen. Manchmal bereitete sie selber Speisen zu, die nicht auf dem

Menüplan meiner Mutter standen, zum Beispiel mit Reis und Hackfleisch gefüllte Weintraubenblätter, eine langwierige Angelegenheit.

In der milden ägyptischen Wintersonne zog sie sich in unseren Garten zurück, richtete sich auf einer Bodenmatte ein und nahm mit geschlossenen Augen die ganze Kraft der Sonne in sich auf. Ich beobachtete sie in dieser weltentrückten Pose, legte mich manchmal auf ihren Schoss und machte ein Nickerchen, sie streichelte mir wie in Trance die Haare, und wir verweilten so vereint, bis meine Mutter uns aus unserem Halbschlaf rief: «Jause!», was ich Haga Sania auf Arabisch mit ‹Tee und Gâteau› übersetzte. Der französische Begriff wurde für sämtliche süssen Mehlspeisen verwendet.

Meine Eltern sprachen nie über sie, und ich fragte auch nicht nach. Aber es schimmerte ungesagt durch, dass Haga Sania eine bedürftige Frau war, die trotz goldener Kapitalanlage von Haus zu Haus zog und auf diese Weise ihren Lebensunterhalt bestritt. Sie blieb, bis ihr ein inneres Signal den Aufbruch ankündigte. Mein Vater überreichte ihr noch diskret ein paar Geldscheine, die sie sich sogleich ins Décolleté steckte, dann zog sie sich ihren Tüllschleier über und verliess uns. Ob sie je selber die Pilgerreise angetreten hatte – mit Haga wird eine Frau angeredet, die in Mekka war –, wusste niemand wirklich. In ein paar Monaten würde sie eines schönen Vormittags wieder an der Haustür läuten und mit uns ein paar Wochen verbringen.

Erst viel später erfuhr ich mehr über diese seltsame Frau: Sie hatte tatsächlich keine Familie, keine eigene Bleibe, sondern nomadisierte zwischen den Einzelzellen der Grossfamilie hin und her. Sie fand immer Einlass, sie war immer willkommen, sie fügte sich in die unterschiedlichsten Familienstrukturen ein, half, wo sie konnte, eine Mitbewohnerin auf Zeit, und wenn sie es befand, zog sie weiter.

Sie wurde von der Gemeinschaft getragen, die ihrerseits verpflichtet ist, als ein Pfeiler des Islam, Almosen zu spenden. Die Art und Weise, in der wir uns alle Haga Sania ganz selbstverständlich annahmen, ist für mich die unmittelbarste Ausführung dieses Pfeilers. Sania fand nicht nur finanzielle und materielle Unterstützung, sondern auch menschliche, indem sie an unser aller Leben teilnahm und dadurch weder verelendete noch vereinsamte. Islam, wie ich ihn meine.

Und was bedeutet Islam für mich? Was glaube ich heute, zu welchem Verständnis habe ich gefunden?

Durch die intensive Spurensuche wollte ich etwas von dem Islam zurückgewinnen, den ich als Kind in Ägypten erlebt und in dem ich mich wohlgefühlt hatte. Im Verlauf der Jahre habe ich mich aus dem Kinder-Islam herausentwickelt, Hürden überwunden und andere Bedürfnisse entwickelt, mich von vielen Dingen gelöst und neue Erkenntnisse dazugewonnen. Heute bin ich eine kritische Muslimin, ja, ich fühle mich immer noch zugehörig, und das wird auch so bleiben. Ich habe nicht vor, auszutreten aus der Gemeinschaft, ich liebe meine Religion. Aber wie der kleine jüdische Junge an seiner Bar Mizwa habe ich keine Angst mehr vor Allah, ich streite viel mit ihm, und wir kommen recht gut miteinander aus.

Helen Aecherli, eine liebe Freundin, ist in Kairo. Wir besuchen das Museum für Islamische Keramik im eleganten Quartier Zamalek und sehen Glanzstücke orientalischen Keramikhandwerks aus 1200 Jahren. Die Preziosen aus dem Irak, aus Persien, Tunesien, der Türkei, Ägypten wetteifern in Schönheit. Darunter berühmte fatimidische Keramik aus dem Kairo des 11. Jahrhunderts; Teller mit singenden Hofdamen und Wein trinkenden Musikern, kein Hauch von Prüderie oder Verboten; ferner persische Filigranornamente und lapislazuliblaue Miniaturzeichnungen auf Fliesen; schön auch die rot-grün-blaue Iznikware aus der Türkei. Der Palast selber, ein Gesamtkunstwerk aus den Zwanzigerjahren, ist von Garo Balian, einem Hofarchitekten aus Istanbul, im neoislamischen Stil erbaut worden. Wir sind beeindruckt von der Buntheit, der Liebe zum Detail, den vielseitigen Motiven.

«Was ist aus all den Farben geworden?», meint Helen. «Warum sehen wir das im Alltag nicht? Islam wird immer gleichgesetzt mit schwarzen Burkas und bärtigen Terroristen. Wo ist das Farbige, das Lebendige, wo ist die Schönheit geblieben?» Helen hat Recht. Wo ist es geblieben?

Der Islam, wie ich ihn meine, ist ein Islam der Schönheit, der Vielfältigkeit, der Differenz, ein Islam, in dem ich meinen eigenen Verstand gebrauchen kann, um in Freiheit zu entscheiden. Aus dem Kinderislam ist ein erwachsener Islam geworden, in dem ich spirituelle Nahrung suche; das Weltliche überlasse ich der Welt, den Gesetzen, der Verfassung, die regelt das besser.

Den koranischen Text verstehe ich als historischen Diskurs, eingebettet in eine spirituelle Dimension. Heute bin ich eine kritische Muslimin. Was meine ich damit?

Oft ist mir viel leichter, meinen islamischen ‹Unglauben› als meinen islamischen Glauben zu definieren. Zum Beispiel glaube ich nicht an einen Gott, der unser Schicksal lenkt. Wir sind selber für unser Tun verantwortlich. Manchmal sind wir vom Glück begünstigt und ein Vorhaben gelingt, manchmal müssen wir eine Niederlage akzeptieren. Der Prophet Mohammed war ein weltlicher und ein spiritueller Führer. Ich kann ihn nur historisch verstehen, indem ich mich in die Zeit hineinversetze, in der er gelebt hat: den Reformator, den klugen Politiker, den Einiger der arabischen Stämme. Aus meiner heutigen Perspektive als Frau ist mir vieles an ihm fremd: die Kriege, die er geführt hat, die vielen Frauen, die er geheiratet hat, fast noch Kinder, wie Aïsha.

Die koranischen Elemente seiner Rechtssprechung, wie die Erbschaftsgesetze oder die Stellung von Mann und Frau, erachte ich als überholt. Sie passen nicht mehr in die Welt von heute. Dass in vielen islamischen Ländern die Staatsverfassung auf den Grundlagen des Korans fusst, lehne ich als überzeugte Säkularistin ab.

Von einer buchstabengetreuen Auslegung des Korans trennen mich Welten, die Interpretation des Korans soll mit Verstand und Vernunft erfolgen.

In meinem Herzen ist Allah der Schöpfer, der uns Menschen Entscheidungsfreiheit geschenkt hat. Er ist kein Sittenwächter und Buchhalter, der mit Argusaugen über jede Verfehlung wacht und sie mit schwarzen Lettern ins Buch der Bücher einträgt. Allah hat das nicht nötig, er ist, wenn es ihn wirklich gibt, viel grösser.

Reflexionen zum Zeitgeschehen

Eine dunkle Wolke hängt über Kairo, sie will nicht weiterziehen. Die Lehrerin hat gesagt, es herrsche Krieg, mit Israel. Die Israelis sind böse Menschen, mit finsteren Gesichtern, sie bringen alle um, sie haben den Palästinensern das Land weggenommen. Aber wir werden kämpfen, und wir werden siegen! Gamal wird uns führen!

Wir stehen auf und singen die Nationalhymne, mitten in der Stunde.

In meinem Kinderzimmer versuche ich ein Buch zu lesen, ich kann mich nicht konzentrieren. Ich lasse den Schultag Revue passieren, er hat mich ziemlich beunruhigt.

Meine Eltern streichen die Fensterscheiben dunkelblau, so sieht man im Falle eines Luftalarms draussen nicht, wenn das Licht brennt.

Wir haben Besuch, mein Vater schimpft über Gamal. «Der Ibn el Kalb, der Hundesohn, treibt Ägypten in den Ruin!» Die Freunde sind seiner Meinung. «Dass du ja nichts davon in der Schule erzählst!», mahnt mich meine Mutter. Gut, dass sie mich gewarnt hat. Die Väter meiner Mitschülerinnen sind hohe Polizei- und Militäroffiziere, und schon wollte ich mich damit brüsten, dass bei uns zu Hause ein anderer Ton herrscht, dass kein Bild vom Raïs an den Wänden hängt und dass wir ihn nicht mögen.

Wenn ich mich schon in der Schule nicht mit der elterlichen Gesinnung wichtig machen kann, dann doch vor der Haushaltshilfe. Das wird harmloser sein. Ich setze mich zu ihr in die Küche, währenddem sie ihre Arbeiten verrichtet, und verkünde: «Abdel Nasser Ibn Kalb!» Komischerweise kommt meine Mutter, die der arabischen Sprache nicht allzu mächtig ist, aus dem Wohnzimmer hereingestürmt und beordert mich in mein Zimmer. Ohne Widerrede! «So etwas sagt man nicht, du bist doch ein braves Mädchen», muss als Erklärung genügen. Da sie so etepetete ist und auf schöne Sprache achtet, nehme ich ihr die Zurechtweisung ab. In Wahrheit befürchtet sie, die Hausangestellte könnte unsere regimekritische Haltung an die grosse Glocke hängen, mit der ägyptischen Staatssicherheit war nie gut Kirschen essen, und in Zeiten des Krieges herrschen andere Gesetze.

Obwohl sich der Blitzkrieg weit weg im fernen Sinai abspielt und die ägyptische Armee bereits geschlagen wurde, bevor sie überhaupt angreifen konnte, setzte sich das Bild des Feindes, des Kampfes und natürlich des angeblichen Sieges in meinem Kindergedächtnis fest. Meine ägyptischen Schuljahre waren davon geprägt. Dabei empfand ich den Krieg irgendwie als Abenteuer.

Wir wohnten in der unmittelbaren Nähe eines Militärareals, und manchmal baute ein Soldat in unserem Garten seine Stellung auf, das machte mich stolz.

Im Sommerurlaub in Alt Aussee erfand ich schauerliche Geschichten über Bombenangriffe, die nie stattgefunden haben, um meine Oma damit in Angst und Schrecken zu versetzen, sie, die sich wieder einmal darin bestätigt fühlte, dass es «dort unten nit gscheit zugeht» und sehnlichst darauf wartete, bis wir für immer ‹nach Hause›, also nach Österreich zurückkommen würden.

Ich wusste noch nicht, wo Palästina lag, kannte aber bereits Yassir Arafat, den schnauzbärtigen Palästinenserführer im Kampfanzug, der mit unserem Raïs den Sieg ausheckte.

Als wir in die Schweiz kamen, war mein diesbezüglicher Horizont bereits angelegt. Ich bin mit dem arabisch-israelischen Konflikt verwachsen, seit meiner Kindheit ist er ein Teil von mir, kein anderes internationales Problem ging mir so unter die Haut. Seine Bedeutung hat nicht abgenommen, die Sicht, die ich darauf entwickelt habe, hat sich jedoch verändert.

Meine politisch interessierten Eltern nährten die Abneigung gegen Israel nicht zusätzlich, sie war Produkt der Schule, der Propaganda und des damaligen Zeitgeists ägyptischer Prägung.

In den Siebzigerjahren standen in der Schweiz die Zeichen schlecht für die arabische Sache, alle waren auf der Seite der siegreichen israelischen Armee mit ihren attraktiven Soldatinnen. Man sah die Helden der ‹Gegner›, die wahren Sieger des Sechstagekriegs, dauernd im Fernsehen: die Ministerpräsidentin Golda Meir, den Verteidigungsminister mit der Augenbinde Moshe Dayan, den Aussenminister Abba Eban. Auf den Strassen verkaufte man aus Solidarität mit Israel Jaffa-Orangen oder strickte Handschuhe für die Kinder in den Kibbuzim.

Für mich war Israel auch in der Schweiz der Erzfeind. Eine Schulkameradin rief Entsetzen in mir hervor, weil sie mit ihren Eltern nach Israel gereist war und von der Schönheit des Landes schwärmte. «Wie kannst du nach Israel reisen, weisst du nicht, dass die Israelis den Palästinensern das Land weggenommen haben?» Sie wusste es nicht. Und es war ihr, wie vielen meiner gleichaltrigen Klassenkameraden, angesichts ihres totalen Desinteresses an der Weltpolitik auch egal. Ich verstand einfach nicht, wie Europa die Palästinenser so übergehen konnte. Ich kam von einem Extrem ins andere, in Ägypten war es der Erzfeind, hier in der Schweiz wurde Israel von allen bewundert.

Zwar war ich bis in die letzten Winkel meiner Seele antiisraelisch eingestellt, aber neugierig war ich schon, wie es so zuging im Feindesland.

Ich habe es einer unscheinbaren Begebenheit auf dem Schulweg zu verdanken, dass mein Israelbild eine erste Wendung erfuhr.

An einem Nebengebäude unserer Schule, ich besuchte das Holbein-Gymnasium in Basel, wurden Renovationsarbeiten durchgeführt. Die Bauarbeiter hingen an Eisengerüsten und warfen natürlich, wie es sich für einen Bauarbeiter gehört, bewundernde Blicke auf die vorbeiziehende Damenwelt, die in dieser Schule die Mehrheit bildete. Ich weiss nicht mehr, wie es kam, aber mit einem der Arbeiter entspann sich ein Gespräch, es hat sich ganz zufällig ergeben. Der Mann sah aus wie ein Italiener oder Spanier, sein Deutsch war gebrochen, wir sprachen daher Englisch, das er ein wenig besser beherrschte. Ich stellte dann die obligate Frage: «Where do you come from?» Es hat mich neugierig gemacht:

so auszusehen wie ein Südländer und doch keiner von ihnen zu sein. «I am from Israel.» – «Oh», antwortete ich, sehr betreten, das konnte ich nicht im Raum stehen lassen. «And I am Egyptian», entgegnete ich ohne Zögern. Ich dachte, jetzt würde er sich von mir abwenden und mich links liegen lassen. Das Gegenteil war der Fall. «Do you speak Arabic?» – «Of course I do.» Und so kam es, dass ich mein erstes wirkliches Gespräch mit einem Israeli auf Arabisch führte, in der neutralen Schweiz.

Die Unterhaltung war so packend, dass ich sogar den Zug verpasste, absichtlich, und den späteren nahm. Der junge Israeli war tunesischer Abstammung, in Israel geboren, auf Weltreise und eben gerade in der Schweiz auf Durchreise. Am Bau verdiente er sich schwarz ein Zubrot für die Weiterreise. Wir unterhielten uns fast eine ganze Stunde, er hing am Gerüst, und ich stand auf der Strasse.

Bei dieser Gelegenheit erfuhr ich zum ersten Mal, dass es auch arabische Juden gab: Dieses Detail der Geschichte wurde in den Schulbüchern der Republik Ägyptens meiner Grundschulzeit ausgelassen. Auch stand nichts darin, dass in allen arabischen Ländern Juden lebten, auch in Ägypten. Viele arabische Juden aus Tunesien, Marokko, Irak, Ägypten, die in ihren Heimatländern unerwünscht waren und in aller Herren Länder emigrierten, fanden dort eine neue Heimat. Wir stimmten dann noch gemeinsam in ein Umm-Kalsûm-Lied ein, so richtig nostalgisch, zwei Menschen in der Fremde. Der Feind hatte Konturen bekommen, er wurde lebendig: ein Israeli und erst noch Araber!

Ich war beglückt und verwirrt zugleich. Der ehemalige Erzfeind und neue Freund blieb noch ein paar Tage, bis zur Fertigstellung des Wohnhauses, an denen wir unsere Begegnungen fortsetzten. Er legte jeweils seine Werkzeuge beiseite, und wir hielten einen grenzübergreifenden Schwatz. Zu Hause berichtete ich recht aufgeregt von dieser Begegnung. «Stellt euch vor, ich habe heute einen echten Israeli getroffen, und erst noch einen arabischstämmigen. Ihr müsst nämlich wissen, dass ...», und ich setzte zu einer kleinen Geschichtslektion an über die arabische Bevölkerung Israels.

Die Eltern reagierten sehr unterkühlt auf meine ‹Feindesbegegnung›. Vater meinte sogar, ob ich nicht wisse, dass die Israelis alle Araber vernichten wollten. Ich hörte ihn zum ersten Mal etwas gegen Israel sagen, wobei ihm anzusehen war, dass der wahre Grund für seine Verstörtheit an dieser Strassenunterhaltung eher am ‹fremden› Mann, noch dazu einem Bauarbeiter, lag.

Eine erste Annäherung an das Phänomen ‹Israel› war mental geleistet. Die nächste klopfte bereits an meiner jugendlichen Lebenstür.

Im Geschichtsunterricht der 7. Gymnasialklasse anerbot ich mich, in meiner Funktion als ‹Expertin›, einen Vortrag über die Iranische Revolution des Ayatollah Chomeini zu halten. Unser liebenswürdiger, allwissender, aber pädagogisch leider nicht allzu fähiger Geschichtslehrer willigte dankend ein. So war wieder eine Lektion über die Runden gebracht.

Es muss im Jahre 1980 gewesen sein, die Revolution lag noch nicht weit zurück. In der Familie verfolgten wir die Events im Iran, nicht weil wir uns in unserer muslimischen Identität bestätigt fühlten, sondern ganz einfach aus politischem Interesse. Ausserdem gab es zwischen dem Geschehen in Teheran und Ägypten einen direkten Bezug. Ägypten, damals unter Präsident Anwar as-Sadat, erteilte als einziger Staat weltweit dem flüchtenden, kranken Schah von Persien, Mohammed Ali Reza Pahlevi, und seiner Familie Asyl. Der Schah starb in Kairo und ist in der Rifai-Moschee begraben, noch heute pilgern Schah-Anhänger zu seinem Grab.

In der Theatergruppe des Gymnasiums spielte eine iranische Schülerin mit, sie gehörte der Glaubensgemeinschaft der Bahai an. An den Proben zu unserem Theaterstück tauschten wir uns in den Pausen über Politik aus, statt unsere Rollen besser zu lernen, was wiederum unserer Leiterin missfiel. Das Mädchen führte mich in die Religion der Bahai ein und erklärte mir, dass sie seit Chomeinis Machtübernahme im Iran verfolgt würden. Sie war die einzige junge Frau während meiner Gymnasialzeit, die – was ich unheimlich vermisste – etwas für Politik übrig hatte. Ich hielt also mein Referat, bestritt von Lehrers Gnaden statt nur einer sogar einige Lektionen, meine Mitschülerinnen quittierten mein Elaborat mit reger Teilnahme, die gute Note war mir sicher.

Der Lehrer schlug mir dann vor, auch die Parallelklasse in diese Materie mit einzubeziehen, ich sollte auch zu ihr sprechen. Die Klasse litt ebenso wie wir am unprofessionellen Unterricht, jede Abwechslung war ihr folglich willkommen. Am Ende einer dieser Iran-Stunden kam eine Schülerin auf mich zu, bedankte sich für meine Ausführungen und sagte mir auf den Kopf zu, dass sie Jüdin sei. Eine Basler Jüdin, in der orthodoxen Gemeinde fest verankert. Ich schluckte leer, das hatte ich nicht erwartet. So bin ich also über die Iranische Revolution – ‹dem› islamischen Ereignis des 20. Jahrhunderts – an eine gleichaltrige Jüdin geraten! Und auch hier verband uns im Nu eine rege intellektuelle Anziehung, ich wollte so viel wissen über sie, wie sie lebte, was sie dachte. Wir fanden einige Gemeinsamkeiten in unserer Lebensführung, und an den Gesetzen der Halacha, die sie streng befolgte, erkannte ich einiges ‹Islamische› wieder.

Um das Palästinaproblem machten wir einen grossen Bogen, ich glaube, wir wären uns zum damaligen Zeitpunkt ziemlich in die Haare geraten. Sie reiste regelmässig in einen Kibbuz, der für mich den Inbegriff israelischer Unterdrückungspolitik darstellte. Ich war noch lange nicht so weit, Israel als Staat eine Existenzberechtigung zuzusprechen, sie nicht, das Existenzrecht der Palästinenser anzuerkennen. Wir spürten dies beide und liessen ab vom heissen Eisen. Unter dem religions- und politikfernen Dach des Basler Holbein-Gymnasiums kamen wir uns jedoch menschlich näher.

Die Annäherung an das Thema ‹Israel und Juden› habe ich auch meiner österreichischen Tante zu verdanken. Die junge Frau musste im Naziösterreich ihren Arbeitsdienst ableisten, eine Art Sozialeinsatz ‹im Dienste des Reiches›. Aufgrund ihrer Erlebnisse von Drill und Gehorsam im Namen einer menschenverachtenden Ideologie war sie bis auf die Knochen antinazistisch eingestellt. Sie hasste die Nazis.

Alt Aussee war seit der Jahrhundertwende ein beliebter Sommerkurort, Menschen aus allen Teilen der österreichisch-ungarischen Monarchie verbrachten dort ihre Sommerfrische. Auch in der Zwischenkriegszeit verlagerten begüterte Städter ihr Domizil über die Sommermonate nach Alt Aussee, unter anderem das wohlhabende jüdische Bürgertum, Industrielle, Kaufleute, Intellektuelle. Mit dem Anschluss an Nazideutschland versiegte der Strom jüdischer Touristen, die Glücklicheren konnten sich retten, die weniger Glücklichen wurden vergast.

Im Hause meiner Grosseltern verkehrten zahlreiche jüdische Sommergäste, jahrelang verbrachten sie ihren Sommer mit Kind und Kegel in den bescheidenen ‹Fremdenzimmern› unseres Hauses; es entstanden Freundschaften, man war sich sehr zugetan. Sogar während des Zweiten Weltkriegs wohnten eine ‹Halbjüdin›, wie die Taxierung damals hiess, und ein homosexueller Tänzer bei uns, in ständiger Angst, entdeckt zu werden.

Wie tief ihre Verbundenheit zu Alt Aussee war, zeigte sich nach dem Krieg; nach und nach kamen österreichische Juden aus der Migration in ‹ihr› Alt Aussee zurück. Mit dem einzigen Unterschied, dass sie nicht mehr aus Wien, Graz oder Linz anreisten, sondern aus New York, Shanghai, Buenos Aires.

Meine Tante gab ihr Interesse an österreichischer Zeitgeschichte, Nazipräsenz und Vernichtung der Juden an mich weiter. Dieser Hintergrund weichte mich in Bezug auf Israel ein wenig auf, ich war immer milder eingestellt als meine ägyptischen Landsleute. Ich stellte einen Zusammenhang her zwischen dem Schicksal der Juden und der Gründung Israels. Worin ich allerdings keine Milde walten lassen konnte, war die Gewalt, mit der Israel gegen die Rechte der Palästinenser vorging. Das ist immer noch so.

1979 stellte einen wichtigen Wendepunkt dar. Der ägyptische Präsident Sadat schloss einen Friedensvertrag mit Israel; einen ‹Separatfrieden›, wie ihn die Araber und viele Ägypter nannten, weil er nur das Anliegen Ägyptens, die Rückgabe der Sinaihalbinsel, und nicht die der Palästinenser berücksichtigte.

Da der Israelkonflikt Teil unseres Lebens war – kein politisches Ereignis haben wir mit so viel Aufmerksamkeit verfolgt –, lebten wir förmlich vor dem Fernseher: Sadat entsteigt dem Flugzeug am Ben-Gurion-Flughafen in Tel Aviv, er hält eine Rede in der ‹Knesset› auf Arabisch vor versammeltem Ministerrat. Am Ende stehender Applaus und eine liebenswürdige Geste: Golda Meir, vormalige Ministerpräsidentin und erbitterte Feindin Sadats, übergibt ihm ein kleines Geschenk für seinen Enkel in Kairo.

Meine Eltern reagierten beide mit Begeisterung auf Sadats Vorstoss; Vater wurde fast zum verlängerten PR-Arm der ägyptischen Regierung. Er stand damit allerdings ziemlich alleine inmitten seiner ägyptischen Freunde in der Schweiz, die Mehrheit lehnte den Frieden mit Israel ab. Vater jedoch hoffte, durch dieses Abkommen würde es nun in allen Bereichen aufwärtsgehen, endlich würden die Militärkosten gesenkt und Geld für dringend notwendige Projekte zur Verfügung stehen.

Die Idee einer Rückkehr nach Ägypten wurde für ihn nun konkreter, zumindest in seiner Fantasie.

Ich habe im Laufe der Jahre mein Verhältnis zu Israel grundlegend geändert. Der Weg dorthin war gepflastert von Begegnungen mit Juden und Israelis, von einem profunden Studium der Geschichte dieser Region. Ich kam zum Schluss, dass ‹wir›, die Araber, Israel nicht mehr ‹ins Meer werfen› konnten. Da war ein Staat herangewachsen mit Menschen. Mit der Zeit erfuhr ich auch über Veränderungen im Inneren Israels, über Friedensbewegungen, die sehr wohl für eine Koexistenz mit den Palästinensern eintreten. Andererseits gibt es auch in Israel, wie in allen arabisch-islamischen Ländern, eine starke orthodoxe Präsenz, die der Gesellschaft zusehends einen religiösen Stempel aufdrücken will. Ich verfolgte die Veränderung der demografischen Zusammensetzung Israels nach dem Fall der Sowjetunion, mit den neuen Zuwanderern aus Russland und ihren Integrationsschwierigkeiten. Ich las jüdische und israelische Autoren, Isaac Bashevi Singer, Aharon Appelfeld, Abraham B. Jehoshua, Amoz Oz, Sami Michel, David Grossman, Eli Amir. Und ich beschäftigte mich mit der Geschichte der arabischen, insbesondere der ägyptischen Juden.

Meine erste Reportage zu diesem Thema führte mich zu ägyptischen Juden in der Schweiz. Ihre Lebensgeschichten kreisten um ihre Liebe zu

Ägypten, die sie immer noch in sich trugen, obwohl sie nach der Revolution von 1952 gezwungen wurden, das Land zu verlassen, und oft ein ganzes Leben zurücklassen mussten.

Dieses Land, Israel, in dem so viele verschiedene Kulturen zusammenleben, hat einen schwarzen Klecks, eine Kehrseite: das ungelöste Palästinenserproblem. In diesem Punkt fällt der kleine Musterstaat in sich zusammen. Die Gewalt und die Beschränkungen, die die Araber der besetzten Gebiete über sich ergehen lassen müssen, sind Israels unwürdig. Eine Bevölkerung, die sich auch aus den Überlebenden des Holocaust – einer der barbarischsten Vernichtungsmaschinerien der Geschichte – zusammensetzt, müsste anders handeln.

Es haben bisher alle versagt: Militärs, Politiker, Religionshüter. Und zwar auf allen Seiten. Die Israelis sind unfähig, das Land zu teilen, sie sind kleinlich, buchhalterisch, zerstörerisch, nicht konziliant, ein Elefant im Porzellanladen. Die arabischen Staaten wiederum treten mit megalomanen Allmachtsfantasien auf, die nichts sind als Schall und Rauch. Die palästinensischen Politiker zerreissen sich in Grabenkämpfen und bereichern sich auf Kosten der Bevölkerung. In der arabischen Welt herrscht ein Festhalten an obskuren Verschwörungstheorien und an der bequemen ‹Wir-sind-Opfer›-Mentalität, gegenüber Amerika als Weltmacht. Ein Friedensprozess ist – auch mit den neusten Bemühungen der Regierung Obama – ein langer Weg, gespickt mit Hürden. Diese zu überwinden, ginge nur mit Konzessionsbereitschaft auf beiden Seiten. Ein Zurücktreten, Nachgeben und Entgegenkommen ist leider nicht auszumachen. Man verliert sich hüben und drüben in einer Kette von Scharmützeln, ist unfähig, über seinen Schatten zu springen. Und dabei sterben unschuldige Menschen noch und noch.

Kann es je Frieden geben? Wird ein Zusammenleben zwischen Israelis und Palästinensern dereinst möglich sein?

Ich glaube daran, nach Abenden wie am 17. April 2009, in der Kairoer Oper.

Grosse Bühne der Kairoer Oper, kurz vor 20 Uhr. Sicherheitsaufkommen Alarmstufe 1, glatzköpfige junge Herren mit Walkie-Talkie, ein kleines

Stückerl Kalaschnikov lugt unterm Jackett hervor. Tout Caire ist im Vestibül versammelt, pelztragende Damen in Abendroben, Männer im Frack, VIPs aus Politik, Kultur, Diplomatie. Und ich. Alle sind sie gekommen, auch wenn sie wenig von klassischer Musik verstehen, dabei sein ist in diesem Fall eine gesellschaftliche Verpflichtung. Daniel Barenboim, der israelisch-argentinisch-palästinensische Pianist und Dirigent, tritt in Kairo auf. Ein einmaliges Ereignis für ein Land wie Ägypten, das vier Kriege gegen Israel geführt hat, das zwar offiziell mit Israel einen Friedensvertrag abgeschlossen hat, der aber leblos, inhaltlos ist. Die Beziehungen zwischen beiden Ländern sind strengstens reglementiert, Wirtschaft: ja – Kultur: nein. Persönliche Kontakte zwischen Ägyptern und Israelis sind nicht erwünscht. Die Staatsicherheit ist jedem Ägypter auf der Spur, der sich mit einem der wenigen in Kairo lebenden Israeli, meistens Botschaftsangehörige, einlässt. Zurück in die Oper!

Es geht gleich los, pünktlich um 20 Uhr betritt der Maestro unter tosendem Applaus die Bühne, verneigt sich, setzt sich ans Klavier und spielt Beethoven. Beim virtuosen Spiel Barenboims habe ich Beethoven zum ersten Mal verstanden. Da ist ein Weltbürger, ein Visionär auf dem Podest. Barenboim hat mit dem von langer Hand geplanten und umstrittenen Konzert etwas Grossartiges geschaffen: Begegnung. Im Vorfeld spitzten die Meinungsmacher im Staate seitenlang die Federn, ob dem Konzert nun beizuwohnen oder fernzubleiben sei. War es Verrat an der arabischen Causa oder Beweis für die Friedfertigkeit Ägyptens? Barenboim kam, trotz Protest. Der West-Eastern Divan, sein Friedensorchester mit jungen arabischen und israelischen Musikschaffenden, konnte ihn leider nicht begleiten, das wäre ein zu offensichtlicher Beweis an harmonischer Koexistenz gewesen, die es von ägyptischer Seite offiziell gar nicht geben ‹darf›. Barenboim in Kairo, das war Sensation genug! An seinem Auftritt zeigt sich, dass nur Menschen mit Menschen den Frieden zimmern können.

Der Friedensvertrag von Anwar as-Sadat und Menachem Begin hätte einiges bewegen können. Im Inneren fehlte die Unterstützung, man war der Meinung, Sadat habe Ägypten an die USA und Israel verkauft, die arabische Sache verraten. Die andauernden Kriegshandlungen gegen die Palästinenser wurden dahingehend interpretiert. Entsprechend haben einige ägyptische Intellektuelle der älteren und mittleren Generation ihre Enttäuschung gegenüber Israel in eine antiisraelische Haltung umgemünzt. Und Sadat wurde umgebracht. Es scheint unmöglich, über den eigenen Schatten zu springen, die Vergangenheit hinter sich zu lassen und die Zukunft neu zu gestalten. Denn nur dann könnte man etwas bewegen. So wie Barenboim es getan hat, der ein Orchester gründete, in dem ‹Feinde› gemeinsam musizieren.

Ob die israelischen Kunstschaffenden eher bereit wären, nach Ägypten zu reisen und sich gemeinsam auf etwas einzulassen? Ich träume von Lesungen, ägyptische Autoren touren durch Israel, israelische durch Ägypten. Israelische Künstler stellen an der Kairoer Biennale aus, ägyptische Folkloretanzgruppen tanzen in der Altstadt von Jerusalem. Städtepartnerschaften zwischen Alexandrien und Haifa, zwei Städten am Mittelmeer. Ägyptischer und israelischer Pop und Rock unter offenem Himmel am Strand von Tel Aviv. Wir haben so viel gemeinsam, die Möglichkeiten sich zu ergänzen sind endlos. Und wir wären bunt, vereint in der Vielfalt unseres gemeinsamen Erbes. In Kairo hat es Barenboim bewiesen. Mein Traum? Als ägyptische Staatsbürgerin nach Israel und in ein freies und demokratisches Palästina zu reisen. Ich will all das, was ich in den Büchern gelesen habe, endlich mit eigenen Augen sehen. Und ich freue mich darauf.

Flugzeuge in Flammen, kippende Türme, schwarz-graue Rauchschwaden am blauen Himmel, Schreie der Augenzeugen, Tausende von unschuldigen Toten.

Als am 11. September 2001 in New York zwei Flugzeuge in die Twin Towers donnerten, wurde mir klar, dass sich vieles verändern würde, auch für mich. Mein Anteil an muslimischer Identität war innerhalb weniger Minuten von der Innen- in die Aussenwelt geschleudert worden, es war nicht mehr nur mein kleines Eigenes, an dem ich herumlaborierte, an dem ich fassonierte und bastelte. Und meine Lebensaufgabe, die jahrelange Beschäftigung damit, wie ich es nun leben würde, dieses Islamische, die Widersprüche, das Schöne und das Mühsame, das es in mir auslöste, wurden öffentlich. Es redeten nun alle mit. Es wurden alle aufgerüttelt. Fragen über Fragen, über diese Religion, die sich so unerklärlich wuchtig an einem schönen Herbsttag im September im Himmel über New York entladen hatte. Plötzlich war Islam gleichbedeutend mit ‹Mord und Totschlag›.

«Das hat mit dem Islam nichts zu tun, das sind Einzeltäter», hiess es in der islamischen Welt, man distanzierte sich von so viel Grausamkeit. «Doch, der Islam ist gewaltbereit», tönte es aus der anderen, der westlichen Ecke. Man sprach vom unüberwindlichen Krieg der Zivilisationen, hier das rückständig Islamische, dort das fortschrittlich Westliche. Wer stand wirklich dahinter?

Zeitungen, Fernsehen, Kino bescherten uns allerlei Spekulationen über den ‹wahren› Hergang der Aktion. Waren es am Ende gar nicht die Todespiloten selber, war das Ganze ein abgekartetes Spiel der amerikanischen Geheimpolizei?

An den Tagen ‹danach› diskutierten wir alle darüber. Am Freien Gymnasium in Basel, an dem ich als Lehrerin tätig war, kreisten die Unterrichtsstunden, Pausen- und Tischgespräche im Kollegium, mit der Schülerschaft um diese eine unfassbare Frage: ‹Warum? Wie konnte es so weit kommen?›

Was folgte, der ‹Krieg gegen den Terror›, der Afghanistan-, Irakkrieg, die Bombenattentate von London und Madrid, ist bereits Geschichte. Auch in den Alltag strahlte der 11. September hinein, die Skepsis gegenüber dem Islam und den muslimischen Gemeinschaften in Europa wuchs. Verallgemeinerungen machten die Runde, wonach der Islam fortschrittsresistent und die Muslime per se gewaltbereit seien. Aufschrei in der islamischen Welt: «Die Europäer und Amerikaner verstehen uns nicht, die islamische Welt wird degradiert durch die Aktion Einzelner. Der Islam ist anders! Er ist eine Religion des Friedens und der Toleranz.» Im Westen stiessen diese Unschuldsbezeugungen auf taube Ohren, die scheinbar hohen Werte des Islams, von denen man so gar nichts spürte, lösten sich in den Flammen der aufprallenden Flugzeuge auf. Empörung auch in der Schweiz: «Unser Rechtsstaat ist in Gefahr, wir müssen unsere humanistischen Werte verteidigen, wir müssen gegen den religiösen Extremismus vorgehen!» Ein schier endloses Hin und Her, aber auch ein Erwachen aus einem Dornröschenschlaf! Ich stand wieder einmal dazwischen, warf auf beide Seiten ein kritisches Auge.

Der 11. September hat mich, so eigenartig dies tönen mag, nicht überrascht; ohne dass ich die Fähigkeiten eines Nostradamus besessen hätte. Aber von alldem, was wir jetzt am Fernsehen zu sehen bekamen, die Botschaften des Osama bin Laden, die angeblich überall in Europa existierenden Zellen islamistisch orientierter Fundamentalisten, die die westliche Welt ablehnen und den Islam ‹mit Gewalt› verbreiten wollen, meinte ich in weit abgeschwächter Form bereits miterlebt zu haben.

Nine Eleven war die Spitze des Eisbergs, der Mosaikstein im Rahmen eines Gesamtbilds. Die Einzelteile hatten mich alle in irgendeiner Weise berührt: die Jugendlager der deutschen Islamgemeinden über ‹islamkonformes Leben›; die verschleierten Verwandten in den Sommerferien in Ägypten; die konvertierten Schweizerinnen des Moscheenvereins; der vor männlichem Publikum vortragende und den Frauen vorenthaltene Professor des islamischen Zentrums; meine katholische Mutter als ‹Heiratsverhinderin›; der verpönte Badeanzug; die Munaquabât aus der Metro von Kairo; die islamischen Fernsehprediger; der durch und durch islamisierte Alltag im heutigen Ägypten. Es fügte sich alles zusammen. Das war also der neue Islam. Und wer war ich in alldem?

Wieder einmal war eine Auslegeordnung angesagt, bei der es galt, gegenseitige Wahrnehmungen und Vorurteile, jetzt, am Tag danach, genauer unter die Luppe zu nehmen.

Natürlich verurteilte ich die Attentate aufs Schärfste, wehrte mich aber auch gegen Polarisierungsversuche. So einfach konnte es sich keine der ‹Parteien› machen: hier der aufgeklärte Westen, dort die aufklärungsabstinente islamische Welt. Die muslimischen Länder sahen sich als ‹Opfer› eines verlängerten, nie enden wollenden kolonialistischen Diskurses, getoppt von den Hegemoniebestrebungen Amerikas in der Region und natürlich Israels. Der Westen wiederum besann sich auf die eigene Geschichte, den Humanismus, die Aufklärung, die Französische Revolution, Kant, Montesquieu, Voltaire, die Europa im Licht ihrer Ideen haben leuchten lassen.

In diesem ‹Europa des Lichtes› lebten dann halt auch Menschen aus anderen Kulturen, mit unterschiedlichen Religionen und Bekenntnissen, die in Zeiten des Wirtschaftsbooms gekommen waren; sie verrichteten mindere Arbeiten und hatten gerade deswegen auch ihren Anteil an diesem Aufschwung. Das geflügelte Zitat von Max Frisch: «Ein kleines Herrenvolk sieht sich in Gefahr: Man hat Arbeitskräfte gerufen, und es kommen Menschen. Sie fressen den Wohlstand nicht auf, im Gegenteil, sie sind für den Wohlstand unerlässlich…», auf die italienischen und spanischen Migranten in der Schweiz anspielend, erlangte wieder Gültigkeit. Nur dass die Herkunft der Arbeitskräfte gewechselt hatte: Nun ‹kamen› Türken, Menschen aus dem ehemaligen Jugoslawien, Maghrebiner, Araber. Muslime. Das war eine Novität.

Und wie empfing das erleuchtete Europa die Muslime, zu denen auch unsere Familie gehörte? Ich kann nichts Negatives berichten. Durch meinen Vater, den Akademiker, der deutschen Sprache mächtig, und meine österreichische Mutter gehörten wir zu den privilegierten Ausländern. Wir wurden mit freundlicher Gleichgültigkeit zur Kenntnis genommen; wir waren freiwillig, ohne Not gekommen, die Anpassungsleistung mussten wir erbringen, was wir äusserlich auch taten. Hautpsache, man verrichtete seine Arbeit gewissenhaft, war in der Schule fleissig, Papiere waren in Ordnung. Was sich hinter verschlossenen Türen abspielte, interessierte keinen. Wir waren Ausländer, bis wir nach zwanzig Jahren ‹eingekaufte› Inländer wurden.

Aber wie ging es anderen Menschen, ohne lokale Sprachkenntnisse, ohne anerkannte Berufsausbildung? Womöglich politische Flüchtlinge, die ihr Leben der humanitären Tradition der Schweiz verdankten?

Sie hatten es merklich schwerer. Aus der freundlichen Gleichgültigkeit wurde im Laufe der Jahre immer mehr eine feindliche Haltung, die von rechtsgerichteten politischen Parteien ausgenutzt wurde und in Initiativen wie der Minarettverbotsinitiative gipfelte.

Um der Geschehnisse in New York intellektuell Herr zu werden, rang man verzweifelt nach Erklärungen; ich finde, es wurde dabei alles irgendwie in einen Topf geworfen: Migrationsproblematik, religiöse Zugehörigkeit, sozialer Hintergrund.

Die öffentliche Meinung entwarf schablonenhaft muslimische Existenzen, die folgenden Kriterien entsprachen: Er, der muslimische Mann, der ‹pater familias›, kommandiert in diktatorischer Manier die Familie herum. Sie, die Ehefrau, hat ihm zu gehorchen; auch die Tochter hat ihm zu gehorchen, bis sie irgendwann an einen Cousin in Anatolien zwangsverheiratet wird, der wiederum nur eins im Sinne hat: die junge Frau aus der reichen Schweiz und die daraus garantierte Vor- und Fürsorge. Die Frauen tragen selbstverständlich Kopftuch, wobei die Tochter es ausser Haus heimlich gegen den Minirock austauscht. Die Söhne, darauf getrimmt, das väterliche Erbe zu übernehmen, werden schon als Machos geboren. Sie treiben sich in den Städten und Dörfern herum, nach willigen, blonden Eurogirls Ausschau haltend und dabei die Jungfernschaft der Schwestern nie aus den Augen verlierend. Zwischen zwei sexuellen Abenteuern, wenns gerade ‹ätzend› ist, zünden sie Autos an, dealen mit Drogen oder befreien einheimische Jugendliche von ihren Handys und Markenklamotten. In der Schule treiben sie Rabatz, verhauen Schweizer Kinder, die Lehrer werden ihner nicht Herr. Ihre Domizile sind Zellen des muslimischen Extremismus, in den Moscheen lauschen sie mit Aufmerksamkeit den Hasspredigern, die gegen den verdorbenen Westen donnern. Allahu akbar! (Gott ist der Grösste). Auf einen Nenner gebracht: integrationsunfähige Muslime!

Dieser etwas übertriebene Versuch einer Typologie trifft in Einzelfällen zu. Natürlich gibt es despotische Ehemänner, unfreie Ehefrauen, renitente junge Männer, zwangsverheiratete Mädchen, Imame, die den Westen verteufeln. Die Mehrheit der Musliminnen und Muslime, die in Europa lebt, ist nicht so.

Das Nachdenken über den 11. September musste ich als Muslimin leisten, ich konnte den Kopf nicht in den Sand stecken. Die nächtelangen

Gespräche mit Freunden in meinem ‹Basler Salon›, die öffentlichen Vorlesungen, die Lektüre namhafter europäischer, amerikanischer und arabischer Beobachter und meine eigenen Erfahrungen halfen mir dabei. Ich begriff, dass es wichtig war, die Verwirrungen zu entwirren. Zumindest, einen Beitrag dazu zu leisten.

Der ägyptische Autor Ala' al Aswani, mit dem ich ein Interview zur Minarettverbotsinitiative führte, sagte: «Die Frage ist doch, ob die europäischen Länder die Muslime wirklich integrieren wollen, als vollwertige Bürger.» Ich wunderte mich über seine Frage. «Natürlich wollen sie das», erwiderte meine europäische Hälfte im Brustton der Überzeugung. «Wieso gibt es dann die Parallelgesellschaften, wieso ziehen sich junge Muslime in die Moscheen zurück und hören sich die saudischen Salafisten an, statt Goethe oder Rousseau zu lesen? Irgendetwas ist doch falsch gelaufen, oder? Warum fühlen sie sich fremd, wo sie doch ihr ganzes Leben dort verbracht haben. Wieso sind sie mit den Werten der westlichen Gesellschaften so wenig vertraut?» Aswani vertrat die Meinung, dass die Zuwanderer eine Integrationsleistung vollbringen sollten, aber auch die Aufnahmegesellschaften, und diese, so befand er, zeigten keinen wirklichen Integrationswillen. Aswani, mit den Verhältnissen in Frankreich vertraut, hatte vor allem die dortige Situation vor Augen, die Trabantenstädte der Aussenbezirke, die Banlieues mit ihren vergessenen Beurs, den Zweitgenerationsmaghrebinern, die ‹Affaire du foulard›, den ‹Etat laïque›, den laizistischen Staat, der seine Prinzipien gegen jede Art von Sektierertum durchsetzt. Aswanis Bild evoziert für mich eine am Reissbrett entworfene Integrationspolitik, auf der Menschen gruppenweise taxiert werden: «Die wollen wir integrieren, die da nicht.» So sehr ich Aswani schätze, ich teile dieses Blockdenken nur teilweise; ich denke in individualisierteren Kategorien.

Sicherlich hat Frischs Zitat von den ‹Arbeitskräften, die zu Menschen wurden› seine Berechtigung.

Die ausschliessliche Reduzierung auf die Arbeitskraft grenzt aus. Ein Mensch ist eine Ganzheit, und diese Ganzheit wurde im Prozess der Migration nicht vollständig von den Industriegesellschaften angenommen; darin gehe ich mit ihm und mit Aswani einig, weder in den Banlieues von Paris und Marseille noch in den typischen Ausländerquartieren deutscher, österreichischer und schweizerischer Städte.

Letztlich bleibt das Sicheinbringen in ein System immer dem Einzelnen überlassen, es hat meiner Meinung nach nichts damit zu tun, ob er im Herkunftsland bleibt oder in die Fremde zieht. Die Strukturen sind massgebend, die müssen allen gleichermassen zugänglich sein; Bildung in erster Linie und soziale Institutionen und die Möglichkeit, seine Umwelt mitzugestalten, auch politisch. Auch die eigene Arbeitskraft als Beitrag zu erleben, was die Gesellschaft, in der man sich niederlässt, lebenswerter macht.

Von Rebekka Ehret, Basler Ethnologin, habe ich sehr viel über theoretische Ansätze in der Migrationspolitik gelernt. Idealerweise schliessen ‹Einwanderer› und Einwanderungsland einen Pakt: «Du bringst uns deine Arbeit, dein Wissen, deine Erfahrungen, zahlst deine Steuern, die Beiträge zur Krankenkasse und Altersversicherung. Als Gegenleistung erhältst du kostenlose Schulen für deine Kinder, saubere Strassen, pünktliche Verkehrsmittel, eine funktionierende Polizei, Glaubens-, Meinungs- und Versammlungsfreiheit. Den Rest besorgst du selbst. Viel Glück dabei, machs gut und herzlich willkommen bei uns!

So werden aus Arbeitern arbeitende Menschen.

So weit der Migrationsaspekt. Meine Auseinandersetzung aber geht weiter.

Meiner Meinung nach müssten auch wir in Europa lebenden Muslime über die Bücher gehen. Zumindest könnte es nicht schaden. Ich persönlich konnte mich von den Attentaten nicht so richtig wegdenken, legitimierten sie sich doch aus dem Islam. Wie sah es in Saudi-Arabien, Ägypten, Marokko aus, den Staaten, aus denen die Todespiloten stammten? Hatten auch sie ihre ‹Söhne› zu diesem Schritt getrieben? Sei es, weil sie sich aus persönlichen Überzeugungen oder aus Enttäuschung über ihre eigenen Regierungen extremen Strömungen zugewandt hatten, sei es – und das hören arabische Regierungen gar nicht gerne –, weil der Islam gerade in den erwähnten Staaten seit den Achtzigerjahren immer extremere Formen angenommen hat?

Man schustert sich bei den Fundamentalisten ein verzerrtes Weltbild zusammen. Die einstige Grösse des islamischen Weltreiches wird Projektionsfläche für alle Unzulänglichkeiten des ruhmlosen Istzustandes. Der Islam wird zusehends politisiert, ‹Al-Islam huwa al-hall› (Der Islam ist die Lösung) lautet die Devise. Lösung für die Frustrationen der arabischen Welt im Lichte der internationalen Geschehnisse, der wirtschaftlichen und sozialen Missstände, der Armut, des Analphabetismus, des ewigen Hintanstehens und des Gefühls, Opfer einer Weltverschwörung, namentlich Amerikas und Israels, zu sein. Überall gewinnen die islamistischen Bewegungen an Popularität, sie springen dort ein, wo der Staat versagt. In Ägypten z. B. sind bei nationalen Katastrophen die Muslimbrüder immer als Erste an Ort und Stelle.

Die Regierungen sind durch diese Konkurrenz von Allahs Segen arg in Bedrängnis geraten; entweder halten sie die neuen Diener Allahs durch Polizeipräsenz in Schach, oder sie eignen sich islamistische Inhalte an und verpacken sie ein wenig cooler, mediengerechter. Denn auf der internationalen Bühne ist ihnen daran gelegen, moderat zu erscheinen, nicht in eine ‹vormoderne›, islamistische Ecke gedrängt zu werden. Und im Inneren müssen sie Kompromisse schliessen, um ihre Glaubwürdigkeit bei der in Religion ertrinkenden Gesellschaft ein wenig zu erhalten. Was angesichts der hausgemachten Missstände wie Korruption und Mangel an demokratischen Strukturen eine verlorene Schlacht ist.

Ala' al Aswani nennt diesen Prozess in Ägypten Al' tadaiun al badil (Ersatzreligiosität), eine von Staats wegen geförderte Hinwendung zu religiösen Handlungen, um die Menschen abzulenken. Der Staatsapparat hat sich längst seiner Pflicht der Bevölkerung gegenüber entledigt, sie ist sich selbst überlassen. Und damit sie nicht aufbegehrt, gar gewaltsam revoltiert, bestärkt der Staat die Menschen – in Kenntnis seiner eigenen Unfähigkeit –, leere, routineartige Pseudoreligionshandlungen vorzunehmen, einen Islam zu praktizieren, der sich ausschliesslich auf Äusserlichkeiten beschränkt. Aswanis theoretischer Ansatz lässt sich an vielen Beispielen in der ägyptischen Gesellschaft nachvollziehen. Auf eine einfache Formel gebracht: ‹Die da oben› teilen die Pfründe unter sich auf, währenddem ‹die da unten› beten! Vom politischen Establishment im Stich gelassen, wendet sich das Volk in seiner Verdrossenheit einem ‹Islam badil›, einem Ersatzislam zu.

Die Vollstrecker und Hintermänner des 11. September haben auch aus diesem historischen Kontext heraus gehandelt, sind sozusagen ein ‹Produkt› der Systeme, in denen sie aufgewachsen sind. Der arabisch-islamische Raum krankt am Mangel an echter Demokratie und dem ungelösten Israel-Palästina-Konflikt, an Bevölkerungsexplosion und Planungslosigkeit, an Verarmung der Massen, an hemmungsloser Konsumorientierung der Reichen, an korrupten, greisen Regenten. Und daran ist nicht der Westen schuld!

Nach dem 11. September 2001 setzte ich an zum Brückenbau zwischen dem Westen und der islamischen Welt. Ich selber sah mich als Pendlerin von der einen zur anderen Seite, konnte in der Mitte verweilen, um das Tun an den Ufern zu betrachten.

Ich würde Brückenfeste ausrichten, wo sich die Menschen kennenlernen, zum Musizieren, Theaterspielen, Diskutieren, Tanzen. Manche hätten Angst, das angestammte Ufer zu verlassen, aber auch sie würden sich irgendwann vorwagen. Mit der Zeit würde die Brücke mit dem Festland verwachsen, die Grenzen würden sich verwischen, so, als hätte es sie nie gegeben.

Nachdenken über Ägypten. Ich will es an Persönlichem festmachen, mich dem Zeitgeschehen aus dem Alltag heraus nähern, denn nur daran wird es greifbar.

Dieser Freitag im Februar ist viel zu heiss, selbst für den milden ägyptischen Winter, um einen Ausflug zu unternehmen, obwohl am Freitag das Reisen einfacher wäre. Die 2,5 Millionen Autos, die sich sonst täglich stauen und Kairos Luft verpesten, ruhen heute. Ausserhalb Kairos wird es dann schnell besser, mit Smog und Lärm, aber hier, in der Mutter der Welt, steht alles schön dicht beisammen, was mir so sehr am Herzen liegt: Museen, Galerien, Buchhandlungen, fatimidische Altstadt, europäische Kulturzentren, der literarische Salon von Aswani. Das Leben halt. Ich bleibe da.

Freitag, Wochenendbeginn, das Mittagsgebet, Salat el Goma. Man hört es. Auch vor der Chutba, der Predigt, ist kein Entkommen. Dabei wollte ich auf der Terrasse ein Buch lesen. Hocharabische Phrasen donnern durch die Mikrofone, die Lautstärke drückt nieder. Zurückziehen nützt nichts, auch ins Wohnungsinnere dringt der Sound. Von den umliegenden, unscheinbaren Moscheen hallen die Imame mit ihren Reden im Wettstreit, so scheint es zumindest, einen Zusammenhang kann ich nicht erschliessen. Die Stimmen sind bedrohlich. Islam im Alltag, warum so laut? Warum werden die Christen, die Andersgläubigen, die Agnostiker, die es auch in Ägypten gibt, gezwungen, zuzuhören? Ich verstehe, warum sich die Kopten an den Rand gedrängt fühlen.

Eigentlich wäre jetzt ein Poolvergnügen angesagt, Erholung von der täglichen Raserei. Ja: Alles muss schnell gehen in dieser Stadt, sonst kommt dir jemand zuvor. Strasse überqueren: Zebrastreifen sind nichts als weisse Linien auf grauem Grund, bedeutungslos. In der Metro: Beim Ein- und Aussteigen schliessen die Türen in Sekundenschnelle, wenns nicht reicht, quetschen sie dich ein wie ein Sandwich. Auch das tägliche Fladenbrot an den staatlich subventionierten Verkaufsstellen muss ergattert werden, bevor sich die Regale leeren. Die Hälfte der Bevölkerung lebt unter der Armutsgrenze. Da, eine Parklücke!

Ich habe gut reden, ich bin priviliegiert. Wohne ganz allein in einem Luxusappartement, mit den Errungenschaften der Zivilisation gesegnet, hygienische Anlagen, Kühlschrank, Klimaanlage, nur gegen den Lärm bin ich machtlos, trotz schalldichter Fenster. ‹Fawiti›, was so viel heisst wie ‹Hab dich nicht so!›

Hamada, mein Kumpel, mein ‹Mann für alle Fälle›, sieht es nicht so eng. Anruf genügt, er repariert, flickt, streicht an. Handwerker sind Mangelware in Ägypten. Pünktliche erst recht.

Freitag – ein Event steht bevor. Trotz Hitze mache ich mich auf den Weg zum Flughafen; mit dem öffentlichen Verkehrsmittel; eine kleine Weltreise. Von Basel aus erreiche ich den Flughafen in Zürich bequem im direkten Zug, trinke Kaffee, lese Zeitung, bereite mich auf die Reise vor. Nicht so in Kairo. Hier ist alles umständlicher, auch abenteuerlicher. Vielleicht fühle ich mich deswegen so wohl. Weil nicht alles läuft wie geschmiert, weil der Tag so viele Überraschungen bereithält?

Mit der Metro von Maadi nach Mubarak, der Station am Hauptbahnhof. Ich überquere den Midan Ramses auf hässlichen, schwebenden Flyovers, ägyptische Variante der verpassten Städteplanung, damit Menschen und Verkehr einigermassen aneinander vorbeikommen.

Seit dreissig Jahren regiert Mubarak, Ende nicht in Sicht, auf dieser Fahrt durch Kairo offenbart sich all das Hässliche, das Ägypten diesem dritten Raïs nach Nasser und Sadat zu verdanken hat: Extreme – zu viel oder oder zu wenig. Zu viel Polizei, zu viel Korruption, zu viel Schmutz, zu viel Staat, zu viel Religion. Zu wenig Freiheit, zu wenig Wohlstand, zu wenig Schulen, zu wenig Spitäler, zu wenig Hoffnung.

Der heutige Freitag ist ein besonderer Tag, die ‹Hoffnung aus Wien›, Mohammed el-Baradei, pensionierter Chef der Atombehörde, tritt in den Ruhestand; heute setzt er wieder den Fuss auf ägyptischen Boden. Die Menschen sind hungrig nach Helden, nach Fassbarem. Dabei würde ihn die Regierung am liebsten mundtot machen. Wir aber wollen ihn for President, den ungebetenen Rückkehrer, der Klartext spricht: «Ägypten muss endlich demokratisch werden.»

Das Initiativkomitee zur Unterstützung der Präsidentschaftskandidatur Mohammed el-Baradeis hat prima Arbeit geleistet: eine Internetseite mit Aufrufen an die Bevölkerung ‹Kommt an den Flughafen und empfangt den Sohn Ägyptens!› – Ist das der Kairoer Frühling? Ein Hauch von Commune, von Barrikaden. Eigentlich ist es höchste Zeit.

Der grüne Bus 158 mit Endziel ‹Flughafen› hält an, ich steige ein.

«Das bringt nichts», sagte der Cousin, «ich bleib zu Hause.» Auch die Schickimickifreundin lässt mich im Stich, sie geht zum Golf. Was ich in der Schweiz gelernt habe, nämlich frei zu sein, zu verändern durch noch so kleine Schritte, ist in meinen ‹Kreisen› uncool, für meinen Politaktivismus hat man nur ein mildes Lächeln übrig.

‹Grossaufgebot an Polizei auf der Flughafenstrasse›, stand in der Zeitung. «Nimm den roten Pass mit, dann kann dich niemand aufhalten», letzter Tipp von besorgten Daheimbleibern. Ich setz mich nicht ab, ich gehör dazu, gerade jetzt. Einschüchterung von Staats wegen bringts irgendwann nicht mehr.

Der wacklige Bus setzt sich in Fahrt durch die glanzloseren Quartiere Kairos, dort wos übel riecht und wo in einem Zimmer zehn Menschen wohnen.

Gott sei Dank ist Freitag, so ists ruhiger, auch in den Menschen.

Die Buspassagiere haben ein Ziel, das liegt irgendwie in der Luft, wortlose Blicke, alles klar! Junge Leute, ältere Damen, sogar die Munaquâba im Vollschleier signalisiert Aufbruchsstimmung durch den schwarzen Gesichtstüll. Ein Student lächelt mir scheu entgegen, wir haben uns gestern im Salon von Aswani gesehen. Er bezahlt für mich die Fahrkarte, 1.50 Pfund. Ich bin gerührt, das ist die Wärme der Menschen, die liebevollen Gesten im Alltag, die es in der Schweiz eher seltener gibt. Das ist mein Ägypten.

Es hält uns nichts mehr auf, wir kommen am Terminal 3 an. Dort sind wir nicht mehr ganz alleine: VIPs aus Literatur, Opposition, ein Filmstar gar, Familien mit Kleinkindern, Vertreter aus dem Delta in Festtagsgewand und natürlich die Medienwelt. Allah sei Dank – die Polizei hält sich zurück; vor laufender Kamera würden Knüppel der Staatssicherheit ein schlechtes Bild machen. Wird dieser Tag die Welt verändern?

An wie vielen Demos habe ich schon teilgenommen, in der Schweiz, in Österreich? In Basel gegen AKWs, Rassismus, gegen Bush; in Wien gegen Waldheim und Haider. Aber in Kairo? Dieser Tag wird meine Welt verändern, ich rücke wieder näher zu Ägypten, und ich bin glücklich. ‹Warten auf Godot›, er hat angeblich Verspätung.

Ägypter sind geduldig, sie ertragen. Heute ist Warten Hoffnung. Gelegenheit für Gespräche. Der Kameramann von ‹arte› ist sichtlich schlecht gelaunt; die Dame vom ORF ist Syrerin; wir schwärmen von Damaskus. Alle reichen allen die Hand; Jungs tragen einen Aktivisten auf den Schultern, er skandiert Politslogans: «Tahia masr, es lebe Ägypten!» Ein Hauch von Flower Power.

«Flight Austrian Airlines number 386 has landed», Erleichterung. Er ist da, der ägyptische Che Guevara. Endlich kommt er auf die Menge zu. Tosender Applaus. Kameras blitzen; die Sekunde, eingefangen für die Ewigkeit, für die kommende Generation, für die Tagesschau.

Zum ersten Mal seit meiner Schulzeit singe ich wieder die ägyptische Nationalhymne mit. Und dann verliere ich ihn aus den Augen, er verschwindet in die schwarze Limousine, winkt den Menschen zu.

Die Ankunftshalle leert sich. Die Nacht bricht ein über Kairo, zurück auf die Strasse, dort ist alles beim Alten.

Die wirklich bedeutenden Dinge im Leben kommen auf leisen Schritten. «Fürchte dich nicht vor dem langsamen Vorwärtsgehen, fürchte dich nur vor dem Stehenbleiben», hat einmal jemand in mein Poesiealbum geschrieben.

Mein Herz bleibt bei den Strassenkindern, den Frauen in den Elendsquartieren, den beschnittenen Nubierinnen von Assuan, den politischen Aktivistinnen und Aktivisten. Wir kämpfen gemeinsam gegen diesen verrottenden Staat mit seinen korrupten Politikern und wollen Demokratie, ein menschenwürdiges Leben für alle.

Der Aufenthalt in Ägypten ist zu Ende.

Trennungsschmerz. Ich ignoriere gekonnt, steige ins Flugzeug und will nicht wahrhaben, dass ein Jahr durchs Land gezogen ist.

Zurück in der beschaulichen, wohlhabenden, sauberen Schweiz. Mir wird bewusst, wie viel wert es ist, seine Meinung ohne Maulkorb sagen zu dürfen. Die Freiheit der Schweiz habe ich in Ägypten vermisst.

Inmitten der Aufregung um minarettlose Moscheen war ich losgezogen, und jetzt finde ich die Schweiz erneut in Aufruhr. Die Burka erregt die Gemüter. Gemeint ist nicht das hellblaue Gewand afghanischer Frauen mit integriertem Gesichtsgitter, nein, die saudische, wahhabitische Variante, welche die Frauen schwarz macht.

Durch meinen Niqâbspaziergang in Kairos Down Town bin ich damit auf Tuchfühlung gegangen. Es ging mir schlecht dabei, nie mehr würde ich ihn je wieder tragen. Er hängt ungebraucht in meinem Kleiderschrank in Kairo. Wenn ich Besuch hatte, führte ich vor, wie man ihn sich umbindet. An meiner Tafel rauchten dann die Köpfe der Gäste, wir diskutierten bis in die Morgenstunden. Manchmal bis der Aufruf zum Morgengebet erschallte, der – getragen von der versmogten Luft – ein neues Heute einleitet.

Dank Internet verfolgte ich die Diskussion von Ägypten aus. Die wortgewaltigen Headlines der Schweizer Tageszeitungen zum Thema oszillierten zwischen Orientalismen und Kampfansage: «Muss der Islam verboten werden?»; «Burka-Verbot gefordert»; «Schleierhaft»; «Ein Schleier, der wie gerufen kommt». Schlagwörter im Kriegszustand. In Talkshows kam das Blut ganz schön ins Kochen; prominente Personen lieferten sich heftigen Schlagabtausch. Soll der Niqâb in der Schweiz verboten werden? Was kommt da auf uns zu? Ich war in Sorge.

Ruhig aus- und einatmen. Eine Tasse frischen Pfefferminztees, damit der Kopf klar wird. Sich sammeln, alles auf den Tisch legen, die Stichworte, die Ängste, die Überzeugungen. Und versuchen, den Schleier zu lüften.

Wo setze ich an, damit ich nicht Gefahr laufe, mit in den Kampfring zu steigen? Nicht im Koran, nicht bei den islamischen Gelehrten. Eher in der Bundesverfassung der Schweizerischen Eidgenossenschaft. Artikel 15 definiert die Glaubens- und Gewissensfreiheit, wonach jede Person das Recht hat, die Religion und die weltanschauliche Überzeugung frei zu wählen und allein oder in Gemeinschaft zu bekennen.

Doch was tun, wenns Angst macht? Wenn sich die Mehrheit der Bevölkerung an einer orthodoxen Praxis, was der Niqâb zweifelslos ist, stösst?

Weiterlesen. Bei den Aufklärern des 18. Jahrhunderts. Die Voltaire fälschlicherweise zugeordnete Aussage «Ich bin nicht einverstanden mit dem, was Sie sagen, aber ich bin bereit, dafür zu kämpfen, dass Sie das Recht haben, es zu äussern», ist eine weitere Kernaussage, auf die ich mich berufe. So weit die Präambeln. Mein Gedankenteppich ist noch nicht zusammengewoben. Das Geschichtsbuch muss noch durchgeblättert werden.

Der Niqâb ist ein Way of Life, historisch in der geschlechtersegregierten Gesellschaft im wahhabitischen Saudi-Arabien verankert, von wo aus er Teile der islamischen Welt und Europas ‹erobert› hat. Auf leisen Sohlen drang er in Gesellschaften vor, die die Segregation längst hinter sich gelassen haben. Auf den Strassen von Riad wird kein einziges Auto von einer Frau gelenkt, Autofahren ist den Männern ‹vorbehalten›. An der Universität von Jeddah hören sich Studentinnen die Vorlesungen der Professoren über einen Bildschirm an. Ämter sind mit Beamtinnen besetzt, exklusiv für die Belange der Frauen. In Spitälern, Schulen, Parkanlagen: hier die Männer, dort die Frauen. Kann es möglich sein, einen Segregationshabitus in eine mobile Gesellschaft wie die schweizerische zu übertragen? Nein.

Dennoch: Alles Unbekannte, Unliebsame, Ungewohnte aus unserem Blickwinkel zu verdammen, geht nicht. Das Einwanderungsland Schweiz müsste hohe Mauern rundum bauen, um all das ‹Unschweizerische› aussen vor zu lassen. In einem demokratischen und liberalen Land ist die Verfassung Schutz und Verpflichtung zugleich. Wir müssen das uns Fremde in seiner Ganzheit tolerieren, selbst wenn es uns zutiefst zuwider ist. Wie (vermeintlich) Voltaire.

Und die anderen?

Auch sie müssen eine Anpassungsleistung erbringen.

Ich will kein Verbot des Niqâb. Ein Verbot entspricht meiner Auffassung von individueller Wahlmöglichkeit nicht.

Ich will auch keine Propagierung des Niqâb, denn er wurzelt in einer Tradition, die Geschlechter trennt.

Was also tun?

Erstens, verhandeln. Über den öffentlichen Raum. Der Gesichtsschleier steht dort im Weg, wo es um Identifikation, Sicherheit und Kommunikation geht. Am Bankschalter, an der Landesgrenze, am Steuer eines Autos, in Bildungsinstitutionen und in der Politik.

Zweitens, sich informieren und bilden. Die unterschiedlichsten Strömungen innerhalb des Islams vermehrt transparent machen. Dass es gerade der Wahhabismus von der Wüste aus – bei vereinzelten Extremisten – in Schweizer Städte und Gemeinden geschafft hat, ist mehr der geopolitischen und wirtschaftlichen Macht des Ölstaates Saudi-Arabien zuzuschreiben als dem Islam. Saudische Milliardäre und Mitglieder des Herrscherhauses haben Millionen und Abermillionen Dollars auf Schweizer Bankkonten liegen. Wahhabistische Stiftungen finanzieren Moscheen und islamische Zentren. Es ist letzlich dieser Geldsegen, der das wahhabistische Gedankengut in die Welt hinausgetragen hat. Wenn der Niqâb verboten werden soll, müsste dann die Schweiz nicht konsequenterweise auch keine Petrodollars mehr auf ihren Banken dulden?

Abschied und Aufbruch

Manchmal bin ich müde, stecke zu tief drin, bin nirgends zu Hause, will überall eine von ‹ihnen› sein, in Ägypten, in Österreich, in der Schweiz. Es gelingt mir, wenn ich länger bleibe. Dann erlebe ich das, was in der Zeitung steht, am eigenen Leib. Was mich lähmt, ist der Abschied. Er gräbt sich in meiner Seele fest, der Schmerz tut weh.

Meine Mutter beruhigt mich: «Aber schau, jetzt gehst du dann wieder in die Schule, hast dein eigenes Zimmer, siehst deine Freundinnen.» Sie ist guter Dinge. Die Tränen vergiesse ich.

Wir nehmen den Bus zum Bahnhof, Oma und Tante begleiten uns. Weil das Taxi zu teuer ist, schieben wir die Koffer mit der grünen Schubkarre – unserem selbst gebauten ‹Haustaxi› – zur Haltestelle. Ein letzter Blick auf den Loser. «Alt Aussee verabschiedet sich von seinen Gästen», das schwarz lackierte, beidseitig beschriftete Schild am Ortseingang. Bei der Anreise lesen wir ‹Alt Aussee begrüsst seine Gäste›, dann bin ich voller Erwartung, jetzt schnürt es sich in mir zusammen. Der Zug steht auf dem Gleis, umsteigen in Stainach-Irdning, dann ohne Halt bis Zürich. Die Fahrt geht fast durch ganz Österreich. Wo ist Heimat?

Heute als erwachsene Frau reise ich allein, und es ist an mir, die Zeiten des Übergangs zu meistern.

Mein Cousin setzt mich am Flughafen von Kairo ab, wir machen es kurz, Koffer aus dem Auto, nichts wie rein in die Abfertigungshalle. «Ma salama, chud balak min nafsak» (Auf Wiedersehen, pass auf dich auf). Unsere Augen sind nass, wir wollen keine Szenen. Das Kofferpacken vor dem Abflug erledige ich in Windeseile, ich ertrage nicht, dass das Heute schon Gestern ist. Möbel abdecken, Teppiche versorgen, und was mache ich mit der Palme? Die übrig gebliebenen Nahrungsmittel bekommt der Bawab, der Rest kommt in den Müll. «Ich komme ja bald wieder», ein Versuch, mich nicht zu verlieren im Schmerz. Praktisch sein ist jetzt wohl das Beste. Die Gewürze bleiben in den kleinen Glasstreuern; wie bunte Flecken reihen sie sich in einem handgeflochtenen Körbchen aneinander.

Ich vermeide ‹letzte› Telefonanrufe, ‹letzte› Spaziergänge, ‹letzte› Einkäufe. Es soll sich so normal wie möglich anfühlen, so, als würde ich nur ein Wochenende in der Schweiz verbringen. Dabei ist dort mein wirklicher Alltag. Ich überliste mich selber, ich weiss. Ich kann nicht anders. Wo ist Heimat?

Anfang August, der Sommer geht in die letzte Runde, schon ists ein wenig herbstlich. Die Geschäfte in der eleganten Wiener Innenstadt werfen den Kunden die Reste des Sommerschlussverkaufs in luxuriösen Hochglanzsackerln nach. Ursula und ich sind willige Opfer, immer für ein Schnäppchen zu haben. Wir beschliessen die Einkaufstour mit einem Stehkaffee bei AIDA am Stephansplatz und verabreden uns zum Joggen in der Praterallee.

Unter dem Baumkorridor ist es schon recht kühl, wir rennen bis zum Lusthaus und zurück. «Gehen wir zum Mexikaner oder ins ‹Schweizer Haus?› Mein Aufenthalt geht zu Ende, Ursulas Entscheidungsfreude entlastet mich, sie weiss um meinen Abschiedsblues. «Komm, wir gehen ins Schweizer Haus, so gute ‹Stelzen› bekommst du in der Schweiz nicht.» Und die mühsam weggeschwitzten Kalorien sitzen spätestens nach dem ersten Haferl Bier wieder fest an unseren Hüften. Ja, noch einmal gebratene Stelzen in diesem Sommer! Während ich schon zu einem Seufzer ansetze, kommt mir Ursula zuvor: «Ach geh, du kommst ja wieder, ein Jahr geht so schnell vorbei!»

«Du musst in dir selbst zu Hause sein, nirgends sonst.» Elham hat es geschafft, Feryal und Asma auch. Sie haben sich irgendwie zwischen den Kulturen eingemittet. Ich nicht, ich klebe immer fest. Dabei habe ich doch so viel gelesen über das Loslassen. Bei den Buddhisten. Und es überzeugt mich auch; in der gemütlichen Ecke mit einem Buch vom Dalai Lama kehrt Ruhe ein. Abschied nehmen heisst, sich lösen, mit Dankbarkeit und Würde annehmen und abgeben. Die Realität jedoch kehrt alles um, zu viele Emotionen sind da, mein Herz spielt nicht mit, mit dem Kopf da oben.

Zu Hause sein? Wo ist das? Ich schaue in den Spiegel. Ist es, weil ich keine Kinder, kein Haus, keinen Hund, keine Katze habe? Weil ich nicht an einem Ort verankert bin? Will ich auf zu vielen Hochzeiten tanzen? Ist es meine Psyche, die sich nicht voll und ganz einlassen will auf eine Sache, auf ein Land, auf ein Projekt? Ist mir am Ende so am wohlsten und ich schiebe den Trennungsschmerz nur vor? Oder von allem ein wenig?

Im Februar 2005 stirbt meine Mutter in Rheinfelden. Der Krebs hat sich von der Lunge ins Gehirn gearbeitet, es ging sehr schnell. Sechs Monate vom Zeitpunkt der Krebsdiagnose bis zum Tod.

Diesem Lebensfinale, als wir täglich zusammen waren, verdanke ich die Gewissheit des Aufbruchs nach dem Abschied. Heilung oder Aufschub ihrer Krankheit waren medizinisch gesehen hoffnungslos, der Tod stand vor der Tür. In dieser Zeit des Pflegens und der Fürsorge, Mutters zunehmender Hilflosigkeit, bis hin zur totalen Apathie, schlüpften wir in neue Rollen; die Familienfesseln schmolzen weg; nicht mehr Mutter und Tochter – zwei Frauen.

Sie erzählt aus ihrem Leben, ich aus meinem. So, als seien wir uns zum ersten Mal begegnet, so, als hätten wir nichts miteinander zu tun gehabt bis jetzt. Solange die Abende lau sind, sitzen wir auf einer Bank im Garten des Basler Kantonsspitals, wenn es regnet, in der Cafeteria. Wir öffnen unsere Lebensbücher. Sie hat es eilig, sie will nichts auslassen, nichts mitnehmen in die andere Welt. Das Kortison hat sie übermütig gemacht und enthemmt, manchmal bekommt sie Wutanfälle, die sie anstrengen, dann versinkt sie in Müdigkeit. Noch kann sie selbständig gehen. Erschöpft fällt sie in eine vorabendliche Siesta, um 18 Uhr gibts ‹Znacht›. «Mir schmeckt goa nix mehr.» Sie verrichtet ihre

Abendtoilette, natürliche Hautsalben, Parfumflacons; wenns um die Schönheit geht, mischt der Tod noch nicht mit. Ich decke sie zu, so wie früher als Kind sie mich: «Pfiti, Schatzerl, bis morgen.» Wir wissen beide, dass es dieses Morgen bald nicht mehr geben wird.

«Am Opernring sind die ägyptischen Studenten gestanden und haben die Mädchen aufgerissen!» Ich höre nicht recht, hat sie soeben ‹aufgerissen› gesagt? Sie, die Sexualität nie anschnitt, auf gepflegte Sprache achtete? Sie ist nicht mehr aufzuhalten, ihre Ausführungen sind mir fast peinlich, ich bin es nicht gewohnt, mit meiner Mutter orgiastische Erlebnisse zu teilen.

Unter dem starken Einfluss der Medikamente wird die Erinnerung schwammiger, was in die Realität herüberkommt, verzerrt. Manchmal werfe ich etwas ein. «Erinnerst du dich noch, als du damals…?», ich könnte so vieles aufgreifen, zu dem sie mich getrieben hat; ich will ihr die Zeit nicht stehlen, und abrechnen schon gar nicht. Dazu ist sie mir zu lieb. «Ja, ich weiss, ich habe dich oft im Stich gelassen, verzeih!» Ich nehme ihre Hand, die Hand meiner todgeweihten Mutter, und führe sie an meine Lippen und dann an mein Herz. Wir schweigen.

Vom Riesenfenster des Spitalzimmers aus betrachten wir gemeinsam den Sonnenuntergang über den Dächern von Basel. Das Telefon klingelt, wir gehen nicht ran. Dieser Augenblick gehört uns.

«Du musst nur das tun, was du wirklich willst, höre nur auf dich, lass dir nicht dreinreden. Das ist vorbei. Führe dein Leben, wie es dir gefällt.» Endlich spricht sie mir zu! Endlich wirft sie mich in die Welt! Mit Zuversicht, wie bei Khalil Gibran:

Eure Kinder sind nicht eure Kinder. Sie sind die Söhne und Töchter der Sehnsucht des Lebens nach sich selber.

An diesem Abend, kurz vor ihrem Todesweg, legten sich Abschied und Aufbruch wie zwei verlorene Hälften zueinander.

Sie ging von der Welt, ich brach auf, sie zu erobern.

Der Tod meiner Mutter weckte mich aus einem Dornröschenschlaf. Ich trauerte, und doch gelang es mir in meiner Tristesse, langsam aus mir herauszukommen. Aus ihren Bestärkungen, mich auf mich selber zu besinnen und meinen Weg zu gehen, schöpfte ich Selbstvertrauen. Die inneren Mauern, die ich nicht gelernt hatte zu überwinden, trug ich nun Stein für Stein ab. Ich machte mich frei für Neues.

Am 2. November 2004 wurde in Amsterdam Theo van Gogh, Filmregisseur, Publizist, Satiriker, vom 26-jährigen Marokkaner Mohammed Bouyeri, in den Niederlanden geboren und aufgewachsen, auf offener Strasse ermordet.

In einem seiner letzten Filme, mit dem Titel ‹Submission›, in Zusammenarbeit mit der Islam-Kritikerin und ehemaligen Muslimin Ayaan Hirsi Ali entstanden, lässt Van Gogh vier islamische Frauen über ihre Missbrauchserfahrungen sprechen. Ich persönlich fand den Film nicht besonders gut, er reproduzierte Stereotypen, die filmische Verarbeitung sprach mich nicht an. Der Film führte zu heftigen Reaktionen unter Muslimen, für van Gogh endete er mit einem grausamen Tod.

Nach der Fassungslosigkeit die Wut! Ich erschrak über den jungen Mörder, der von Meinungsfreiheit und -vielfalt meilenweit entfernt war, der in mafioser Manier sein Verständnis vom ‹rechten Denken› durchgesetzt hatte. Der extremistische Islam fundamentalistischer Prägung hatte sich mitten unter uns eingenistet, so schien es. Dagegen musste ich mich wehren. Im Namen der Toleranz, der Freiheit, wie sie in der Allgemeinen Erklärung der Menschenrechte festgehalten ist.

Ich war nicht die einzige Muslimin in der Schweiz, die so dachte. Unmittelbar nach den Messerstichen von Amsterdam fand ich eine Gleichgesinnte. In der Person von Saïda Keller-Messahli. Die säkulare Schweizer Muslimin tunesischen Ursprungs teilte mein Unbehagen.

Es war höchste Zeit, dass wir Muslime im Westen bzw. in der Schweiz den Islam nicht den Fundamentalisten überliessen. Wir mussten aus dem Schatten treten und den zunehmend extremistischen Tendenzen entgegentreten.

Saïda brachte in Zürich im Dezember 2004 gleichgesinnte muslimische und nichtmuslimische Männer und Frauen zusammen. Wir waren vereint in unserem Bedürfnis, den Islam einer kritischen Sichtweise zu unterziehen. Der Islam müsse mit Demokratie, Menschenrechten und

Verfassung kompatibel sein und nicht umgekehrt. Wir wollten einen Prozess in Gang bringen, eine Debatte über Inhalte anregen, ohne Tabus, ohne Zensur, im Geiste der Freiheit, wie es uns unsere Grundrechte in der Schweizer Bundesverfassung zusprachen. Nachdem Saïda die Statuten geschrieben hatte, gründeten wir gemeinsam das ‹Forum für einen fortschrittlichen Islam› und wählten Saïda zur Präsidentin.

Saïda gehört zu jenen Menschen, die mein Leben grundlegend verändert haben. Ganz anders als ich ist sie darin geübt, Forderungen zu stellen und aktiv in der Schweizer Gesellschaft einzubringen. Als ich noch händeringend einen muslimischen Ehemann zu ergattern versuchte, war sie schon jahrelang Vorstandsmitglied der 1976 gegründeten ‹Gesellschaft Schweiz–Palästina›, hatte auch die ‹Stiftung für Palästina› gegründet und gehörte zu den ersten Engagierten der SP-nahen ‹Second@s Plus-Partei›. Sie besitzt ein Gespür für gesellschaftliche Entwicklungen und versteht es, sie aufzunehmen. Kurz, sie zeigte mir, dass mit Engagement und kleinen Schritten Veränderung möglich ist. Ich hatte mich bis anhin nie für Ideale eingesetzt oder mit anderen zusammen einen Prozess in Gang gesetzt, ich war zu sehr mit meiner Identitätssuche beschäftigt, mit den Hürden, mit der Überwindung von Anerzogenem. Ich war gewohnt, im Schatten zu stehen und nicht vorzutreten, in der festen Annahme, dass mein Anteil nichts Substanzielles beinhalten würde. Die unzähligen Nein-das-geht-nicht, Nein-das-darfst-du-nicht, Nein-das-gehört-sich-nicht, Nein-das-ist-verboten, Nein-das-kannst-du-nicht, Nein-das-verstehst-du-nicht kumulierten sich durch meine Kindheit, meine Jugend; und auch im Erwachsenenalter hatten sich Neins auf meiner Hardware eingenistet, wie die Gäste am Stammtisch des Alt Ausseer Schneiderwirts! Doch nun nahm ich die Fäden selbst in die Hand.

Im ‹Forum für einen fortschrittlichen Islam› brachte ich alle meine Fragen und Zweifel auf den Tisch. Ja, sie waren sogar erwünscht. Unter der Führung von Saïda, mit dem Vorstand und der Unterstützung der Vereinsmitglieder ist es uns gelungen, unsere Gruppe in der Schweiz zu etablieren. Wir sind ein gefragter Partner, eine Anlaufstelle für alle Belange rund um das Fortschrittlichkeitspotenzial des Islam in der

Schweiz geworden. Unsere Meinung zählt. Wir laden Referenten ein, die einen offenen und kritischen Islam vertreten. Wir wollen Festgefahrenes aufweichen, Religion ist Stütze im Leben, eine Freude und keine Bürde.

Und so komme ich zu einem vorläufigen Ende.

Ich habe noch viele Projekte: Geschichten von Menschen und Orten ineinanderverweben, erzählen, Reportagen schreiben, über Ägypten, Österreich, die Schweiz, über das Gemeinsame, das Trennende, über den Brückenbau. Gespräche führen, mit Verstand, Herz, Toleranz. Ich will mich vorwagen für andere oder demütig schweigen, wenn es die Situation gebietet.

Einmal mehr geht hier in Kairo die Sonne unter.

Mein Herz gehört Ägypten. Mein Wunsch soll in Erfüllung gehen: Freiheit für Ägypten, endlich Demokratie, das Ende der Diktatur, echte Partizipation und ein menschenwürdiges Leben für alle.

Die Zeit des Aufbruchs ist gekommen und die Gewissheit, dass es anders werden muss, wenn es besser werden soll.

Epilog

Als ich 2007 meine erste Reportage über das kulturelle Leben in Kairo für die Basler Zeitung schrieb, begegnete ich Ala' al Aswani. Im Centre Culturel Français im Stadtteil Mounira wurde sein Film ‹L'immeuble Yacoubian› (Der Jakubianbau) in Anwesenheit der Filmcrew gezeigt; auch die Filmdiva Yosra war kurz zur Visionierung da. Nach der Pressekonferenz traf ich Aswani im Garten. Mein Buchprojekt war damals noch eine Kopfgeburt. «Na und? Vergiss den Leser, vergiss den Verlag, denk nur an dich. Schreib auf, was dich bewegt.» Aswanis Aufmunterung knüpfte an die Aufforderung meiner Mutter an, mich auf mich zu besinnen.

Ich glaubte jedoch nicht an mich, ich hatte ja keine besondere Botschaft.

Aber der Gedanke setzte sich fest; in meinem Kopf begannen sich die Seiten zu füllen. Mein Leben als ganz ‹normale› Muslimin wollte ich zum Gegenstand nehmen.

Über zwei Jahre trug ich Geschichten mit mir herum. Aber ich getraute mich nicht, ich wartete auf ein Startsignal.

Bis zur Minarettverbotsinitiative.

Nun setzte ich mich hin und schrieb.

Ich hatte Menschen um mich, die mich bestärkten und mir Mut machten, die mich im Prozess des Schreibens begleiteten; ohne sie hätte ich es nicht gewagt.

Elham, Freundin und Mitstreiterin für einen zeitgemässen Islam, sagte: «Schreib über deine Erfahrungen als Muslimin, du stehst dazwischen, du weisst, wie das ist.»

Monika, aufmerksame, literaturbewandte Sängerin und szenische Lektorin mit Gespür für Text, gab mir ‹grünes Licht›, als ich mich einmal vorgewagt hatte, um ihr eine meiner ‹Schriften› vorzulegen: «Mach weiter, das entwickelt sich schon.»

Ildiko, belesene Seelenverwandte, die als Erste einen Blick auf das Geschriebene warf: «Schreib nicht so lange Sätze, bleib bei dir. Machs spannend!»

Helene, rastlose Reporterin, Reisegefährtin durch Lebensstationen und durch die ägyptische Landschaft: «Mach ja nicht auf Mitleid, so wie die Haremsfrauen hinter Gittern und die Burkasklavinnen!»

Thomas, ehemaliger Rektor am Freien Gymnasium, Deutschlehrer, der unmissverständlich, aber liebevoll motivierend einige Kapitel korrigierte: «Verstehe ich nicht! Willst du das nicht ausführen? Tönt so schlagwortartig! Bitte mehr Fleisch am Knochen!»

Nadas stundenlanger Kampf mit dem Blätterwald – ihr kleiner Drucker für den Heimgebrauch war dem Papieransturm fast nicht gewachsen. Ihr verdanke ich es, 220 Seiten ‹Selbstgemachtes› zum ersten Mal in Händen zu halten. Ein unbeschreibliches Gefühl!

Jacqueline, die mich mit starkem Espresso ohne Zucker umsorgte, derweil ich das Manuskript zum xten Mal überarbeitete, Leseproben an die Verlage vorbereitete und ihre Druckerpatronen leerte.

Ich danke meinem Vater, von ihm habe ich Ägypten; meiner Tante, sie wird nicht müde, bei einer österreichisch-monarchischen Jause meinen zeitgeschichtlichen Horizont zu erweitern; meiner Cousine Anni; den Freundinnen und Freunden, die mir ein offenes Ohr leihen, wenn die zwei Seelen in meiner Brust wieder einmal unlösbar verstrickt sind: Monika, Feryal, Rebekka, Suzanne, Elsbeth, Nicole, Donata, Asma, Ursula (aus Wien), Ursula (aus Basel), Marzia, Winfried, Idris; meiner ägyptischen Familie, die mich unterstützt, wenn ich mich in Kairo verloren fühle, Magdi, Maha, Wafa. Sie alle haben mich beim Schreiben begleitet.

GLOSSAR

A

- **Abba Eban:** 1915–2002. Israelischer Aussenminister von 1966–1974
- **Abdinpalast:** ehemaliger Palast von König Faruk I. in Kairo, liegt am Midan al-Gumhuriya. Wird heute als Residenz des ägyptischen Präsidenten genutzt.
- **Abraham B. Jehoshua:** geb.1936. Israelischer Autor, stammt aus einer Familie orientalischer Juden. Er hat es sich zur Aufgabe gemacht, zwischen Arabern und Israelis eine Mittlerrolle zu spielen. Befürwortet einen eigenen Palästinenserstaat.
- **Abukir:** Hafenstadt etwa 15 Kilometer nordöstlich von Alexandria
- **Adan:** arabisch ‹Gebetsruf›, wird fünfmal täglich zum Aufruf des gemeinschaftlichen Gebets (Salat) durch den Muezzin (Gebetsrufer) ausgerufen. Heute geschieht dies über Lautsprecher.
- **Adan al Maghrib:** arabisch ‹Aufruf zum Sonnenuntergangsgebet›
- **Affaire du foulard:** frz. ‹die Kofptuchaffäre›. Weigerung dreier muslimischer Schülerinnen im Oktober 1989 an einem staatlichen Gymnasium des Pariser Vororts Creil, die Kopfbedeckung abzulegen. Der Vorfall löste in Frankreich eine hitzige Debatte über den Laizismus aus, die im Jahre 2004 schliesslich zum Gesetz über das Verbot des Tragens von religiösen Symbolen an sämtlichen öffentlichen Institutionen geführt hat.
- **Afghanistankrieg:** Von den USA und ihren Verbündeten im Herbst 2001 eingeleitete kriegerische Intervention gegen die seit 1996 herrschende Taliban-Regierung mit dem Ziel, diese zu stürzen und die al-Qaida zu bekämpfen, die für die Terroranschläge am 11. September 2001 verantwortlich gemacht wurde.
- **Aharon Appelfeld:** geb. 1932. Israelischer Schriftsteller. In seinem Werk beschäftigt sich Appelfeld mit Schicksalen jüdischer Menschen in einer von Multikulturalität geprägten Gesellschaft.
- **Ahlan:** arabisch ‹willkommen› oder ‹hallo›
- **Ahlan biki:** arabisch ‹Du bist herzlich willkommen›; richtet sich an eine weibliche Person.
- **Ahlan, ja habibti:** ägyptisch-arabisch ‹Grüss dich, mein Schatz›; richtet sich an eine weibliche Person.
- **Ahlan, ja helwa, hati busa:** ägyptisch-arabisch ‹Grüss dich, meine Schöne, gib mir einen Kuss›.

- **AIDA:** Kaffeehauskette in Wien
- **Aïsha Lemsine:** geb.1942. Pseudonym für Aïsha Laidi, algerische Schriftstellerin, die in ihren Romanen die Situation der Frauen thematisiert.
- **Ala' al Aswani:** geb. 1957. Ägyptischer Schriftsteller und Zahnarzt. Im Jahre 2002 Veröffentlichung des Romans ‹Der Jakubijân-Bau›. Wird zum Bestseller in der arabischen Welt. In diesem Roman zeichnet Aswani ein Bild der ägyptischen Gesellschaft. Er berührt dabei viele Tabus wie korrupte Politik, geheuchelte Sexualmoral, alltägliche Gewalt, Homosexualität, Klassenschranken.
- **Aleikum as salam:** arabisch ‹Friede sei mit euch›, wird als Antwort auf die Grussformel ‹as-salamu-aleikum› verwendet.
- **Alexandria:** Hafenstadt an der Mittelmeerküste Ägyptens, nach Alexander dem Grossen benannt, zweitgrösste Stadt nach Kairo.
- **Al-Farabi:** 870–950, muslimischer Philosoph und Gelehrter aus Zentralasien. In der Wissenschaftsgeschichte des Islam wird Al-Farabi als ‹Zweiter Lehrer› nach Aristoteles gesehen. Er kannte die meisten philosophischen Texte griechischer Autoren, die bis dahin auf Persisch oder Arabisch vorlagen, und trieb die Übersetzung weiterer Texte voran. Es war auch sein Verdienst, dass die griechische Philosophie ihren Weg in das Abendland fand. Er beschäftigte sich mit Logik, Ethik, Politik, Mathematik, Philosophie und Musik. Al-Farabi ist einer der wichtigsten Vertreter der islamischen Philosophie. Herausragendster und umfassendster Denker des 10. Jahrhunderts, grösster Theoretiker der islamischen Musikgeschichte.
- **Al-Islam huwa al-hall:** arabisch ‹der Islam ist die Lösung›; Slogan religiös motivierter islamischer Gruppierungen oder Parteien.
- **Al Jazeera:** arabisch ‹die Insel›, arabischer Nachrichtensender in Doha (Katar)
- **Allahu akbar:** arabisch ‹Gott ist der Grösste›
- **Allgemeine Erklärung der Menschenrechte:** auch ‹Deklaration der Menschenrechte› oder ‹UN-Menschenrechtscharta›. Ausdrückliches Bekenntnis der Vereinten Nationen zu den allgemeinen Grundsätzen der Menschenrechte. Am 10. Dezember 1948 von der Generalversammlung der Vereinten Nationen im Palais de Chaillot in Paris genehmigt und verkündet.
- **Al-tadaiun al badil:** arabisch ‹Ersatzreligiosität›
- **Alt Aussee:** österreichische Gemeinde im steirischen Salzkammergut. Der Ort liegt am Fusse des Toten Gebirges, besonders als Kurort (Sole) bekannt.
- **Amethyst:** violette Varietät des Minerals Quarz (SiO_2). Eignet sich als Schmuckstein.

- **Amin:** arabisch ‹Amen›. Als Schlussformel bei Gebet und Segen verwendet.
- **Amina Wadud:** muslimische Afroamerikanerin. Steht am 18. März 2005 in der Episcopal Cathedral St. Johns the Divine in New York als Frau einem islamischen Gemeinschaftsgebet vor.
- **Amn Markasi:** arabisch ‹Zentrale Sicherheit›. Truppen des Innenministeriums, die in Ägypten für die innere Sicherheit zuständig sind.
- **Amoz Oz:** geb. 1939. Israelischer Schriftsteller. Mitbegründer der Bewegung ‹Peace Now›, Organisation der israelischen Friedensbewegung. Oz ist Befürworter der Zwei-Staaten-Lösung im Nahostkonflikt.
- **Anwar as-Sadat:** 1918–1981. Ägyptischer Präsident nach Gamal Abdel Nasser. Löst das Land aus der engen Bindung mit der Sowjetunion, nähert sich Amerika und dem Westen an. Führt Ägypten in den Oktoberkrieg (Jom-Kippur-Krieg) 1973. Reist als erster arabischer Staatschef nach Israel. Schliesst 1979 den Friedensvertrag von Camp David zwischen Israel und Ägypten. Erhält 1978 zusammen mit Menachem Begin den Friedensnobelpreis. Fällt anlässlich einer Militärparade einem Attentat zum Opfer, das Gegner seiner Politik der Aussöhnung mit Israel verübten.
- **Aqsunqur-Moschee:** auch ‹Blaue Moschee› genannt, wegen der blauen Fliesenwand im Inneren. Wurde in den Jahren 1346 bis 1347 von Aqsunqur al-Nasir in Kairo erbaut.
- **Aristoteles:** 384 v. Chr.–322 v. Chr., griechischer Philosoph
- **arte:** Fernsehsender mit Sitz in Strassburg. Schwerpunkt Kultur, Europa und die Vermittlung von Informationen aus vorzugsweise ungewöhnlichen Perspektiven.
- **Askari:** arabisch ‹Soldat, Wachmann›
- **As salamu aleikum:** arabisch ‹Friede sei mit dir/euch›, Begrüssung
- **Assia Djebar:** geb. 1936. Eine in französischer Sprache schreibende algerische Schriftstellerin. Sie gilt als eine der renommiertesten Autorinnen aus dem Maghreb.
- **Ataif:** Süssigkeit, die im Ramadan gereicht wird. Teigtaschen mit Nüssen und Rosinen oder Pudding gefüllt, in heissem Öl herausgebacken. Vor dem Servieren in flüssigem Zucker getränkt.
- **Aufenthaltsbewilligung B:** einjährige Aufenthaltsbewilligung für ausländische Bürger in der Schweiz. Wird von der Wohngemeinde beim Nachweis eines Arbeitsplatzes oder bei Eheschliessung mit einem Schweizer oder einer Schweizerin erteilt.

- **Austrian Maid:** engl. ‹österreichische Hausangestellte›
- **Autopartei:** gegründet 1985. Zwischenzeitlich Freiheits-Partei der Schweiz (FPS). Politische Partei, die am rechten Rand agiert.
- **Ayaan Hirsi Ali:** geb. 1969. Niederländische Politikerin, stammt aus Somalia. Frauenrechtlerin und Islamkritikerin.
- **Ayatollah Chomeini:** 1902–1989. Schiitischer Geistlicher, politischer und spiritueller Führer der Islamischen Revolution in Iran von 1978 bis 1979. Stürzte aus dem französischen Exil heraus die Regierung von Mohammed Reza Pahlevi, dem damaligen Schah des Iran. Chomeini gilt als der Gründer der Islamischen Republik im Iran. Er war bis zu seinem Tod oberster Rechtsgelehrter und Staatsoberhaupt.
- **Ayyubiden:** muslimisch-kurdische Dynastie, die von 1171–1252 in Ägypten herrschte.
- **Azhar-Park:** Park in Kairo entlang der ayyubidischen Stadtmauern. Von der Aga-Khan-Stiftung finanziert, auf einem ehemaligen Mülldepot der Stadt angelegt.

B

- **Bad Ischl:** Kurort im steirischen Salzkammergut. Sommerfrische von Kaiser Franz Joseph von Österreich. Dort fand die erste Begegnung und Verlobung zwischen Franz Joseph und Elisabeth zu Bayern, Sissi, statt.
- **Bahai:** Mitglieder einer weltweit verbreiteten Religion, die im 19. Jahrhundert von Baha'u'llah gestiftet wurde. Sie lehrt einen abrahamitischen Monotheismus eigener Prägung, in dessen Mittelpunkt der Glaube an einen transzendenten Gott, die mystische Einheit der Religionen und der Glaube an die Einheit der Menschheit stehen. Die Bahai vertreten eine handlungsorientierte Ethik, die sich einer humanitären Vision des sozialen Fortschritts verpflichtet. Mitglieder der Bahaireligion werden im Iran verfolgt.
- **Bakschisch:** persisch ‹Almosen, Gabe›, wird für ‹Trinkgeld› verwendet
- **Banlieues:** frz. ‹Vorort, Vorstadt›
- **Bar Mizwa:** hebr. ‹Sohn der Pflicht›. Religiöse Mündigkeit für Jungen im Alter von 13 Jahren. Ab diesem Alter ist ein Junge für die Beachtung und Einhaltung der jüdischen Gebote (Mitzwot) verantwortlich, er darf religiöse Aufgaben erfüllen, etwa in der Synagoge aus der Thora vorlesen.
- **Bas ja sidi, ehda!:** ägyptisch-arabisch ‹Hör auf, beruhige dich!›
- **Bawwab:** arabisch ‹Türsteher, Hausmeister›
- **BBC:** engl. ‹British Broadcasting Corporation›, britische Rundfunkanstalt mit

mehreren Hörfunk- und Fernsehprogrammen. Die BBC wurde 1922 in London als unabhängiger Radiosender gegründet.

- **Bida:** arabisch ‹unzulässige Hinzufügung oder Veränderung einer religiösen Praxis›
- **Bismillahir-rahmanir-rahim:** arabisch ‹Im Namen Allahs, des Allerbarmers, des Barmherzigen›. Eröffnungsformel des Gebetes. Wird auch im Alltag ausgesprochen, bevor man mit etwas beginnt.
- **Beatles:** britische Rockband von 1960–1970, bestehend aus John Lennon, Paul McCartney, George Harrison und Ringo Starr. Gehörte zu den erfolgreichsten Bands des 20. Jahrhunderts.
- **Beatrice:** 1266–1290. Beatrice Portinari war die Jugendliebe Dante Alighieris, beeinflusste sein Schaffen massgeblich.
- **Beit el Islam:** arabisch ‹Haus des Islam›. Gebiete, in denen der Islam Mehrheitsreligion ist.
- **Beurs:** frz. ‹Araber›, aus der frz. Jugendsprache ‹Verlan›, in der die Silben umgekehrt werden. Bezeichnet die Kinder der maghrebinischen Immigranten aus Algerien, Marokko und Tunesien, die entweder als Kinder nach Frankreich gekommen sind oder dort bereits als zweite Generation geboren wurden.
- **Biladi, biladi, biladi, laki hubi wa fuadi:** arabisch, Refrain der ägyptischen Nationalhymne, ‹Oh du mein Heimatland, meine Liebe und meine Loyalität sind dir gewiss›.
- **Black Moving Objects:** engl. ‹schwarze sich bewegende Objekte›
- **Blauring:** Jungwacht/Blauring ist der grösste katholische Kinder- und Jugendverband der Schweiz. Mädchen können im Blauring mitmachen, Knaben in der Jungwacht. In einigen Pfarreien haben sich Blauring & Jungwacht zur Jubla zusammengeschlossen und treffen sich in gemischten Gruppen.
- **Böhmische Granaten:** blutrote durchsichtige Bergkristalle aus Böhmen, die geschliffen zu Schmuck verarbeitet werden. Beliebt als Trachtenschmuck.
- **Bombenattentate von Madrid und London:** der Terrorgruppe al-Qaida angelastete Bombenexplosionen vom 11. März 2004 in Madrid und vom 7. Juli 2005 in London.
- **Brigitte Bardot:** geb. 1934. Französische Filmschauspielerin und Sängerin. Internationaler Durchbruch 1956 mit dem Film ‹Und immer lockt das Weib›, der den Mythos von der blonden Verführerin begründete.
- **Brüttisellen:** Wangen-Brüttisellen, schweizerische Gemeinde im Bezirk Uster des Kantons Zürich

C

- **Candide:** ‹Candide oder der Optimismus› (frz. Candide ou l'optimisme). 1759 anonym erschienener satirischer Roman des französischen Philosophen Voltaire.
- **Carpe diem:** lat. ‹Pflücke den Tag›
- **Celaleddin Rumi:** 1200–1273. Prediger, Philosoph, Dichter, lyrischer Poet, Sufi. Sein Grab befindet sich in Konya. Obwohl unter Attatürk alle religiösen Sekten verboten wurden, ist das Mevlana-Kloster noch heute einer der beliebtesten Wallfahrtsorte der Türkei.
- **Chalas, mush kader:** ägyptisch-arabisch ‹Genug, ich kann nicht mehr›
- **Chawaga/ia:** ägyptisch-arabisch ‹Fremder, Fremde›. Wird in Ägypten für westliche Nichtägypter verwendet.
- **Che Guevara:** 1928–1967. Ernesto Guevara de la Serna, genannt ‹Che Guevara› oder ‹Che›. Marxistischer Politiker, Guerillaführer und Autor. Zentraler Anführer (Comandante) der Kubanischen Revolution von 1957/58, neben Fidel Castro deren wichtigste Symbolfigur.
- **Collège Saint Marc:** frz. Schule in Alexandrien
- **Commune:** frz. ‹La Commune de Paris›. Spontan gebildeter revolutionärer Pariser Stadtrat vom 18. März bis 28. Mai 1871, der gegen den Willen der konservativen Zentralregierung versuchte, Paris nach sozialistischen Vorstellungen zu verwalten.
- **CNN:** Cable News Network. Amerikanischer Fernsehsender mit Sitz in Atlanta. Gegründet von Ted Turner als weltweit erster reiner Nachrichtensender, begann seinen Sendebetrieb am 1. Juni 1980.
- **Cremeware:** engl. ‹cremefarbenes Porzellan›

D

- **Dänische Mohammedkarikaturen:** eine Serie von zwölf Karikaturen, die den Propheten Mohammed zum Thema haben. Sie wurden am 30. September 2005 in der dänischen Tageszeitung Jyllands-Posten veröffentlicht. Daraufhin kam es zu weltweiten Protesten muslimischer Organisationen. Die Karikaturen führten zu einer Diskussion über die Religions-, Presse-, Kunst- und Meinungsfreiheit. Die Existenz eines Verbots bildlicher Darstellung des Gesichts Mohammeds ist im Islam umstritten und wird unterschiedlich streng ausgelegt. Dennoch stellt die Abbildung Mohammeds in den Augen vieler Muslime eine Herabwürdigung ihres Propheten dar.
- **Daniel Barenboim:** geb.1942. Weltweit bekannter Pianist und Dirigent mit

argentinischer, israelischer, spanischer und symbolischer palästinensischer Staatsangehörigkeit.

- **Dante Alighieri:** 1265–1321, italienischer Dichter. Er hat mit seiner ‹Göttlichen Komödie› (ital. La Divina Commedia), einem der Hautpwerke der italienischen Literatur, das bis dahin dominierende Latein überwunden und das Italienisch zu einer Literatursprache gemacht. Die ‹Commedia› schildert in der Ichform eine Reise durch die drei Reiche der jenseitigen Welt (Hölle/ Inferno, Fegefeuer/Purgatorio, Paradies/Paradiso).
- **David Grossman:** geb. 1954. Israelischer Schriftsteller, linksgerichteter Friedensaktivist. Forderte 2006 gemeinsam mit Abraham B. Jehoshua und Amos Oz von Israels Regierungschef Ehud Olmert ein sofortiges Ende der Kämpfe im Libanon.
- **Deutsche Schule der Borromäerinnen:** 1904 von den Barmherzigen Schwestern vom Orden des heiligen Karl Borromäus in Kairo gegründete Mädchenschule mit Kindergarten.
- **Devotionalien:** aus lat. ‹devotio›, ‹Hingabe, Ehrfurcht›. Gegenstände, die zur religiösen Andacht benutzt werden, z. B. Kreuze, Kruzifixe, Rosenkränze, Heiligenfiguren, Weihwasserbecken, Ikonen, Andachtsbilder und Medaillen mit religiösen Motiven.
- **Diaspora:** gr. ‹Verstreutheit›, bezeichnet religiöse oder ethnische Gruppen, die ihre traditionelle Heimat verlassen haben und unter Andersdenkenden lebend über weite Teile der Welt verstreut sind.
- **Draussen vor der Tür:** Theaterstück des deutschen Autors Wolfgang Borchert (1921–1947). Ein Kriegsheimkehrer kehrt aus der Kriegsgefangenschaft zurück, es gelingt ihm jedoch nicht, sich wieder ins Zivilleben einzugliedern.
- **Dschizya:** arabisch ‹Tribut›. Bezeichnung für die den nichtmuslimischen Schutzbefohlenen (Dhimmi) unter islamischer Herrschaft auferlegte Steuer. Wird heutzutage in islamischen Ländern nicht mehr erhoben.
- **Dual:** Hersteller von Plattenspielern

E

- **Egyptian Army, defeated in six days!:** engl. ‹Ägyptische Armee innerhalb von sechs Tagen geschlagen›
- **Elham Manea:** geb.1966. Jemenitisch-schweizerische Doppelbürgerin, Politikwissenschaftlerin und Islamreformerin, vertritt einen humanistischen Islam.
- **Eli Amir:** geb. 1937. Israelischer Schriftsteller. Emigrierte 1950 vom Irak nach

Israel. Seine Bücher erzählen von der schwierigen Suche nach Identität emigrierter orientalischer Juden in Israel.

- **Elisabeth von Österreich:** 1837–1898, auch Sissi genannt. Durch ihre Heirat mit Franz Joseph I. ab 1854 Kaiserin von Österreich. Wurde in Genf vom italienischen Anarchisten Luigi Lucheni ermordet.
- **Elmayer:** Tanzschule Elmayer, gegründet 1919 durch Rittmeister Willibald (Willy) Elmayer-Vestenbrugg (1885–1966) in den ehemaligen Stallungen des Palais Pallavicini in der Bräunerstrasse 19, im 1. Wiener Gemeindebezirk. Traditionsreiche Tanzschule in Wien, ist auch verantwortlich für die grossen Wiener Bälle wie den Opernball. Zusätzlich zu den Tanzkursen werden Etikettkurse angeboten.
- **Enti talek:** arabisch ‹Du bist geschieden›. Scheidungsformel, die der Mann laut islamischem Recht dreimal auszusprechen hat, um sich von der Frau scheiden zu lassen.
- **Etat laïque:** frz. ‹laizistischer Staat›, gemeint ist die Trennung von Staat und Kirche
- **(Erster) 1. November 1986:** Grossbrand beim Chemiekonzern Sandoz (heute Novartis) im schweizerischen Schweizerhalle
- **Etfadali ja Madam:** ägyptisch-arabisch. Höfliche Aufforderung an eine Frau an etwas teilzunehmen, Platz zu nehmen oder mit dem Sprechen zu beginnen.
- **ETH:** gegründet 1855. ‹Eidgenössische Technische Hochschule›. Technisch-naturwissenschaftliche Universität in Zürich.
- **Eton College:** 1440 von König Heinrich VI. im engl. Eton, in der Nähe von Windsor, gegründet. Internat für Knaben im Alter von 13 bis 18 Jahren. Gilt als Eliteschule der Aristokratie.
- **Expat:** engl. Abkürzung von ‹expatriate›. Eine Fachkraft, die von einem internationalen Unternehmen vorübergehend an eine ausländische Zweigstelle entsandt wird.

F

- **Faddan:** arabisch, Feldmass, ungefähr eine halbe Hektare
- **Faiza Ahmad:** 1934–1983. Ägyptische Sängerin und Schauspielerin.
- **Farida:** 1921–1988. Ehefrau von König Faruk I. von Ägypten. Gebar drei Töchter; nachdem der Thronfolger ausblieb, liess er sich 1948 von ihr scheiden.
- **Faruk:** 1920–1965. Regierte von 1936 bis 1952 als König von Ägypten und Sudan. Er war der zehnte Herrscher der Dynastie von Mohammed Ali. Nach

der Revolution der Freien Offiziere im Jahre 1952 wurde die Monarchie abgeschafft; der König und seine Familie ging ins italienische Exil.

- **Fatwa:** arabisch ‹Rechtsgutachten›, von einem in islamischem Recht ausgebildeten Rechtsgelehrten ausgestellt. Wird von Muslimen eingeholt, wenn sie sich unsicher sind, ob ihr Handeln islamkonform ist. An der ‹Dar al Ifta›, dem Haus der Rechtsgutachten in Kairo, einem der Azhar-Universität angegliederter Zweig, kann jeder Muslim und Nichtmuslim ein solches Rechtsgutachten gratis einholen.
- **Fawiti:** ägyptisch-arabisch ‹Lass gut sein, sei nicht so genau, hab dich nicht so›
- **Felfela:** beliebtes Restaurant mit ägyptischer Küche in der Hoda-Sharawi-Strasse im Stadtzentrum von Kairo.
- **Finken:** schweizer Mundart für ‹Hausschuhe›
- **Five-O'Clock-Tea:** Tee, der um fünf Uhr nachmittags in England gereicht wird.
- **Flower Power:** engl. ‹Blumenmacht›. Schlagwort der Hippiebewegung Ende der Sechzigerjahre. Wurde 1965 vom US-amerikanischen Dichter Allen Ginsberg geprägt.
- **Forsyte Saga:** Klassiker der modernen englischen Literatur. John Galsworthy (1867–1933) erhielt 1932 dafür den Literaturnobelpreis. Im Werk werden die Ereignisse in einer Familie der oberen Mittelschicht Englands Ende des 19. und Anfang des 20. Jahrhunderts, beschrieben. Für Fernsehen und Kino verfilmt.
- **Forum für einen fortschrittlichen Islam:** Verein gegründet im Dezember 2004 von Muslimen und Nichtmuslimen. Präsidiert von Saïda Keller-Messahli.
- **Franz Joseph:** 1830–1916. Franz Joseph I. aus dem Haus Habsburg-Lothringen. Von 1848–1916 Kaiser von Österreich und Apostolischer König von Ungarn.
- **Freie Offiziere:** Bewegung mit Gamal Abdel Nasser (1954–1970) als führendem Kopf, die am 23. Juli 1952 (ägyptischer Nationalfeiertag) König Faruk I. inthronisierte.
- **Fûl:** arabisch, Bohnenart. Nationalgericht Ägyptens, sehr reich an Proteinen. Verschiedene Zubereitungsarten.
- **Fûl sudani:** arabisch für ‹spanische Nüssli, Salzerdnüsse›

G

- **Gamal Abdel Nasser:** 1918–1970. Ägyptischer Präsident von 1954 bis zu seinem Tod. Anführer des Putsches der Freien Offiziere gegen König Faruk und die Monarchie; Ägypten wird 1952 zu einer Präsidialrepublik. Nasser ist Symbolfigur für den panarabischen Nationalismus.
- **Gamal al-Banna:** geb. 1920. Ägyptischer Islam-Gelehrter, jüngster Bruder von Hassan al-Banna, dem Begründer der Muslimbruderschaft und Grossonkel des bekannten Schweizer Muslims Tariq Ramadan. Al-Banna vertritt eine rationalistische, humanistische Islam-Interpretation.
- **Galabia:** arabisch ‹langes Gewand›. Kleidungsstück der Menschen aus den dörflichen Gegenden.
- **Gargir:** arabisch, eine Art Rucola
- **George W. Bush:** geb. 1946. US-amerikanischer Politiker der Republikanischen Partei; 2001–2009 43. Präsident der Vereinigten Staaten.
- **Gidu el Omda:** arabisch. Setzt sich aus den Wörtern ‹Grossvater› und ‹Bürgermeister› zusammen. Wurde als Anrede verwendet.
- **Goethe:** Johann Wolfgang von, 1749–1832. Goethes literarische Produktion umfasst Gedichte, Dramen, erzählende Werke (in Vers und Prosa), autobiografische, ästhetische, kunst- und literaturtheoretische sowie naturwissenschaftliche Schriften. Auch sein umfangreicher Briefwechsel ist von grosser literarischer Bedeutung.
  Vorreiter und wichtigster Vertreter des ‹Sturm und Drang›. Später wandte er sich inhaltlich und formal den Idealen der Antike zu und wurde ab den 1790er-Jahren, gemeinsam mit Friedrich Schiller, zum wichtigsten Vertreter der Weimarer Klassik.
- **Golda Meir:** 1898–1978. Premierministerin Israels von 1969–1974
- **Gscheat:** wienerische Bezeichnung für eine weniger gebildete Schicht
- **Gustav Klimt:** 1862–1918. Österreichischer Maler, Vertreter des Wiener Jugendstils, auch ‹Wiener Secession› genannt.

H

- **Habsburg:** europäische Dynastie, deren Name sich von ihrer Stammburg Habsburg im heutigen Kanton Aargau (Schweiz) herleitet.
- **Hadith:** arabisch ‹Mitteilung, Erzählung, Bericht›. Steht für die Aussprüche des Propheten Mohammed; die Summe dieser Überlieferungen bilden die Sunna. Sie enthalten zusätzliche Empfehlungen, wie Gläubige ein gottgefälliges Leben führen können. Die Sunna ist neben dem Koran die zweitwich-

tigste Quelle für Muslime und Teil der religiösen Gesetze. Orthodoxe Muslime messen ihr einen sehr hohen Stellenwert zu.

- **Haga:** ägyptisch-arabisch, Aussprache: ‹haja›. Titel eine Frau, die die Pilgerfahrt nach Mekka absolviert hat.
- **Haider:** Jörg, 1950–2008. Österreichischer Rechtspolitiker, von 1986 bis 2000 Vorsitzender der Freiheitlichen Partei Österreichs (FPÖ). Gründete im April 2005 die Partei Bündnis Zukunft Österreich (BZÖ). War von 1989 bis 1991 sowie von 1999 bis zu seinem Tod Landeshauptmann von Kärnten.
- **Halacha:** hebräisch ‹Gehen, Wandeln›. Rechtlicher Teil der Überlieferung des Judentums. In diesen rechtlichen Auslegungen des schriftlichen Kanons der Thora spiegeln sich die unterschiedlichen Meinungen der Rabbiner, Weisen und Gelehrten wider. Sie zielen auf Verhaltensregeln, die das gesamte Leben der Gläubigen betreffen. Historisch ist die Halacha ein Teil des Talmuds. Sie gehört zur sogenannten mündlichen Überlieferung, die sowohl in Jerusalem als auch in Babylon seit der Zeit nach der Zerstörung des ersten Tempels und dem babylonischen Exil festgehalten wurde.
- **Halal:** arabisch ‹erlaubt›
- **Halsband der Taube:** Titel einer Abhandlung über die Liebe, verfasst vom moslemischen Gelehrten Ibn Hazm im 11. Jh. in Andalusien.
- **Hamdillah as-salama:** arabisch. ‹Gepriesen sei Gott über die Unversehrtheit›; wird als Willkommensgruss zum Empfang von Reisenden, Rückkehrer und Wiedergenesenen verwendet.
- **Hanan El Sheich:** geb. 1945. Libanesische Schriftstellerin
- **Häresie:** von gr. ‹haíresis›, ‹Wahl, Auswahl›. Bezeichnet eine Lehre, die im Widerspruch zur Lehre einer vorherrschenden Auffassung steht. Der Begriff Häresie wird in Christentum, Judentum und Islam benutzt.
- **Haram:** arabisch ‹verboten, tabu›
- **Haramlik:** Frauenwohnbereich eines osmanischen Hauses
- **Hauptschule:** Sekundarstufe I im österreichischen Schulsystem, vergleichbar mit der Sekundarschule in der Schweiz, nichtgymnasialer Zug nach der Primarschule
- **Hazyland:** ehemaliges Dancing in Basel
- **hedonistisch:** aus dem gr. ‹hedonismós›, ‹Lust›; dt. ‹Hedonismus›, bezeichnet eine philosophische bzw. ethische Strömung, die Lust als höchstes Gut und Bedingung für Glückseligkeit und gutes Leben ansieht. Oft abwertend gebraucht und als Zeichen der Dekadenz interpretiert.

- **Heliopolis:** Stadtteil im Nordosten Kairos. In der altägyptischen Stadt Heliopolis stand der bedeutende Atum- und Re-Harachte-Tempel.
- **Hijâb:** arabisch ‹Vorhang›. Islamisch begründete Körperbedeckung für Frauen, die nicht nur den Kopf, sondern auch den Körper als Ganzes bedeckt.
- **Holbeingymnasium:** ehemaliges ‹Neusprachiges Gymnasium› in Basel-Stadt
- **Husni Mubarak:** geb. 1928. Seit 1981 Präsident Ägyptens, Vorsitzender der NDP, National Democratic Party. Regiert seit dreissig Jahren mit Notstandsgesetzen.

I

- **Ibn Arabi:** 1165–1240/45. Bekannter Sufi, gilt als Advokat religiöser Toleranz. Verfasser von Liebeslyrik; bedeutendes Werk ‹Tardschuman al Aschwaq› (‹Dolmetsch der Sehnsüchte›)
- **Ibn el Kalb:** arabisch ‹Hundesohn›, gängiges Schimpfwort in Ägypten
- **Ibn Hazm:** 994–1064. Arabischer Universalgelehrter im Kalifat von Córdoba. In seinem Werk ‹Die Trennung zwischen den Religionsgemeinschaften› unterzieht er Judentum, Christentum und den Zoroastrismus sowie die wichtigsten islamischen Sekten einer kritischen Untersuchung.
- **Ibn Sina:** 980–1037. Islamischer Philosoph, Arzt, unter dem Namen Avicenna bekannt. Sein Hauptwerk über Medizin war die wissenschftliche Grundlage für die Medizin des Abendlandes. Einer der berühmtesten Wissenschaftler des Islam.
- **Ibn-Tulun-Moschee:** flächengrösste Moschee Kairos. Von Ahmad ibn Tulun, der als Abbasiden-Statthalter 868–884 in Kairo herrschte, von 876 bis 879 errichtet.
- **Ibtihal Yunis:** Ehefrau von Nasr Abu Zaid
- **Idchul:** arabisch ‹herein›
- **Idu l-Adha:** höchstes islamisches Fest, auch Opferfest genannt; wird als Höhepunkt des Hadsch, der Wallfahrt nach Mekka, gefeiert; zum Gedenken an den Propheten Abraham, der die göttliche Probe bestanden hat und bereit war, seinen Sohn Ismael Gott zu opfern. An Idu l-Ahda schlachten vermögende Muslime ein Schaf und verteilen das Fleisch an die Bedürftigen.
- **Iftar:** arabisch ‹Frühstück›; auch das Mahl des Fastenbrechens im Ramadan
- **Imam:** arabisch ‹Vorsteher, Vorbild›. Vorbeter beim islamischen Gebet (arabisch: salat)
- **Inshallah:** arabisch ‹So Gott will›. Häufig benutzte Redewendung in der arabischen Umgangssprache.

- **Interrail:** Zugfahrkarte für die Dauer eines Monats für junge Erwachsene
- **Irakkrieg:** Im Jahr 2003, während der Amtszeit von George W. Bush, von den USA und verbündeten Staaten angeführte Invasion im Irak.
- **Iranische Revolution:** auch ‹Islamische Revolution›. Bewegung im Iran, die 1979 zur Absetzung von Schah Mohammed Reza Pahlavi und zur Beendigung der Monarchie im Iran führte. Symbolfigur und späterer Revolutionsführer war Ajatollah Ruhollah Chomeini, der 1979 sein Staatskonzept von der Regentschaft der Geistlichkeit durchsetzte.
- **Isaac Bashevi Singer:** 1902–1991. Polnisch-US-amerikanisch-jiddischer Autor. Erhielt als erster und einziger jiddischer Schriftsteller im Jahr 1978 den Nobelpreis für Literatur.
- **Iznik:** Stadt in der Türkei. Berühmt für Keramikmanufakturen.

J

- **Jackie Kennedy-Onassis:** 1929–1994. Ehefrau des 35. US-Präsidenten John F. Kennedy. Machte in den 60er-Jahren durch ihren modischen Stil und ihre Bemühungen um Förderung der Kultur auf sich aufmerksam. In zweiter Ehe mit dem griechischen Reeder Aristoteles Onassis verheiratet.
- **Jaffa-Orangen:** auch ‹Shamouti-Orangen›. Süsse, fast kernlose Orangensorte. Von arabischen Farmern in Palästina in der Mitte des 19. Jh. entwickelt. Von der Hafenstadt Jaffa aus wurden die Orangen exportiert.
- **Jagatee:** österreichisch für ‹Tee mit Rum›
- **Ja harami:** ägyptisch-arabisch ‹Du Dieb›
- **Ja ibn el kalb:** ägyptisch-arabisch ‹Du Sohn einer Hündin›
- **Ja mara ja wisha, hawadiki beit abuki! Ana ar-ragil fil beit, wa enti lazîm tismai kalami:** ägyptisch-arabisch ‹Du schmutziges Frauenzimmer, ich schicke dich zurück ins Haus deines Vaters. Ich bin der Mann im Haus und du musst mir gehorchen.›
- **Jane Austen:** 1775–1817. Britische Schriftstellerin, deren Hauptwerke wie ‹Stolz und Vorurteil› und ‹Emma› zu den Klassikern der angelsächsischen Literatur gehören.
- **Jassir Arafat:** 1929–2004. Palästinensischer Freiheitskämpfer, Politiker und Staatsmann, von 1996 bis zu seinem Tod Präsident der palästinensischen Autonomiegebiete. 1993 führte Arafat im Namen der PLO Friedensverhandlungen mit Israel, die zur gegenseitigen Anerkennung führten. 1994 erhielt er dafür gemeinsam mit Shimon Peres und Jitzhak Rabin den Friedensnobelpreis. Im Jahr 2000 verhandelte Arafat mit Israels damaligem Regierungschef

Ehud Barak und dem Präsidenten der USA, Bill Clinton, erfolglos über die Gründung eines unabhängigen palästinensischen Staates. Nach dem Scheitern dieser Friedensverhandlungen unterstützte Arafat die Zweite Intifada (Aufstand der Palästinenser).

- **Jearaf rabina:** arabisch ‹Er kennt Gott›, im Sinne des Führens eines gottgefälligen Lebens
- **Julirevolution von 1952:** Staatsstreich der ‹Freien Offiziere› unter der Führung Gamal Abdel Nassers in Ägypten. Führte zum Ende der Monarchie und zur Umwandlung in eine Republik.

K

- **Kabab halla:** ägyptisch-arabisch, Eintopfgericht mit Fleisch
- **Kant:** Immanuel, 1724–1804. Deutscher Philosoph im Zeitalter der Aufklärung. Er zählt zu den bedeutendsten Philosophen der abendländischen Philosophie. Sein Werk ‹Kritik der reinen Vernunft› kennzeichnet einen Wendepunkt in der Philosophiegeschichte und den Beginn der modernen Philosophie.
- **Khalifa:** arabisch ‹Nachfolger›
- **Karol Wojtyła:** 1920–2005. Johannes Paul II., von 1978 bis zu seinem Tode Papst der römisch-katholischen Kirche. Johannes Paul II. war der bislang einzige polnische Papst; sein Nachfolger wurde Benedikt XVI.
- **Kärntnerstrasse:** Haupteinkaufsstrasse im Wiener Ersten Bezirk
- **Katb el Kitab:** arabisch ‹die offizielle Eheschliessung›. Die eigentliche Unterzeichung des Ehevertrags zwischen den Brautleuten. Das Zusammenleben findet erst nach dem Hochzeitsfest statt. In Ägypten wird die Ehe nach der hanafitischen Rechtsschule vorgenommen, d.h. die Frau braucht keinen Vormund (Wali) bei der Eheschliessung, wie in anderen islamischen Rechtsschulen üblich. Im Islam gibt es vier anerkannte Rechtsschulen: die Hanafiten, die Shafiiten, die Malikiten, die Hanbaliten.
- **Khalil Gibran:** 1883–1931. Libanesisch-amerikanischer Maler, Philosoph und Dichter. Sein Werk wird als Bindeglied der philosophischen Richtungen des Orients, z. B. des Sufismus und der westlichen, durch das Christentum beeinflussten Philosophen gesehen.
- **Kharijiten:** von arabisch ‹kharaja›, ‹hinausgehen›. Bewegung aus der Frühzeit des Islam, die sich von der Gemeinschaft der Muslime distanzierte.
- **Kibbuzim:** Mehrzahl von ‹Kibbuz›, hebräisch ‹Sammlung, Versammlung›. Ländliche Kollektivsiedlung in Israel mit gemeinsamem Eigentum und basisdemokratischen Strukturen.

- **Kippa**: kleines kreisförmiges Stück Stoff oder auch Leder, das den Hinterkopf bedeckt und manchmal mit einer Metallklammer an den Haaren befestigt ist. Vornehmlich in Ausübung der Religion gebräuchliche Kopfbedeckung männlicher Juden. Üblich ist die Kippa für Männer beim Gebet, an allen Gebetsorten wie beim Synagogenbesuch oder auf jüdischen Friedhöfen; orthodoxe Juden tragen sie auch im Alltag (allerdings nicht beim Schlafen). Die Kippa signalisiert Gottesfurcht und Bescheidenheit vor Gott.
- **Knesset:** hebräisch ‹Versammlung›, Parlament des Staates Israel
- **Knödelakademie:** österreichische Bezeichnung für Hauswirtschaftsschule mit Maturaabschluss
- **Kommerzialrat:** Berufstitel in Österreich. Wird ehrenhalber an Personen verliehen, die sich Verdienste um die Republik erworben haben.
- **Konafa:** Süssigkeit, die vor allem im Ramadan gereicht wird. Ein Kuchen, bestehend aus dünnen, gebratenen Teigwaren, mit Pudding und/oder Nüssen vermischt, in flüssigem Zucker getränkt.
- **Kopten:** stammt aus der gr. Bezeichnung für ‹Ägypter›, bezeichnete ursprünglich diejenigen Einwohner Ägyptens, die als ihr Idiom die ägyptische Sprache verwendeten. Noch in römischer, byzantinischer und frühislamischer Zeit wurde das Wort ohne Rücksicht auf die Religionszugehörigkeit gebraucht. Die koptische Sprache entstand aus dem Ägyptischen im 3. Jahrhundert nach Christus. Seit der zunehmenden Arabisierung und Islamisierung Ägyptens wird der Begriff allein für Christen verwendet.
- **Krapfenwaldbad:** Strandbad oberhalb von Grinzig bei Wien
- **Krieg gegen den Terror:** von der ehemaligen US-Regierung unter George W. Bush verbreitetes politisches Schlagwort, das eine Bandbreite politischer, militärischer und juristischer Schritte gegen den internationalen Terrorismus zusammenfasst. Ende März 2009 kündigte US-Außenministerin Hillary Clinton an, dass die US-Regierung den Begriff nicht mehr verwenden werde.
- **Kulu sana wa entum taibin:** ägyptisch-arabisch ‹Ich wünsche euch alles Gute.›

L

- **Laisser-faire:** frz., im Deutschen verwendet für ‹locker, ein wenig disziplinlos›
- **Laudongasse:** Strasse im 8. Wiener Gemeindebezirk
- **Laylet el dukhla:** arabisch ‹die Nacht des Eintretens›. Die erste gemeinsame Nacht nach dem Hochzeitsfest.
- **Leila Ahmed:** geb. 1940. Ägyptisch-amerikanische Professorin für Gender Studies und Religion. Gemäss Leila Ahmed ist die Unterdrückung von Frauen

im Nahen Osten eher das Resultat einer patriarchalen Interpretation des Islam als des Islam selber.

- **Lessing:** Gotthold Ephraim, 1729–1781. Dichter der deutschen Aufklärung.
- **Lisan el asfur:** arabisch ‹Vogelzungen›. Kleine, ovale Teigwaren, die in klare Suppen gegeben werden.
- **Living Room:** engl. ‹Wohnzimmer›
- **Loser:** Berg in Alt Aussee mit einer Höhe von 1836 m
- **Lycée Français:** französische Schule in Alexandrien

M

- **Mabsut:** arabisch ‹zufrieden, glücklich, wohlhabend›
- **Mäderl:** österreichisch für ‹Mädchen›
- **Mahmud Moschee:** Moschee der Mahmudia-Bewegung in Zürich
- **Mahshi:** arabisch ‹mit Reis gefülltes Gemüse›
- **Ma'idat ar-rahman:** arabisch ‹Tische der Barmherzigen Gottes, Gabentische›. Riesentische aus Holz, die im Ramadan auf den Strassen aufgestellt werden. Wohlhabende Muslime geben während des Fastenmonats Mahlzeiten für die Armen aus.
- **Ma yinfa'sch:** ägyptisch-arabisch ‹Das geht nicht.›
- **Majlis:** arabisch ‹Ort des Zusammen-Sitzens, Raum der Zusammenkunft›
- **Makwagi:** ägyptisch-arabisch ‹Bügelmann›
- **Mamelucken:** ursprünglich Militärsklaven türkischer oder kaukasischer Herkunft aus den islamischen Herrschaftsgebieten. Den Mamelucken gelang es, 1250 in Ägypten die Herrschaft zu erringen. 1517 mussten sich die ägyptischen Mamelucken den Osmanen unterwerfen.
- **Mamura:** Naherholungsgebiet am Meer ausserhalb der Stadt Alexandria
- **Manshiet Naser:** Name eines Elendsviertels im Osten Kairos
- **Mansura:** Stadt im Nildelta
- **Maria Callas:** 1923–1977. Griechische Sopranistin, bedeutendste Opernsängerin des 20. Jahrhunderts.
- **Maria-Theresia:** 1717–1780. Österreichische Kaiserin aus dem Hause Habsburg, zählte zu den prägenden Monarchinnen der Ära des Aufgeklärten Absolutismus.
- **Ma salama, ja habibti:** arabisch ‹Auf Wiedersehen, mein Schatz.› Richtet sich an eine weibliche Person.
- **Ma salama, ja doktor, nischuf wishak becheir:** ägyptisch-arabisch ‹Auf Wiedersehen, Doktor, auf dass wir dich gesund wiedersehen.›

- **Max Frisch:** 1911–1991. Schweizer Schriftsteller und Architekt. Das berühmte Zitat ‹Man hat Arbeitskräfte gerufen, und es kommen Menschen› stammt aus dem Vorwort des Buches von Alexander J. Seiler, ‹Siamo italiani. Die Italiener. Gespräche mit italienischen Arbeitern in der Schweiz.› (EVZ-Verlag, 1965)
- **Menachem Begin:** 1913–1992. Israelischer Ministerpräsident von 1977–1983. In seine Amtszeit fiel der Friedensschluss mit Ägypten, für den er 1978 mit Anwar as-Sadat den Friedensnobelpreis erhielt, ebenso wie der erste Libanonkrieg 1982. 1983 trat er als Ministerpräsident aufgrund ausbleibender Erfolge im Libanon zurück.
- **Meschugge:** jiddisch ‹verrückt, sonderbar›
- **Mihrab:** arabisch ‹Gebetsnische in der Moschee›. Zeigt die Gebetsrichtung gen Mekka an.
- **Mikwe:** rituelles jüdisches Bad
- **Millîm:** arabisch, vom lateinischen Wort ‹mille› für ‹tausend›. Bezeichnung einer Währungsuntereinheit mehrerer arabischsprachiger Länder. Der tausendste Teil eines ägyptischen Pfunds.
- **Minbar:** arabisch. Erhobene Kanzel in der Moschee, von wo aus der Imam die Freitagspredigt hält.
- **Mohammed Abduh:** 1849–1905. Begründer der islamischen Reformbewegung der Neuzeit, wonach der Islam zu modernen Entwicklungen nicht im Widerspruch steht.
- **Mohammed Ali Pascha:** 1769–1849. Von 1805–1848 Vizekönig von Ägypten sowie osmanischer Pascha. Er begründete die bis 1953 regierende ägyptische Herrscherdynastie und erreichte eine relative Unabhängigkeit Ägyptens vom Osmanischen Reich. Mit einer europäisch ausgebildeten Führungsschicht begann Mohammed Ali Pascha mit dem Aufbau einer modernen Verwaltung und der Förderung der Wirtschaft durch die Gründung von exportorientierten Industrien. Zu diesem Zweck beauftragte er ab den 1820er-Jahren Gesandtschaften, sich in Europa die nötigen technischen und wissenschaftlichen Fähigkeiten anzueignen und sie nutzbringend in ihrer Heimat anzuwenden.
- **Mohammed Arkoun:** geb. 1928. Algerisch-französischer Philosophieprofessor an der Sorbonne. Wendet Erkenntnisse und Methoden der modernen Sozial- und Geisteswissenschaften auf seine Analyse des Islams an.
- **Mohammed el-Baradei:** geb. 1942. Von 1997–2009 Generaldirektor der Internationalen Atomenergieorganisation (IAEO); erhielt zusammen mit dieser

Organisation im Jahr 2005 den Friedensnobelpreis. Hoffnungsträger der ägyptischen Opposition gegen das Regime Mubarak.

- **Mokattam:** Hügel im Osten Kairos. Am Fusse des Mokattam befindet sich die Stadt der Müllsammler.
- **Molochia:** Muskraut. Traditionelles Gericht in arabischen Ländern. Molochia-Blätter werden getrocknet und als Suppe gekocht zu Huhn oder Fleisch gereicht.
- **Montaza:** ehemalige Sommerresidenz der königlichen Familie in Alexandrien bis zur Revolution 1952. Beliebter Park in Alexandria.
- **Montesquieu:** 1689–1755. Französischer Schriftsteller und Staatstheoretiker.
- **Moshe Dayan:** 1915–1981. Israelischer Verteidigungsminister 1967–1974
- **Mu'atziliten:** arabisch von ‹mu'tazila›, ‹sich zurückziehen›. Im 8. bis 9. Jh. eine rationalistisch ausgerichtete Schule.
- **Muezz el Din Allah:** Hauptstrasse durch die fatimidische Altstadt von Kairo, von der Zitadelle bis zu den Stadttoren.
- **Muezzin:** arabisch ‹Ausrufer›. Ruft die Muslime fünfmal täglich zu bestimmten Uhrzeiten zum Beten zusammen. Der Muezzin ist kein Geistlicher, sondern gehört zum Personal der Moschee. Je nach Situation kann auch ein normaler Gläubiger die Funktion eines Muezzins übernehmen, zum Beispiel wenn Gebete während der Arbeitszeit verrichtet werden.
- **Mufti:** arabisch ‹Rechtsgelehrter›. Kann ein islamrechtliches Gutachten ‹Fatwa› über eine Rechtsfrage nach Massstäben der Rechtswissenschaft ‹Fiqh› abgeben.
- **Muhajabât:** arabisch, Plural. Frauen, die islamisch gekleidet sind, d.h. den Kopf bedecken, aber das Gesicht frei lassen.
- **Munaqabât:** arabisch, Plural. Frauen, die den ‹Niqâb›, die Ganzkörperverschleierung, tragen.
- **Murtad:** arabisch ‹Abtrünniger›. Person, die den Glauben verlässt.
- **Museum für Islamische Keramik:** In der ehemaligen Residenz des Prinzen Amr Ibrahim, eines Nachfahren des Vizekönigs Mohammed Ali, im Stadtteil Zamalek im Kairo gelegen.
- **Mustafa Fathi:** geb. 1970. Ägyptischer Journalist und Blogger. Sein Roman ‹Balad el welad› (Das Land der Jungen) beschreibt das Leben eines homosexuellen Mannes im heutigen Ägypten.

N

- **Nadi Heliopolis:** Familienfreizeitanlage im Stadtteil Heliopolis in Kairo.
- **Nagib Mahfuz:** 1911–2006. Ägyptischer Schriftsteller, bedeutender Autor und einer der führenden Intellektuellen der arabischen Welt. 1988 wurde er als erster arabischsprachiger Autor mit dem Literaturnobelpreis ausgezeichnet.
- **Nagisa:** arabisch ‹unrein, weibl.›
- **Nagua Fouad:** geb. 1943. Berühmte ägyptische Bauchtänzerin der 70/80er Jahre.
- **Naguib el-Rihani:** 1889–1949. Ägyptischer Film- und Theaterschausspieler. Bekannt als ‹Vater der ägyptischen Komödie›.
- **Naksa:** arabisch ‹Rückfall›, bezeichnet die grosse Niederlage der arabischen Staaten nach dem Sechstagekrieg von 1967.
- **Naschmarkt:** Naturalienmarkt im 6. Wiener Gemeindebezirk, an der Wienzeile. Bekannt für das Angebot an internationalen Waren. Seit einigen Jahren ebenfalls mit grosser Auswahl an Gastronomiebetrieben.
- **Nasib:** arabisch ‹Schicksal›
- **Nasr Abu Zaid:** geb. 1943. Ägyptischer Literaturwissenschafter, führender liberaler Denker des Islam. Hat seit 2004 den Lehrstuhl für Humanismus und Islam an der Universität Utrecht inne. Träger des Ibn-Ruschd-Preises für Freies Denken.
- **Nawal Saadawi:** geb. 1931. Ägyptische Ärztin, Schriftstellerin und Kämpferin für die Rechte der Frauen.
- **Nazli:** 1894–1978. Von 1919–1936 Königin von Ägypten, zweite Frau König Fuads.
- **Nena:** ägyptisch-arabisch ‹Grossmutter›
- **New Maadi:** Quartier im Süden Kairos
- **Niqâb:** arabisch ‹Maske›. Gesichtsschleier, der von einigen muslimischen Frauen getragen wird.
- **Nostradamus:** 1503–1566. Latinisiert ‹Michel de Nostredame›. Apotheker, Arzt und Astrologe. Schon zu seinen Lebzeiten machten ihn seine prophetischen Gedichte berühmt.

O

- **Obama:** Barak, US-Präsident seit 2009
- **Odaliske:** aus dem türk. ‹odalik› ‹Zimmermädchen›. Frau in einem osmanischen Harem.
- **Oktoberkrieg von 1973:** arabisch-israelischer Krieg im Oktober 1973. Den

ägyptischen Truppen gelang zu Beginn die Überquerung des Suezkanals und das Vordringen auf den Sinai.

- **Old Maadi:** Stadtteil im Süden Kairos. 1907 von der britischen Delta Land Company und einem Konsortium von Geschäftsleuten als Residenzstadt gegründet. Bekannt für seine historischen Herrenhäuser und ruhigen Alleen.
- **Opferfest:** siehe Idu l-Adha
- **ORF:** Österreichischer Rundfunk mit Hauptsitz in Wien
- **Osama Ben Laden:** geb. 1957. Spirituelles Oberhaupt der al-Qaida. Gilt als Drahtzieher der Terroranschläge vom 11. September 2001.
- **Osmanen:** Herrscherdynastie, gegründet 1299, benannt nach Osman I., Seldschucken-Fürst. Ägypten ist von 1517–1805 unter osmanischer Herrschaft.
- **OT:** gegründet 1938 von Fritz Todt. Die Organisation Todt war eine Truppe zur Durchführung kriegswichtiger Bauvorhaben. Einsatz in der Organisation Todt leisteten Zwangsarbeiter, Kriegsgefangene, KZ-Häftlinge und Regimegegner.

P

- **Paria:** aus dem gr. ‹Aussenseiter, Ausgestossener›
- **pied à terre:** frz. für ‹Zweitwohnung›
- **Platon:** 428/427–348/347 v. Chr., griechischer Philosoph
- **Pompadour:** Beutel aus Stoff. Benannt nach der Geliebten des Franzosenkönigs Ludwig XV.
- **Port Saïd:** Handelsstadt mit Hafen am Suezkanal
- **pour la forme:** frz. ‹der Form halber›

Q

- **Qalat el Jebel:** arabisch ‹die Zitadelle am Berg›. Zitadelle des Saladin in Kairo.
- **Qanatir:** Gefängnis mit einem Frauen- und einem Männertrakt in der Ortschaft Qanatir al-Chairia, im Nordosten Ägyptens gelegen.
- **Qira'at al Fatiha:** arabisch ‹das Rezitieren der Fatiha›, der Erföffnungssure des Korans. Wird bei feierlichen Anlässen wie Verlobungen, auch wichtigen Geschäftsabschlüssen gelesen, um den Segen Allahs zu erbitten.
- **Qirsh:** arabisch, bezeichnet die Münzeinheit in einigen arabischen Ländern. Ein ägyptisches Pfund hat hundert Qirsh.

R

- **Rabina jawafa'kum:** arabisch ‹Möge Gott euch Erfolg bescheren›
- **Rainhard Fendrich:** geb. 1955. Österreichischer Liedermacher, Moderator und Schauspieler; zählt zu den erfolgreichsten Interpreten des Austro-Pop.

- **Raïs:** ägyptisch-arabisch ‹Führer, Chef›
- **Ramadan:** Fastenmonat der Muslime. Eine der fünf Grundpflichten des Islam (neben dem Bezeugen der Einheit Gottes und der Prophetenschaft Mohammeds, des täglichen fünfmaligen Betens, der Wallfahrt nach Mekka, des Entrichtens einer Armensteuer). Das Fasten wird den Muslimen im Koran vorgeschrieben (Vers 2:183 ‹Ihr, die ihr glaubt, euch ist das Fasten vorgeschrieben, wie es denen vorgeschrieben war, die vor euch waren, damit ihr vielleicht gottesfürchtig werdet›). Von Sonnenuntergang bis Sonnenaufgang ist Essen, Trinken, Rauchen, Geschlechtsverkehr verboten. Durch den Verzicht sollen Wohlhabende Mitgefühl für die Armen entwickeln.
- **Ras el Bar:** beliebter Ferienort am Meer im Norden Ägyptens
- **Regula-Legende:** Felix und Regula sind Zürcher Stadtpatrone und Heilige der katholischen Kirche.
- **Ricchi e Poveri:** ital. ‹Reiche und Arme›. Dreiköpfige italienische Popgruppe, 1968 in Genua gegründet.
- **Rifai-Moschee:** in Kairo am Fusse der Zitadelle gelegen. Grabstätte von Mohammed Ali Reza Pahlevi, Schah von Persien.
- **Road Map:** engl. ‹Strassenplan›, hier: ‹Vorgehensweise, Plan›
- **Roba vecchia:** ital. ‹alte Sachen›. In Ägypten wurde dieser Begriff noch bis in die Achtzigerjahre benutzt. Noch heute gehen Männer durch die Strassen und sammeln Gebrauchtes ein, sie rufen ‹bikia›, eine Verkürzung.
- **Rousseau:** Jean-Jacques, 1712–1778. Genfer Schriftsteller, Philosoph, Pädagoge, Naturforscher und Komponist. Er gilt als einer der wichtigsten geistigen Wegbereiter der Französischen Revolution und hatte grossen Einfluss auf die Pädagogik und die politischen Theorien des 19. und 20. Jahrhunderts.
- **Rudi Parett:** 1901–1983. Deutscher Philologe und Islamwissenschaftler, übersetzte den Koran ins Deutsche.

S

- **Sabah el kheir, ja hadret el omda!:** ägyptisch-arabisch ‹Guten Morgen, verehrter Herr Bürgermeister!›
- **Sacré Coeur:** frz. Schule in Kairo
- **Sahar Khalifa:** geb. 1942. Palästinensische Autorin.
- **Said:** arabischer Name für Oberägypten
- **Saisonnier:** Aufenthaltsstatus in der Schweiz, der nur für eine bestimmte Zeitspanne gedacht war. Erfolgte ohne Familiennachzug. Die Idee bestand darin, ausländische Arbeitskräfte für die schweizerische Wirtschaft anzuwer-

ben, nicht aber einzuladen, sich gesellschaftlich zu integrieren. Seit dem Personenfreizügigkeitsabkommen mit der EU stehen allen Angehörigen aus EU-Staaten Mobilität, Familiennachzug und Sozialleistungen zu.

- **Salafisten:** abgeleitet von arabisch ‹salaf›, ‹Vorfahre›. Bewegung innerhalb des Islam, die sich streng an den Quellen Koran und Sunna (Leben des Propheten) orientiert.
- **Salah ad-Din Yusuf bin Ayyub:** 1171–1193. Regierte Ägypten und führte Kreuzzüge an; bekannt als Saladin in Lessings ‹Nathan der Weise›.
- **Salama Ahmed Salama:** geb. 1932. Chefredaktor der unabhängigen ägyptischen Tageszeitung ‹Al-Shourouk›. Einer der führenden Journalisten und politischen Beobachter Ägyptens mit liberaler Haltung; Kritiker des politischen Systems in Ägypten.
- **Salat al-goma:** Freitagsgebet in der Moschee
- **Salon Vert:** Stoffgeschäft in der Stadtmitte Kairos
- **Sami Michel:** geb. 1926. Israelischer Autor, in Bagdad geboren und dort aufgewachsen, lebt seit 1948 in Israel.
- **Samna Baladi:** ägyptisch-arabisch ‹Butterfett›
- **Sandoz:** gegründet 1886 in Basel als Anilinfabrik (Grundstoff für die Farbenherstellung). 1996 fusionierte Sandoz mit dem Unternehmen Ciba-Geigy zum internationalen Pharmakonzern Novartis, mit Hauptsitz in Basel.
- **Schah von Persien:** 1919–1989. Mohammed Ali Reza Pahlevi, von 1941 bis zum Sturz durch die Islamische Revolution 1979 letzter Herrscher auf dem Pfauenthron.
- **Schlagobers:** österreichisch für ‹Schlagrahm›
- **Schmäh:** Den Bewohnern Wiens zugesprochener Humor, oft etwas melancholisch, sarkastisch oder morbid, humoristisch-verharmlosend.
- **Schneiderwirt:** Wirtshaus in der Ortsmitte von Alt Aussee
- **Schwarzenbach-Initiative:** benannt nach James Schwarzenbach, Schweizer Politiker. Mit seiner Initiative wollte er die Schweiz vor Überfremdung durch eine fixe zahlenmässige Begrenzung des ausländischen Bevölkerungsanteils schützen. Die Initiative wurde 1970 vom Stimmvolk abgelehnt.
- **Schweizer Haus:** Biergarten im Wiener Prater, bekannt für ‹gebratene Stelzen› und Pilsner.
- **Sechstagekrieg:** 5.–10. Juni 1967. Krieg zwischen Israel und den benachbarten Staaten Ägypten, Jordanien, Syrien. Endete mit einer verheerenden Niederlage der arabischen Armeen. Israel eroberte den Gaza-Streifen und die

Sinai-Halbinsel (Ägypten), das Westjordanland einschliesslich Ost-Jerusalem (Jordanien) und die Golanhöhen (Syrien).

- **Second@s Plus:** Organisation, die sich für die Rechte der Migrantinnen und Migranten in der Schweiz einsetzt.
- **Shabka:** arabisch ‹Verbindung›. Schmuckstück, das der Bräutigam der Braut als Brautgabe schenkt. Die Höhe der Shabka richtet sich nach den finanziellen Möglichkeiten des Mannes und wird vor der Ehe mit dem Brautvater ausgehandelt.
- **Shakespeare:** William, 1564 –1616. Englischer Dichter und Dramatiker. Gilt als der grösste nationale Schriftsteller Englands.
- **Sharia:** arabisch ‹Weg zur Tränke; deutlicher, gebahnter Weg› auch ‹religiöses Gesetz›. Ist das religiös legitimierte, unabänderliche Gesetz des Islam.
- **Sharia al-Maqias:** Strasse im Stadtteil Roda in Kairo
- **Sharia Kasr el Nil:** berühmte Einkaufsstrasse im Stadtzentrum von Kairo
- **Sheikh al-Azhar:** Oberhaupt der Azhar-Universität, höchste Autorität im sunnitischen Islam. Die Sunniten, auch Volk der Tradition genannt, bilden die grösste Glaubensrichtung im Islam. Die Bezeichnung Sunniten stammt von dem Wort Sunna, ‹Tradition des Propheten Mohammed›.
- **Shirley Bassey:** geb. 1937. Britische Sängerin. Interpretin von Titelmelodien in James-Bond-Filmen.
- **Sidi Bishr:** Name eines Strandes in Alexandrien
- **Simon & Garfunkel:** US-amerikanisches Singer-Songwriter-Duo, bestehend aus Paul Simon und Art Garfunkel.
- **Sinai:** zu Ägypten gehörende asiatische Halbinsel
- **Slade:** britische Rock- und Hardrock-Band
- **Sokrates:** 469–399 v. Chr., griechischer Philosoph
- **Spaniokel:** Schweizer Mundart, abwertende Bezeichnung für ‹Spanier›
- **Stella:** ägyptische Biermarke
- **Stelzen:** österreichisch für ‹Eisbein›. In Österreich ungepökelt im Ofen gebraten oder gegrillt, wodurch sich die Schwarte in eine mürbe Kruste verwandelt.
- **Stewi:** Schweizer Hersteller für Produkte rund um Haus und Garten
- **Street wear:** engl. ‹Strassenkleidung›
- **Submission:** engl. ‹Unterwerfung›. Elfminütiger Kurzfilm des niederländischen Regisseurs Theo van Gogh nach dem Drehbuch von Ayaan Hirsi Ali. Der Film kritisiert Unterdrückung, Misshandlung und Missbrauch von Frauen unter Berufung auf den Islam.

- **Sufismus, Sufi:** bis zum 9. Jh. ursprünglich eine asketische Randgruppe; wird dann als Sammelbezeichnung für Strömungen im Islam verwendet, die asketische Tendenzen und eine spirituelle Orientierung – oft mit dem Wort ‹Mystik› bezeichnet – prägen. Im 12. Jh. bilden sich Sufi-Orden aus, die auch religionspolitische Funktionen haben, darunter Organisation der Volksfrömmigkeit und Mission. Anhänger des Sufismus nennt man ‹Sufi›.
- **Supertramp:** britische Pop-Rockband. Erfolge in den 70er-, Anfang 80er-Jahre. Name der Band ist dem Titel des Buches ‹The Autobiography of a Super-Tramp› (dt. Supertramp. Autobiographie eines Vagabunden) von W. H. Davies entliehen.
- **Sultan-Hassan-Moschee:** Moschee in Kairo. Errichtet in den Jahren 1356–1363 vom Mameluckensultan Al-Nasir Al-Hassan.
- **Suhur:** letztes Mahl, das Fastende vor dem Sonnenaufgang im Ramadan zu sich nehmen können. Wird in Ägypten durch einen Ausrufer auf der Strasse angekündigt.
- **Suzi Quatro:** geb. 1950. US-amerikanische Musikerin und Schauspielerin. Gehörte in den 70er-Jahren, vor allem in Europa, zu den erfolgreichsten Rockmusikerinnen.
- **Sweet:** britische Rockband aus den 70er-Jahren

T

- **Tahia Karioka:** 1915–1999. Ägyptische Bauchtänzerin und Schauspielerin
- **Tahia masr:** arabisch ‹Es lebe Ägypten.›
- **Tarbush:** männliche Kopfbedeckung aus rotem Filz mit schwarzer Quaste. Symbol für das monarchische Ägypten. Heute nur noch Bestandteil der Arbeitsuniform von Personal in einigen Hotels und Restaurants.
- **Tardschuman al Ashwaq:** arabisch ‹Dolmetsch der Sehnsüchte›. Sammlung von Liebesgedichten von Ibn Arabi. Bei einem rituellen Umlauf um die Kaaba in Mekka überkommt ihn ein Zustand der Lyrik. Dabei wird er von Nizam, einer gebildeten und frommen Perserin beobachtet. Sie wird zu seiner strengsten Kritikerin und Muse zugleich. Die Rechtsgelehrten von Aleppo beschuldigten ihn, erotische Werke zu verfassen anstatt Allah zu huldigen. Schlussendlich gelang es Ibn Arabi, sie vom mystischen Charakter seiner Verse zu überzeugen.
- **Theo van Gogh:** 1957–2004. Niederländischer Filmregisseur, Publizist, Satiriker. Wurde vom 26-jährigen Marokkaner Mohammed Bouyeri, in den Niederlanden geboren und aufgewachsen, auf offener Strasse ermordet.

- **Ti amo:** ital. ‹Ich liebe dich.›
- **Tis:** Abkürzung für ‹Atlantis›. Lokal am Basler Klosterberg. Gegründet 1947 von den Gebrüdern Paul (Afrikaforscher) und Kurt Seiler.
- **Tisht:** arabisch ‹Blechwanne›. Noch heute in ärmeren Familien als Badewanne gebräuchlich. In den Sechzigerjahren waren Badezimmer in Mehrfamilienhäusern nicht automatisch mit Badewannen ausgestattet, mit Duschen hingegen schon.
- **Tschingg:** Schweizer Mundart. Abschätzige Bezeichnung für Italiener.
- **Twin Towers:** Zwillingstürme des World Trade Centers in New York. Beide Türme wurden bei den koordinierten Terroranschlägen am 11. September 2001 zerstört.

U

- **Udam fulan:** arabisch ‹in Anwesenheit einer Person›. Es wird damit die Wichtigkeit des Gesagten unterstrichen; die Drittperson fungiert als eine Art ‹Zeuge›.
- **Umm Kalsûm:** 1898/1904–1975. Ägyptische Sängerin und Musikerin. Ihr Ruhm in der arabischen Welt ist mit dem von Maria Callas und den Beatles in der westlichen Welt vergleichbar.

V

- **Victoria College:** von 1902–1956 engl. Eliteschule in Kairo. Nach der Revolution 1952 in Victory College umbenannt. Der alte Name ist jedoch immer noch gebräuchlich.
- **Voltaire:** 1694–1778, Pseudonym für François-Marie Arouet. Schriftsteller und Philosoph der Französischen Aufklärung.

W

- **Wahhabismus:** Vom Religionsgelehrten Mohammed ibn Abd al-Wahhab (1703–1792) gegründet. Strenge, dogmatische Auslegung des Islam. Die meisten Wahhabiten leben in Saudi-Arabien. Sie stellen dort die grösste religiöse Gruppe in der Bevölkerung dar; ihre Lehre ist Staatsreligion.
- **Waldheim:** Kurt, 1918–2007. Österreichischer Präsident von 1986–1992. Während des österreichischen Präsidentenwahlkampfes kam Waldheims Dienst als Geheimdienst-Offizier der Wehrmacht aus. Dies führte zu internationalen Kontroversen. Unter seiner Präsidentschaft war Österreich international isoliert.
- **Warten auf Godot:** Titel eines Theaterstücks von Samuel Beckett
- **West-Eastern Divan Orchestra:** gegründet von Daniel Barenboim und dem

verstorbenen palästinensischen Literaturwissenschafter Edward Said im Jahre 1999. Vereint jüdische und arabische Musiker, steht für eine Annäherung der verfeindeten Volksgruppen im Nahostkonflikt ein.

- **Wolfgang Ambros:** geb. 1952. Österreichischer Sänger und Songwriter, Vertreter des Austropop.
- **Wust el-Balad:** arabisch ‹Stadtmitte›. Kairoer Stadtzentrum rund um den Midan Talat Harb. Im 19. Jh im Auftrag des Khediven Ismail (regierte Ägypten von 1863–1897) durch französische und italienische Architekten erbaut. Nach dem Vorbild von Paris sollte ein ‹Paris am Nil› entstehen. Ismail strebte die Öffnung Ägyptens zu Europa hin an.

X

- **Xanthippe:** Ehefrau des Philosophen Sokrates. Ist als Inbegriff des zänkischen Weibes in die europäische Literatur eingegangen.

Z

- **Zimmer-Küche-Kabinett:** wienerische Bezeichnung für Einzimmerwohnungen in der Stadt. Oft unsanierte Altbauwohnungen.
- **Znacht:** Schweizer Mundart für ‹Abendessen›
- **Zuheir Zaki:** ägyptische Bauchtänzerin aus den 70er-Jahren
- **Zweitägiger:** Schweizer Mundart. Zweitagesschulausflug mit einer Übernachtung

Erica Brühlmann-Jecklin

DAS MÖGLICHE TUN

Gespräche und Begegnungen mit Ruth C. Cohn

Ruth Charlotte Cohn, 1912 in Berlin geboren, floh 1933 als deutsch-jüdische Studentin vor den Nazis in die Schweiz, wo sie Psychologie studierte und sich zur Psychoanalytikerin ausbilden liess. 1941 emigrierte sie mit Ehemann und Kind in die USA und kehrte in den 1970er-Jahren wieder nach Europa zurück. Bis 2002 hatte sie ihren Wohnsitz in Hasliberg BE, wo sie eine freie Praxis betrieb und sich an der Ecole d'Humanité engagierte.
Die neu aufgeflammte Diskussion rund um die ‹Schweiz im Zweiten Weltkrieg› bewog sie, im Rahmen des Dialogs mit Erica Brühlmann-Jecklin laut darüber nachzudenken, wie sie die Zeit in der Schweiz damals erlebt hatte und wie sie, zur Zeit des Gesprächs, nun über verschiedene Fragen dachte. Ruth Cohn war eine sorgfältige Denkerin – bis ins hohe Alter.
Sie verstarb am 30. Januar 2010 in ihrem 98. Lebensjahr in Düsseldorf.

Das Buch vermittelt in einem ersten Teil die Denkweise dieser exponenten Zeitzeugin. In einem zweiten Teil erzählen Persönlichkeiten aus Ruth C. Cohns Umfeld – u. a. August Flammer, Hans Näf, Ruth-Gaby Vermot, Martin Vosseler, Monika Stocker, Friedemann Schulz von Thun – über ihre Begegnungen mit ihr.

Josef Hochstrasser

RELIGION IST HEILBAR

Glaube, Schule, Fussball. Diese drei. Aus der Sicht eines Agnostikers.

Sein Buch «Der Kopfstand auf der Kirchturmspitze» fand eine grosse Leserschaft und hat bis heute nichts an Aktualität verloren. Nun hat Josef Hochstrasser ein neues Buch herausgegeben. Er zeigt darin auf, für welche Wertevorstellungen er als Lehrer für Religion und Weltreligionen seit Jahren eintritt. Fernab von jedem trockenen Pädagogisieren gibt er Einblick in seinen befreiungstheoretischen Ansatz in der Rolle als Lehrender, der zusammen mit seinen Schülerinnen und Schülern – auch sie kommen immer wieder zu Wort – selbst Suchender bleibt. Ohne seine «nie erlahmende Neugier, wie Religion mit der Vielfalt des Lebens in einer modernen Gesellschaft verzahnt werden könnte», wird sein eigenes Suchen offengelegt. Hochstrasser bezieht ehrlich Position. Jahre der inneren Auseinandersetzung haben ihn vom traditionellen christlichen Gottesbild weggeführt und eine neue Gottesauffassung gewinnen lassen.

Dass neben den Themen Glaube und Schule dem Fussball ein eigenes Kapitel eingeräumt wird, erstaunt nicht weiter, wenn man weiss, dass den fussballbegeisterten Pfarrer eine Freundschaft mit Ottmar Hitzfeld verbindet. Durch die Schilderung zahlreicher persönlicher Erlebnisse geht er überaus lebendig der aktuellen Frage nach, weshalb Fussball in unserer Gesellschaft den Stellenwert einer Ersatzreligion innehat, gar als Primärform von Religion anzusehen ist.

Hochstrasser, der nach dem Verstoss gegen den Pflichtzölibat seines Amtes als Pfarrer enthoben wurde und nun als reformierter Pfarrer wirkt, legt sein Inneres offen. Er tut dies ohne Groll oder Wunsch nach Abrechnung mit der katholischen Kirche, aber dennoch als «Sand im Getriebe» dieser traditionsbehafteten Organisation.